教育部人文社会科学研究青年基金项目"反倾销游说竞争下我国企业生产率的演化机理、实证检验和政策优化研究（18YJCZH100）""城际技术合作—转移双层耦合网络的空间格局演化及其对城市创新绩效的影响研究（21YJC630022）"资助
广东省教育科学"十三五"规划2020年度项目（2020GXJK161）资助
广东省普通高校人文社会科学研究特色创新项目（2020WTSCX096）资助
东莞理工学院科研启动专项经费项目（GC300501-089）资助

反倾销下我国企业生产率的演化
机理和政策优化研究

刘锦芳　著

中国财经出版传媒集团
经济科学出版社
Economic Science Press

图书在版编目（CIP）数据

反倾销下我国企业生产率的演化机理和政策优化研究/
刘锦芳著 . —北京：经济科学出版社，2023.8
ISBN 978 - 7 - 5218 - 5088 - 8

Ⅰ. ①反…　Ⅱ. ①刘…　Ⅲ. ①反倾销 - 影响 - 全员劳
动生产率 - 研究 - 中国　Ⅳ. ①F279.23

中国国家版本馆 CIP 数据核字（2023）第 162128 号

责任编辑：谭志军
责任校对：齐　杰
责任印制：范　艳

反倾销下我国企业生产率的演化机理和政策优化研究
刘锦芳　著
经济科学出版社出版、发行　新华书店经销
社址：北京市海淀区阜成路甲 28 号　邮编：100142
总编部电话：010 - 88191217　发行部电话：010 - 88191522
网址：www. esp. com. cn
电子邮箱：esp@ esp. com. cn
天猫网店：经济科学出版社旗舰店
网址：http://jjkxcbs. tmall. com
北京季蜂印刷有限公司印装
710 × 1000　16 开　13.75 印张　250000 字
2023 年 8 月第 1 版　2023 年 8 月第 1 次印刷
ISBN 978 - 7 - 5218 - 5088 - 8　定价：68.00 元
（图书出现印装问题，本社负责调换。电话：010 - 88191545）
（版权所有　侵权必究　打击盗版　举报热线：010 - 88191661
QQ：2242791300　营销中心电话：010 - 88191537
电子邮箱：dbts@ esp. com. cn）

前　言

反倾销活动深刻影响我国经济发展。作为经济增长的核心推动力，企业生产率是决定人民收入水平是否提高的关键。鉴于此，本书对反倾销下我国企业生产率的演化机理展开研究，并构建能促进生产率提升的策略机制。本书对于国家反倾销战略优化，企业反倾销的实施和应对、战略贸易理论和新结构经济学的拓展深化，均具有重要的理论价值和实践意义。

为揭示反倾销活动下企业生产率的演化过程，首先需要对反倾销活动本身进行深入分析。反倾销表面上是政府裁决当局按照固定的反倾销流程，收集涉案企业相关产品的成本、价格和销量等信息，判定是否存在产品倾销和产业损害，以及二者间是否存在直接关系的公正判决。但实际上是利益集团对政府展开政策游说，政府裁决当局进行收益权衡的博弈过程。因此，本书基于"保护待售"模型，对我国反倾销裁定过程中的政策游说行为予以分析。

本书进而运用古诺博弈，推导中国对外反倾销对企业生产率的作用机理，然后根据中国工业企业数据库和全球反倾销数据库，匹配得到近百万条样本数据，再使用双重差分法，对推导结论予以实证检验，结果表明中国对外反倾销显著提升了中国企业生产率。其内在原因在于我国人均收入仅为美国等发达国家人均收入的六分之一，具有要素禀赋的比较优势，因此可通过反倾销保护，为本国产业提供研发创新，转型升级的时间和空间，进而让企业通过规模效应和生存效应，不断提高生产效率，降低成本，从而在市场竞争中胜出。所以，对外反倾销下我国企业生产率的演化结果，是生产率不断提高。但我国要素禀赋的比较优势能否有效发挥，仍取决于政府的积极作为，即政府应努力降低企业的各种制度性成本，并促进产业转型升级。

在分析对外反倾销影响企业生产率的作用机理之后，本书接着分析对中国反倾销是如何影响企业生产率的。因为美国是中国第一大贸易伙伴，而且也是第二大对华反倾销国，所以，本书以美国对华反倾销为例，分析企业在遭受反

1

倾销时，其生产率的演化。笔者使用 2010～2015 年美国对华反倾销数据，采用广义矩估计进行实证检验，结果表明，美国对华反倾销短期内促进企业生产率提升，但长期来看，会导致企业生产率的下降。

为更深入分析对华反倾销对企业生产率的作用路径，本书将美国对华加征关税下企业创新活动展开分析。因为关税类似于反倾销税，而企业创新是其生产率提升的源泉，所以笔者运用演化博弈，推导美国对华加征关税下，企业的创新行为，并运用 matlab 进行模拟仿真检验。结果表明，企业在加征关税的压力下是否选择研发创新，取决于投入成本与可能获取的收益间的衡量，即企业是理性个体，其会采取收益高于成本的创新策略。加征关税提高了企业进入美国市场的"成本门槛"，只有规模大、效率高的企业才能跨过该"成本门槛"，继续向美国市场出口。因此，加征关税在某种程度上加剧了中国企业间的竞争，使竞争力弱的企业退出美国市场，而竞争力强的企业则可借此契机进一步扩大市场占有率，加大研发创新，提升生产率。

接下来，本书以 MT 公司为例，分析设计应对反倾销的财务战略优化策略，然后以 DX 公司为例，分析反倾销对企业财务绩效的影响，并提出应对措施。

最后，本书从企业、行业协会和政府三个层面构建反倾销下促进企业生产率提升的政策优化机制，包括政府层面的反倾销生产率引导机制、行业协会层面的反倾销生产率协调机制、企业层面的反倾销生产率优化机制。并从三个方面设计生产率提升机制的保障体系，包括反倾销主管当局的激励约束制度、反倾销信息审查机制和相关利益主体协调联系制度。

目　录

1 绪 论

1.1 研究意义

作为重要的战略性贸易保护政策，对外反倾销对国内企业生产率具有促进和抑制双重效应。一方面，反倾销制止国外产品的低价倾销，保证国内企业赖以生存的市场空间，为进口竞争性企业改善经营管理，提升运营效率，赢得时间、空间，有利于提升企业生产率；另一方面，贸易保护形成相对封闭市场，削弱市场竞争，企业缺乏动力改进经营管理，推进产品研发升级，随着产品的迭代更新，企业相对竞争优势逐渐丧失，竞争劣势日益明显，国内企业会越发依赖反倾销保护，形成制度性依赖。当反倾销的促进效应大于抑制效应时，反倾销有利于国内企业生产率提升，但当抑制效应起主导作用时，反倾销不利于企业生产率提升。

企业自身生产率的高低会影响其对待反倾销的态度，对于高生产率企业，反倾销保护对其效率提升助益有限，甚至由于保护性的价格限制，而阻碍其通过竞争扩大市场占有率，因此其并不热衷于反倾销。低生产率企业则希望获取反倾销保护，以得到市场空间和发展时间，提高自身生产率（Konings and Vandenbussche，2008）。不同生产率的企业在面临反倾销时，会采取能实现最大利益的游说投入，以及相应的企业战略选择，其生产率也随之发生演变，这种演变会影响反倾销主管当局的分析和判决，裁决结果又会反作用于企业的游说竞争行为。在这一循环往复的演化博弈中，游说竞争下的反倾销裁决究竟对企业生产率产生何种作用，企业生产率会发生怎样的演化，生产率演化表象的背后，其内在本质的贸易、产业、金融政策安排，利益相关方博弈活动，国家间比较优势变迁发生怎样的相互作用，如何驱动生产率演化方向，需要深入研究。

鉴于此,本书深入研究反倾销涉案企业的游说竞争,以及相应的企业生产率演化机理,并设计政策优化机制,对于制定有效的反倾销政策,深化战略性贸易理论,拓展新结构经济学,指导我国反倾销实践,推进企业生产率提升优化,均具有重要的理论价值和现实意义。

1.2 文献综述

与本书相关的主要研究成果可划分为以下三类。

1.2.1 反倾销游说活动研究

研究企业游说获取贸易保护的文献中具有里程碑意义的当属格罗斯曼和赫尔普曼(Grossman and Helpman,1994)提出的保护待售模型。按照"保护待售模型",政府制定政策主要受献金影响(Evans and Sherlund,2011)。但葛万德和麦基(Gawande and Magee,2012)指出由于游说企业集团内部存在"搭便车"问题,使企业大量减少了政治献金的投入,所以现实中的政策制定更多是受国家福利因素的影响。

张(Chang,2005)对保护待售模型进行了深化,将克鲁格曼-迪克西特-斯蒂格利茨(Krugman - Dixit - Stiglitz,1977)提出的垄断竞争模型植入保护待售模型中,探讨了在垄断竞争环境下,利益集团对贸易政策的影响。葛万德等(Gawande et al.,2012),马施克等(Matschke et al.,2006)和法奇尼等(Facchini et al.,2010)分别引入上下游产业、工会和产品替代率因素对保护待售模型进行深入分析。不少学者对企业游说的对象和策略展开研究,宋和李(Song and Lee,2013)揭示官僚政治集团并非一个有组织的统一整体,而是由借助政策制定来谋求自身利益最大化的政治个体组成,个体间存在着交易、妥协和联盟。田志龙等(2003)对中国企业政治策略与行为进行研究,按对政府环境影响的特点将企业政治策略分为七类,分别称为直接参与策略、代言人策略、信息咨询策略、调动社会力量策略、经营活动政治关联策略、财务刺激策略和制度创新策略。顾振华(2015)认为我国各行业中确实存在能够影响反倾销裁决的利益集团,影响方式是代表委员类政治联系;与不存在利益集团的行业相比,拥有利益集团的行业会获得较高贸易保护;若下游行业存在利益集团,则上游行业原先获得的保护会被削弱。

信息作为影响政策制定的重要因素，被越来越多的学者所重视，研究信息在游说中的作用（Ainsworth，1993；Bennedsen and Feldman，2006；Martimort and Semenov，2008），以及如何运用信息审计以确保企业提供信息的真实性（Kohler and Moore，2001；Matschke and Schöttner，2013）。

1.2.2 反倾销效应研究

反倾销效应包括：贸易限制、贸易转移、投资跨越和上下游继发性保护效应，以及国家间贸易报复效应。苏振东等（2010）构建微观面板数据模型，定量评估 1997~2009 年中国反倾销措施通过影响涉案产品的进出口贸易、涉案领域 FDI（foreign direct investment，外商直接投资），最终作用于国内进口竞争性产业的实际救济效果。苏振东等认为尽管存在正反两方面的影响效应，但最终中国反倾销措施对国内进口竞争性产业产生了显著的正面救济效果。鲍晓华（2007）研究得出反倾销措施对指控对象国的进口有明显的"贸易限制效应"；但是涉案产品可能在指控对象国和非指控对象国之间转移，这种"贸易转移效应"部分削弱了反倾销措施的保护效果。李淑贞等（2013）、刘蕾等（2008）、刘玲等（2009）、宏结等（2014）、唐宜红等（2016）对中国反倾销的产业救济效应，运用进口倾向对比、贸易竞争力指数、双重差分法、COMPAS 模型等方法展开研究。

范登布舍和扎纳迪（Vandenbussche and Zanardi，2010）认为反倾销除具有直接的、短期的效应外，还具有综合的、长期的"寒蝉效应"（chilling effects），其使用引力模型和双边贸易数据证明了这种长期效应的存在；埃格和纳尔逊（Egger and Nelson，2011），科恩和玛雅（Cohen and Maya，2013），阿加沃尔（Aggarwal，2010）分别对印度、墨西哥、美国和巴西等国的反倾销展开研究，证实存在综合效应。不少学者研究反倾销背景下的厂商合谋行为（王分棉等，2013；Staiger and Wolak，1992；Prusa，1992；Bown and McCulloch，2012；Veugelers and Vanden-bussche，1999）。

反倾销对进口国市场效应、企业策略行为等微观层面以及进口国产业关联、投资区位、就业等宏观层面的影响，主要包括投资跨越效应（Haaland and Wooton，1998；Belderbos et al.，2004；唐宇，2004）、上下游的继发性保护效应（苏振东和刘芳，2009；Park，2009；Leidy and Hoekman，1994）、国家间的报复效应（Staiger and Wolak，1989；Taylor，2004；Davies，2006）。

1.2.3 反倾销对生产率的影响及生产率演化研究

刘爱东等（2016）以2012年化工行业对外反倾销案为研究对象，发现对外反倾销短期内显著提升被保护企业全要素生产率，通过"纯技术效率—技术效率—全要素生产率"的传导机制发挥作用。李春顶等（2013）利用1998~2009年分行业企业加总面板数据，对生产率进行了分解并实证估计了中国主动反倾销的生产率救济作用，发现中国主动发起的反倾销贸易救济措施对行业整体的生产率激励效应显著。奚俊芳和陈波（2014）认为，国外对华反倾销调查对中国出口企业全要素生产率有显著提升作用，但是技术进步与技术效率指标却分别呈现出显著性下降与显著性上升的不同趋势，出现了相互抵消现象。布洛尼根和布鲁斯（Blonigen and Prusa，2016）也认为被诉反倾销在中长期可能刺激出口企业提高生产率，降低生产成本从而造成出口量的恢复甚至增长。

毛其淋和盛斌（2013），陶洪亮和申宇（2012）根据中国制造业企业微观数据，分析论证进入退出效应对全要素生产率动态演化的影响显著。吴利学等（2016）则认为中国制造业全要素生产率增长90%来自企业成长，而企业进入与退出对制造业全要素生产率增长的贡献率仅为10%左右。李玉红等（2008）认为企业演化带来的资源重新配置是中国工业生产率增长的重要途径。李兰冰和刘秉镰（2015）研究得出生态全要素生产率增长呈现依赖技术进步的单轮驱动模式，且出现增速下滑的阶段特征和地区差距扩大的空间特征。

综上所述，学者们从反倾销游说、反倾销效应、反倾销对生产率的作用、生产率动态演化等层面展开了一系列的研究，但他们均局限于事实与数据分析，未能深入探究反倾销对生产率的作用机理，以及反倾销下企业生产率的演化过程。另外，反倾销裁定是复杂的多元利益主体博弈过程，尚未有学者基于涉案企业的游说竞争，深入剖析反倾销对企业生产率的影响方式和路径，鉴于此，本书分析反倾销中多元利益主体的多重博弈活动，剖析涉案企业游说竞争环境下，反倾销裁决与企业生产率之间的相互作用机理，以及反倾销游说竞争下生产率的动态演化，并研究能有效促进被保护企业生产率提升的政策优化机制。

1.3 研究内容和方法

本书对反倾销下企业生产率的演化机理展开分析,具体研究内容如下。

①相关概念界定与理论基础分析。笔者对企业生产率,生产率演化等相关概念予以界定,并对本书研究中需要运用的理论展开分析论述,包括战略贸易理论、新结构经济学、机制设计理论和信号博弈理论。

②我国反倾销现状分析。对我国历年对外反倾销的发起数和执行数进行分析,并从国别和产品的角度对反倾销对象展开深入分析,最后阐述中国反倾销的具体流程。

③反倾销游说竞争分析。根据"保护待售"模型,推导我国反倾销游说竞争的博弈均衡,得出:完全信息下,商品的进口需求弹性越大,则对其征收的反倾销税越低。如果增加反倾销税需要付出更高的信息游说成本,那么游说群体将不愿意进行高成本的信息游说投入,最终的反倾销税将较低。不完全信息下,当不了解政府偏好时,游说群体需付出更高的成本才能获得相应的反倾销保护,此时游说群体开展游说投入的意愿低,最终的反倾销税较低。当企业生产率信息不确定时,最终的反倾销税更高,因为此时企业可以通过提供粉饰的生产率信息,以获得更高的反倾销保护。当国外企业也开展信息游说时,由于存在信息印证效应,最终的反倾销税率将降低。

笔者采用2000~2015年反倾销案件数据,对我国反倾销游说竞争活动进行实证检验,结果表明中国的反倾销税率形成机制符合"保护待售"模型的理论分析。

④中国对外反倾销下企业生产率的演化机理分析。运用中国工业企业数据库和全球反倾销数据库,采用1998~2013年的数据,本书运用双重差分法分析中国对外反倾销对企业生产率的影响。实证结果表明,反倾销保护促进了中国企业生产率的提升,两次金融危机和中国加入世界贸易组织,均未能改变对外反倾销促进企业生产率提升这一根本趋势;对外反倾销在某种程度上,对生产率低的企业更有利,相比高效率企业,低效率企业能更迅速地利用反倾销保护提升自身的竞争力,提高生产率;相比外资企业,对外反倾销更能促进内资企业生产率的增长,对私营企业生产率的促进作用明显。

对外反倾销下企业生产率的演化机理分析表明,企业生产率的提升并非源于研发创新，主要是规模效应和生存效应在发挥作用。对外反倾销之所以能通过规模效应和生存效应对企业生产率产生促进作用，主要是因为我国的要素禀赋结构，如劳动力成本等相对于发达国家具有比较优势，而在产业集群，上下游产业链配套，以及硬件基础设施，软件营商环境等方面比印度、越南等发展中国家更有优势。因而依靠反倾销保护，国内企业能迅速占据国外竞争对手退出的市场，扩大销量，通过规模效应降低成本，并通过"引进、学习、消化、吸收"发达国家的先进技术和管理经验，结合自身的禀赋结构优势，能以比竞争对手更低的成本制造产品，形成竞争能力，进而向国外市场出口。

⑤美国对华反倾销对上市公司生产率的影响分析。依据南北贸易模型，我们构建美国对华反倾销影响企业生产率的理论模型，根据2010~2015年美国对华反倾销涉及的中国上市公司数据，对理论模型进行实证分析得出，在短期内，国外对华反倾销对技术进步指数和技术效率指数都产生正向影响，这可能是由于企业在遭到反倾销以后采取积极的应对措施，包括改善经营管理，调整产品结构，转销国内市场，出口到别的国家，在国外设厂等，从而促使我国出口企业生产率的提升。但在长期来看，持续性的反倾销措施会给我国出口企业带来负面影响，阻碍了企业生产率的提高，并且在长期被征收反倾销税的背景下，企业逐渐丧失改变环境的信心和希望，继续改善经营管理的动力不足，最终导致全要素生产率的下滑。

⑥中美贸易摩擦下异质性企业创新行为的演化博弈研究。运用演化博弈分析美国对华加征关税下异质性企业的创新决策，得出：研发创新能力强的企业相对于能力弱的企业更愿意从事研发创新，以应对关税加征。当关税低于企业的单位产品边际贡献与创新收益之和时，两类企业都会选择创新，而当关税大于企业实施创新后的单位产品边际贡献与创新收益之和时，两类企业都不选择创新。当两类企业选择创新时，研发能力强的企业，其创新的概率随着关税增加呈现先减少，在达到极小值后再上升的变化规律，其收益也会随着研发投入增加呈现先减少，再上升的变化趋势。企业选择研发创新的概率与自身的创新成本成反比，与竞争企业的创新成本成正比。当研发创新成本超过创新所带来的成本节约，和能获得的竞争企业市场份额收益之和时，两类企业都不选择创新。

⑦应对反倾销的财务战略优化策略构建。以MT公司为例，分析设计应对反倾销的财务战略优化策略。

⑧反倾销对企业生产率微观指标—财务绩效的影响分析。以 DX 公司为例，分析反倾销如何影响企业的财务绩效，并构建应对策略。研究表明，反倾销仅是影响企业财务绩效的外部因素，对企业竞争力产生根本作用的，是高效的运营管理，这是起根本性作用的内在因素。

⑨反倾销下促进企业生产率提升的策略机制研究。研究设计能促进我国企业生产率高质量增长，切实发挥政府引导、行业协会协调和企业优化"三位一体"协同作用，推进企业加强研发创新的策略机制。

本书针对不同的研究内容，采取不同的研究方法，具体如图 1-1 所示。

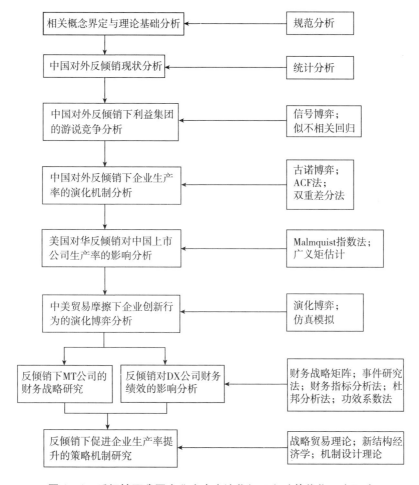

图 1-1 反倾销下我国企业生产率演化机理和政策优化研究思路

　　如图 1 - 1 所示,本书首先采用规范分析的方法对研究中涉及的相关概念予以界定,并阐述说明研究中所运用的基础理论。对于反倾销的现状分析,则采用统计分析方法。笔者先运用信号博弈,推导反倾销下利益集团的游说竞争博弈均衡,再使用似不相关回归,对依据"保护待售"模型构建的方程组予以实证检验。在中国对外反倾销下企业生产率的演化机制分析中,先运用古诺博弈构建反倾销下企业生产率演化的理论模型,然后用 ACF 法计算企业生产率,最后使用双重差分法对理论模型予以实证检验。在分析我国对外反倾销对企业生产率的作用机理之后,接着分析美国对华反倾销是如何影响上市公司生产率的,先用 Malmquist 指数法测算企业的全要素生产率,将其分解为技术进步、技术效率和规模效率,然后采用广义矩估计进行回归分析。接着运用演化博弈分析美国对华加征关税下,企业的创新行为,并对其均衡结果使用 Matlab 软件进行模拟仿真检验。接下来本书分析美国对华铝合金薄板反倾销下,MT 公司财务战略优化策略,然后分析美国对华光伏产品反倾销下 DX 公司的财务绩效变化,本书使用了事件研究法、财务指标分析法、杜邦分析法和功效系数法对企业的财务绩效展开分析。最后,综合运用战略贸易理论、新结构经济学和机制设计理论构建促进企业生产率提升的策略机制。

2 相关概念界定与理论基础分析

2.1 相关概念界定

①企业生产率。生产率核算可分为单要素生产率、多要素生产率和全要素生产率等类型，单要素生产率是只考虑一种资源投入所计算出的生产率，如劳动生产率等属于单要素生产率；多要素生产率是考虑多种资源投入所计算出的生产率；全要素生产率是指一个系统的总产出量与全部生产要素真实投入量之比。全要素生产率增长率是指全部生产要素（包括资本、劳动、土地，但通常分析时都略去土地不计）的投入量都不变时，而生产量仍能增加的部分。

从本质上讲，全要素生产率反映的是某个国家（地区）为了摆脱贫困、落后和发展经济，在一定时期里表现出来的能力和努力程度，是技术进步对经济发展作用的综合反映。全要素生产率是用来衡量生产效率的指标，它有三个来源：一是效率改善；二是技术进步；三是规模效应。在计算上它是除去劳动、资本、土地等要素投入之后的"余值"，由于"余值"还包括没有识别带来增长的因素和概念上的差异，以及度量上的误差，它只能相对衡量效益改善和技术进步的程度。

②生产率演化。协同演化（Co‑Evolution）是指两个或两个以上的具有演化特征的系统主体持续地互动与演变，其演化行为相互影响，演化路径互相交织的现象。协同演化最早由生态学家埃利希和雷文（Ehrlich and Raven, 1964）提出的，主要表示物种在一定程度上会相互影响并演化。后来诺加德（Norgaard, 1989）将协同演化术语运用到社会学、生态经济学等研究领域。反倾销游说竞争和企业生产率之间持续地互动与演变，演化路径相互交织，这种协同演化又最终影响企业生产率的改变。

因此，本书中的生产率演化是指在涉案企业多期反倾销游说竞争博弈下，企业生产率的特征表现、功能结构、状态属性等随着时间推移而不断发展变化。在其演化特征表象之下，是其内在本质的涉案企业、行业协会中介机构、政府部门等利益相关方的多重博弈，贸易、产业、金融政策的协调配合等因素在驱动演化方向。

2.2 理论基础分析

2.2.1 战略贸易理论

战略性贸易政策是指一国政府在不完全竞争和规模经济条件下，可以凭借生产补贴、出口补贴或保护国内市场等政策手段，扶持本国战略性工业的成长，增强其在国际市场上的竞争能力，从而谋取规模经济之类的额外收益，并借机劫掠他人的市场份额和工业利润，即在不完全竞争环境下，实施这一贸易政策的国家不但无损于其经济福利，反而有可能提高自身的福利水平。

在制定最优的反倾销政策中，主要依据以下的战略贸易政策模型。

（1）战略性关税政策及其运用

所谓"战略性关税政策"，其中心思想是：在不完全竞争条件下，一国政府利用关税可以限制外国厂商在本国市场进行销售的垄断高价，迫使其自动吸收部分压低下来的价格；可以激励本国潜在的生产者进入外国厂商业已占领的国内市场，打破后者对该市场一统天下的垄断局面。在上述两种情况下，该国都能运用关税从外国垄断者手里提取其享有的部分垄断利润或租金，从而减少这种垄断租金的向外流失。更有甚者，如果新进入者的本国企业不仅在关税庇护下夺回了本国市场，而且进一步渗透到国外市场，那么，它们还能够直接地在外国市场上从外国厂商那里攫取垄断租金。

如果说出口补贴为本国企业赢得了在国外市场上的战略优势，那么，关税能够为它们培育在本国市场上的战略优势。在这个意义上说，战略性关税政策堪称新保护主义的又一大杰作。

无独有偶，首创战略性关税政策的仍然是布兰德和斯宾塞。1981年和1984年，他们提出并论证了战略性关税政策的基本思想。他们认为，在不完全竞争市场上，垄断生产者的价格高于边际成本，因而能够赚取垄断利润。每当一个国家进口这类商品时，就等于向外国出口商支付了一笔垄断租金。外国厂商为了能够长期独享这种垄断租金，必然会千方百计地阻止当地新厂商进入该市场。外国垄断厂商首先考虑的策略是选择一定的出口量，占领住一大块市场，使当地新进入厂商的产量达不到足以覆盖成本的程度，即让进入者无利可图，自行放弃进入，从而达到有效阻遏本国厂商进入的目的。

在本国新厂商受阻而尚未进入市场的情况下，本国政府可以先运用关税工具抽取外国垄断厂商的部分垄断租金。只要该国的需求曲线富有弹性，关税的提高必然会迫使外国厂商自行降低其原先制定的高额垄断价格，而且这部分压价造成的损失由外商自己承担吸收。当然，还有一部分关税通过提高进口商品价格的方式转嫁到国内消费者身上，从而部分抵消转移利润的效果。此外，整个世界也会有净损失。但仅就本国利益而言，关税作为增加收入的手段在无潜在进入者的情况下不失为一种颇具吸引力的政策措施，因为收入的增加是从外国人那里而不是从本国居民身上提取的。进一步说，如果本国政府将关税收入全部用于补贴本国消费者，则关税能够在不损害消费者利益的前提下实现部分垄断利润的转移，从而提高本国的国民收入水平。

上述考察表明，旨在改善贸易条件的关税战略，实与传统的最优关税理论的政策主张如出一辙。两者的区别在于，战略性关税政策并不苛求征收关税的国家必须是经济学意义上的大国（即世界市场上的价格制定者）。只要外国垄断厂商索要的价格高于其边际成本，只要能够在国内市场和其他市场间采取歧视性价格并杜绝套购现象，那么，通过制定适当的关税政策就有可能降低价格，这种运用压价战略抽取垄断租金的低度关税有望被外国企业完全吸收掉。

随着一国政府运用关税政策的力度增强，吸引该国新厂商进入的潜在可能性不断增大。当国内新厂商欲进入市场时，本国政府运用关税政策的着眼点在于诱使外国厂商放弃阻止本国厂商进入的竞争战略，为本国厂商打入被外商占领的国内市场创造条件，使之能开展经营并获利，以便从外商手中夺回部分垄断利润，减少垄断租金外流。政府可以先将关税从较低的水平提高到略低于使外商放弃阻止本国厂商进入的最低边际关税，然后，相机地分期提高关税税率，随着关税的不断提高，本国关税收入将渐渐增多，加之商品价格提高，吸引本国厂商进入的战略也逐渐奏效。形势的演变对外商越来越不利，直至关税升至某一水平，外商放弃阻止进入战略，让渡部分市场，据守作为价格领导者的产量之上。

只要新厂商进入的成本（尤其是固定成本）不是太大，其利润可能会很高，因此，本国政府分期增加关税到一定量，使本国厂商能与外国厂商分享市场份额，则本国福利水平的提高是完全可能的。当然，本国新厂商进入市场后，总消费量要减少，关税收入也会随进口减少而下降，只有当国内厂商所获的利润（从外国厂商的垄断租金转移而来）足以抵偿上述损失有余时，本国方能获得净收益。实际上，本国厂商一旦在与外商的激烈竞争中生存下来，站稳脚跟，就极可能转而向外国出口，直接与外国垄断厂商较量，分享外国市场上的垄断利润，在本国市场演出的那一幕就很可能在外国市场上重演。新厂商可以利用从国内外两个市场上获得的利润来弥补最初投入的固定成本，同时弥补提高关税造成的本国进口萎缩与消费者剩余方面的福利损失。由此可见，新厂商在两个市场上伺机进入的潜在可能性，对本国政府关税政策的运用产生了重大的影响。

布兰德和斯宾塞的战略性关税政策理论表明，在不完全竞争条件下，一国可以利用关税来刺激国内生产和提取外国垄断租金。尽管这两位学者一再声明，他们只是指出关税在一定条件下加以战略性运用的可行性，而实际上并不赞成付诸实践。但偏激的保护主义者仍可能利用这一武器杀伤他人。殊不知，这是一柄双刃剑，一旦引发大规模的、不断升级的关税战，其结局必然是两败俱伤，这与新古典主义的最佳关税战略的后果并无二致。在我们看来，布兰德和斯宾塞用经济学的语言生动地描述了一场垄断者之间惊心动魄的现代经济战争：国家俨然是垄断资本的总代表，它巧妙地运用最佳关税战略维护着本国民族垄断资本的权益。但即使在关税不断增高时，外国垄断厂商仍可以本国垄断价格所获得的垄断利润为依托，节节退守，步步为营，直至丧失独霸地位。本国厂商则以关税为后盾频频进攻，步步紧逼，直至跨出国界，染指他人地盘，在这一过程中将别国的市场份额和垄断利润转归己有。在这一方面，经济学的分析是深刻而准确的，它有助于人们理解和把握所谓的"战略性关税政策"的实质和后果。

（2）克鲁格曼"以进口保护促进出口"模型

1984 年，美国学者克鲁格曼指出，在寡头垄断市场和存在规模经济的条件下，对国内市场的保护可以发挥促进出口的作用。在自由贸易者看来，这无异于异端邪说。然而，不管它多么离奇怪诞，在理论逻辑上却是讲得通的。诚然，在完全竞争和规模收益不变的条件下，对一种产品无论怎样保护也永远不会使其成为出口商品。但是，在不完全竞争和规模收益递增的条件下，一个在受到保护的国内市场上从事生产的企业却能够通过扩大生产获得静态的规模经济效益，不断降低自己的边际生产成本；能够通过大量销售积累经验使成本沿着学习曲线不断下降，利润足以覆盖和补偿研究与开发的成本；能够通过歧视性价格的做法，在国内市场上索取高价，在国外市场实行倾销，使自己低成本的商品潮水般地涌向国外市场。克鲁格曼关于"以进口保护促进出口"的模型进一步丰富和发展了战略性贸易政策的理论，使得人们对战略性贸易政策发生作用的机理、条件及其后果看得更清。

克鲁格曼的模型有两个基本假定：其一，市场由寡头垄断并可分隔。各国寡头厂商的行为可以主宰价格的浮沉，且能在不同的市场上索要不同的价格，它们通过相互倾销向对方市场渗透，并在第三国市场上展开竞争。其二，存在着规模经济效应，即厂商的边际生产成本随产出的增加而下降，边际成本曲线向下倾斜。在上述假定下，一国政府通过贸易保护（关税或配额）全部或局部封闭本国市场，赋予本国企业在特定市场上的特权地位，受到保护的企业销售会增加，其边际成本将随着生产扩大而递减，而外国企业的销售会减少，其边际成本将随着生产缩小而递增，换言之，该国的进口保护措施为本国企业提供了超过其国外竞争者的规模经济优势，这种规模经营优势将转化为更低的边际成本和更高的市场份额。其结果，贸易障碍的设立进一步增强了本国厂商在对方国家及第三国市场上的竞争力，同时，削弱了外国厂商在本国及第三国市场上的竞争力。正是由于产量—边际成本—产量之间存在着交互馈赠、相互强化的作用机制，政府通过保护某一个市场可以为本国企业带来滚动增大的规模经济效益，并会波及其余未受保护的市场，该国将能在所有市场上扩大本国的销售量和减少外国的销售量。

在动态规模经济条件下，进口保护也能达到促进出口的目的。当某产业处于研究开发牵引增长或边干边学的动态发展过程时，规模经济表现为生产的边际成本随研究开发支出的增加或生产销售经验的积累而趋于下降。因此，为本国厂商保护或保留国内市场将有助于实现本国厂商边际成本的相对降低和外国厂商边际成本的相对增加，而本国厂商一旦在边际生产成本的竞争中处于优势地位，便可达到出口促销的目的。日本发展半导体工业时的做法堪称这方面的典型事例。克鲁格曼曾对16K计算机存储器市场竞争做过一个模拟分析，他认为，日本在本国这项工业起飞时采取了种种不公开的保护措施，这一保护主义行动相当于26%的不公开关税，正是靠着这一点才使当时日本三家半导体企业得以生存，否则，没有任何一家厂商能够在美国厂商强大有力的竞争下幸存下来。通过为本国企业保留国内市场，日本发展了本不可能独立生存的半导体制造业。在不断进行研究开发活动和积累生产销售经验的基础上，日本终于脱颖而出，现已成为半导体的主要出口国之一。日本厂商在扩大出口的过程中，逐渐地蚕食美国厂商在本土和第三国市场上的垄断租金或经济利润。

（3）对高技术产业的战略支持：外部经济模型

西方学者认为，在技术和知识密集程度最高、与国家利益和声望关系最大的高新技术产业中，战略性贸易政策是最有用武之地的，政府的人为干预政策也是最值得的。这一切都与高技术产业特有的积极外部经济效应密不可分。

所谓外部经济效应（Externalities，也称外差效应），是指一个经济单位的经济活动对其他经济单位产生的有利影响，即该项经济活动产生的收益不仅限于自身，还惠及其他经济单位的经济活动，从而产生额外的收益，而该单位并未根据这种影响从其他单位获得相应的报酬。新兴的高技术产业就往往具有这种积极的外部经济效果，它们一旦成长为战略性支柱工业，其创造的知识、技术和创新产品将对全社会的科技进步与经济增长起到不可估量的推动作用。然而，这些高技术先行企业在创建新兴产业的过程中，通常要花费研究开发的巨额支出，承担投资失败的巨大风险，而它们的一部分知识贡献及其产生的利润却无偿地外溢到别的厂商，也就是说，这些企业的私人成本与社会成本、私人效益与社会效益相偏离，这意味着价格机制受到严重扭曲，甚至造成市场失灵。如果这些企业得不到政府某种形式的补偿或扶持，它们就会丧失投资于高技术产业的原动力和积极性，而这将有损于整个国家的长期发展前景和未来战略地位。

在高技术产业（如计算机、电子和航空工业）中，许多公司的中心职能便是以多种方式生产知识，它们将大量资源用于提高技术水平，或直接地在研究开发活动上支出，或愿意承担开发新产品、新工艺最初的损失以获得经验。尽管别的产业也有诸如此类的活动，但高技术部门在知识方面的投资是其经营活动中压倒一切的核心部分。高技术部门一方面能够从知识投资中获得部分利益（否则它们不会投资），但另一方面又无力捕获全部利益，一部分利益将通过模仿、盗用创新者的知识、技术而落入其他厂商之手。由于专利法对创新者提供的保护十分微弱，所以，自由放任环境中的高技术企业对创新缺乏应有的冲动和力度。针对上述情况，产业政策和贸易干预的要旨就在于将那些颇具潜在竞争优势且有深远外部影响的高技术产业列为目标产业，进行适当的扶持和保护，以便从国家战略利益出发，在宏观范围内追寻和谋求可观的外部经济利益。

西方学者认为，即使对具有重要战略地位的高技术产业进行必要的保护，政府在具体制定和实施补贴政策的过程中仍然需要对下述问题予以特别的注意：第一，政府的补贴政策必须确保落实到真正的高技术企业及其研究与开发活动本身。在许多西方发达国家，企业可以申请将研究开发费用作为一种现时支出，在公司利润税中加以扣除，各国政府都在竞相补贴研究与开发活动，大力鼓励发展高技术部门。但这里仍有一个补贴能否落到实处的问题。这是因为，尽管创造新知识的高技术产业可能产生额外的社会效益，然而，即便在一个高技术产业中总有相当一部分厂商并未参与知识的创造，因此，好钢要用在刀刃上，只应对实际从事知识创造的高技术企业施以补贴，而对高技术产业中资本要素或非技术工人的一般运用没有理由给予补贴，此其一。创新技术在绝大多数非高技术产业中外溢、传播的范围是有限的。只有在确实发生市场失灵的经济活动中才应运用贸易干预与产业政策，以便补贴那些不能从知识创造中获益的厂商。若对一组正在孕育新知识的产业普遍给予补贴，则无异于"撒胡椒面"，真正需要帮助的企业并不能得到有力的扶持，此其二。在实践中，很难确切判断一家厂商是否正在从事研究开发和知识创造。若对研究开发（R&D）界定不严则可能导致滥用补贴。例如，为了多要补贴，公司有可能将与知识开发无关的费用列入科技开发部门的预算中。若界定过严又可能造成补贴不到位，此其三。

第二，政府给予多少补贴合适应视目标性高技术产业的技术外溢效应的重要程度而定。实际上，这是一个如何确定最优补贴率的问题。但西方学者认为，由于外部经济所具有的特殊性质，外部经济效益并无市场价格可以明码标价，如果人们很难准确地对技术外溢效应进行估值，那么，最优补贴率也就无从谈起了。进一步说，即便高技术产业已显现出强大的外部经济效应，但这种外溢效应并不仅局限于国内，它必然会随着资本与技术要素的国际流动而蔓延到其他国家。换言之，一国知识创造带来的利润可能会有相当部分被别国厂商无偿地截获，该国政府是否还积极支持这类产业自当三思而行了。例如，比利时厂商开发出一种新的炼钢技术，但大多数模仿这种新技术的厂商可能是别的欧洲国家、美国和日本的厂商，而不是比利时的厂商。一个世界政府或许乐于补贴这类技术创新，因为它是值得的，但比利时政府决不会这样做。

在我们看来，尽管上述有关高技术产业的外部经济模型（亦即"技术外溢论")算不上言之凿凿,但它与传统的"幼稚产业论"一样,仍是主张积极的产业政策和贸易干预的人比较明智和堂皇的一大理由。就一定范围而言,这种对外部经济利益的追求而引起的竞争,的确是造成当代国际贸易摩擦和冲突的原因之一,它对现存国际贸易的竞争规则形成了严重的挑战。因此,这种所谓的"高科技中的新重商主义"也就有资格纳入战略性贸易政策体系,成为其中一个有机的组成部分。还必须指出,在当前世界产业结构和贸易结构调整的过程中,各国政府正竞相通过补贴、增加研究开发经费和组织实施大型科研计划等手段,大力扶持高科技产业的成长,增强本国战略性工业在国际市场上的竞争地位,以谋取规模经济、外部经济之类的额外收益,这一切正是外部经济模型赖以建立的一个现实而又深刻的背景。

2.2.2 新结构经济学

2.2.2.1 新结构经济学的主要理论框架

新结构经济学的主要理论框架是研究结构的决定因素是什么,发达国家与发展中国家经济结构为什么不同,以及在发展过程中经济结构为什么要不断变动。

这一理论分析有一个基本前提:结构是内生的,一个国家的产业结构由其要素禀赋结构决定。在任何一个给定的时间,要素禀赋都是给定的,如有多少劳动力、资本及自然资源。但这些要素又是可变的,如劳动力会随人口增减变化,资本可通过积累增加,自然资源相对给定,但随着技术开发,也能有所改变。

一个国家的产业结构、经济结构由其要素禀赋结构决定,要素禀赋及要素禀赋结构是结构经济学中最重要的变量。

(1) 经济发展的本质就是结构不断变迁

任何一个国家最初基本上都是农业经济,生产力水平非常低,主要是自给自足。从农业经济变成现代制造业经济,需要好的交通基础设施满足全国甚至全球经济市场发展需求。投资规模扩大以后,需要购进现代化生产机器设备,还必须有金融、法律支持,必须有交通基础设施改善,这就需要政府发挥因势利导的作用来直接提供或协调不同经济主体来提供。这是现代经济增长的一个特性。

　　发展中国家赶上发达国家，表面上是收入赶上发达经济，深层上是产业结构赶上发达经济，更深一层是要素禀赋及其结构必须赶上发达经济。很多发展中国家长期陷在所谓低收入陷阱，或者像拉丁美洲国家一样长期陷入所谓中等收入国家陷阱，其共同特性是经济结构缺乏有效的结构调整和结构升级。

　　（2）结构变迁的四个驱动：要素禀赋、比较优势、市场、政府

　　①要素禀赋与比较优势。产业结构内生决定于要素禀赋结构。一个国家的收入和劳动生产率要赶上发达国家，就必须有发达国家的产业结构。要达到发达国家的产业结构，就必须先拥有发达国家的要素禀赋结构。

　　缩短与发达国家要素禀赋结构之间的差距，必须充分利用现有要素禀赋结构所决定的比较优势。按照比较优势发展，可以创造最多的剩余和积累。资本积累越快，要素禀赋结构提升也越快。要素禀赋提升以后，会涌现新的优势产业，产业升级便有了动力与可能。

　　在产业升级过程中，为了将比较优势转变成竞争优势，还需要完善各种基础设施，以降低交易费用。否则一个产业即使从要素禀赋所决定的要素生产价格来看符合比较优势，在市场上也会缺乏竞争力。完善各种基础设施，国家的结构升级和收入增长就会加快，与发达国家的差距就会缩短。

　　②市场。众所周知，企业最主要关心的是利润，这就迫切需要将经济学家的思想变成企业追求利润的自发选择，其关键是让各种要素的价格在经济中能充分反映相应要素的相对稀缺性。如果资本相对短缺，劳动力相对丰富，资本的价格就会相对高，劳动力价格就会相对低。如果有这种价格机制，企业家为追求利润最大化，必然会用廉价劳动力去替代昂贵的资本，必然会发展劳动力相对密集的技术。反过来，如果资本相对丰富，资本的价格相对便宜，那么企业家在追求利润最大化时，就会用资本替代劳动力，就会想方设法进入资本相对密集的产业。这样的价格体系只有通过市场竞争才能形成。按照比较优势发展，其前提是有比较完善的市场制度，各种价格信号可以反映各种要素的相对稀缺性。

　　③政府。市场诚然很重要，但在产业结构转型升级过程中，各种基础设施的完善，包括电力、港口等硬基础设施，以及金融、法制等软基础设施都离不开政府的营造和支持。如果缺乏政府发挥协调作用，比较优势可能难以发挥。

　　例如，很多发展中国家的劳动力相对丰富，但真正能将比较优势发挥出来的较少。因为在国际竞争中，除了比较优势带来的要素生产价格低之外，其交

易成本也必须很低。而交易成本取决于各种基础设施的改善，这必须由政府来做。

2.2.2.2　新结构经济学中的增长甄别与因势利导

将上述的历史经验与新结构经济学理论变成现实的方法是增长甄别与因势利导，这从总体上要求发展中国家政府做到两点：一是确定一国可能具有潜在比较优势的新产业，二是消除那些可能阻止这些产业兴起的约束，创造条件使这些产业成为该国的实际比较优势。这里，我们提出了一个"六步骤"过程。

第一，发展中国家的政府可以确定一份可贸易商品和服务的清单。这些商品和服务应满足如下条件：在具有与本国相似的要素禀赋结构且人均收入也高于本国约100%的高速增长的国家中，这些商品和服务的生产已超过20年。

第二，在该清单的产业中间，政府可以优先考虑那些国内民营企业已自发地进入的产业，并设法确定这些企业提升其产品质量的障碍，或者阻止其他民营企业进入该产业的障碍。这些可以通过各种方法的组合来做到，如价值链分析或是豪斯曼等人提出的增长诊断框架。然后，政府采取措施来消除这些紧约束，并运用随机对照试验来测试这一过程的影响，以确保把这些政策推广到国家层面后的有效性。

第三，对国内企业来说，清单上的某些产业可能是全新的产业。在这种情况下，政府可采取特定措施，鼓励在第一步所确定的产业清单中，高收入国家的企业到本国来投资，以利用本国劳动力成本低的优势。政府还可以设立孵化计划，便利国内私人企业进入这些行业。

第四，除了在第一步中确定的可贸易商品和服务的清单上确定的产业外，发展中国家的政府还应密切关注本国成功实现自我发现的其他私人企业，并为这些产业的扩大提供帮助。

第五，在基础设施落后、商业环境欠佳的发展中国家中，政府可投资于工业园区和出口加工区，并做出必要的改进来吸引可能愿意投资于目标产业的国内民营企业或者外国企业，对基础设施和商业环境的改善可以降低交易成本，便利产业发展。然而，因为预算约束和能力的限制，大多数政府无法在合理时间内为整个经济做出理想的改进，关注于改善工业园区或出口加工区的基础设施和商业环境就是一个更易于实现的选择。

第六，政府也可以为在第一步确定的产业清单里面的国内先驱企业或国外投资者提供激励，来补偿它们的投资所创造的非竞争性公共知识。该类措施应有时间限制和财务成本限制，激励可以是一段时间内的企业所得税豁免，或是对合作投资的直接优惠，或是获取外汇的优先权，以进口关键设备。激励不应该也不需要以垄断租金、高关税或者其他扭曲的形式出现，寻租和政治捕获的风险可因此避免。对于在第四步通过自身努力成功发现新产业的企业，政府可采取措施，以认可他们对国家经济发展的贡献。

通过上述过程确定的产业应符合本国的潜在比较优势。先驱企业一旦成功，许多其他企业也将会进入该产业，政府的便利作用主要限于提供信息、协调、改善软硬性基础设施以及补偿外部性。

2.2.3 机制设计理论

经济机制设计理论所讨论的问题是：对于任意的一个想要达到的既定目标，在自由选择、自愿交换的分散化决策条件下，能否并且怎样设计一个经济机制（即制定什么样的方式、法则、政策条令、资源配置等规则）使得经济活动参与者的个人利益和设计者既定的目标一致，即每个人主观上追求个人利益时，客观上也同时达到了机制设计者既定的目标。如可能的话，是否具有较低的信息运行成本。机制设计目标可以非常大，也可以非常小。大到可以是对整个经济社会制度的设计，其目标是一个经济整体目标；也可以小到只是具有两个参与者的经济组织管理的委托人的目标，其目标只是他自己的最优利益。

经济学家通常认为一个好的经济制度应满足三个要求：它导致了资源的有效配置、有效利用信息及激励相容。机制的有效资源配置要求资源得到有效利用，有效利用信息要求机制的运行具有尽可能低的信息成本，激励相容要求个人理性和集体理性一致。这些要求是评价一个经济机制优劣和选择经济机制的基本判断标准。

机制设计理论的起源与历史上一次有名的争论相关。20世纪30年代，社会主义国家发展迅猛，引起了经济学界的高度关注，就计划经济和市场经济孰者更优展开了大争论。作为争论的主要参与者，哈耶克主张，由于信息的不充分性，计划经济无法解决资源的有效配置问题，市场能通过竞争实现资源的优化配置。其反对者则认为计划者能够通过大规模的信息集中处理，复杂的数学优化计算来解决资源配置问题。姑且不论这次争论的结果，从其争论的焦点可看出信息的充分收集与有效处理是关键所在。赫维茨以此为切入点，从更抽象的角度思考，开创性地建立了机制设计理论，希望通过一个共同分析框架，来比较不同经济机制的效率问题，从而确立最优机制。

按照赫维茨的构想，机制设计理论可以理解为一个信息交换中心，不同的参与者可以发出不同信息，同时接受其他参与者发出的信息，在特定的信息处理机制下，每个参与者采取特定的最优行为，获得相应的收益。在这里，每个参与者发出信息的真实程度，取决于自身对此行为所带来的收益判断。这样的一个框架，能够把不同的体制基于一个共同的平台加以比较。在此，赫维茨提出了激励相容的概念：给定一个机制，如果参与者的占优策略是真实披露自身信息，则称此机制是激励相容的。赫维茨接着证明了一个悲观的结论：在市场经济中，仅满足参与者约束的激励相容的机制是无法实现帕累托最优的，即私人的自利行为会促使信息虚报，导致效率损失。

这种情况在现实中并非罕见，正是古典经济学的软肋所在。古典经济学是在一系列苛刻的约束条件下，推导出市场机制能实现对社会资源的有效配置，这些条件包括：参与者具有完全信息、参与者是价格接受者、参与者不具有垄断能力等。市场正是通过亚当·斯密（Adam Smith）所谓的"看不见的手"发挥着巨大作用，通过完全竞争的市场交换，资源配置能够达到帕累托最优。然而，实际情况是，参与者是信息不完全的，人们或多或少总会通过隐瞒自己的真实信息以希望获得更大的收益。更为严重的是，在解决公共品问题上，由于人的自利性，都希望自己付出较少，得利较多，易产生"搭便车"问题，古典经济学对此显得尤为无力。这样，机制设计理论提出之前，经济学家甚至普遍认为没有有效的办法解决公共品问题。由于"每个人的自私本性会使他给出虚假和错误的信息"，保罗·萨缪尔森（Paul A. Samuelson）对是否存在有效的资源配置机制以解决公共品问题抱怀疑态度。中国的"三个和尚没水喝"的现象，以及各国在全球温室效应问题上的相互推诿，正是"搭便车"行为导致市场机制失效，资源无法实现有效配置的现实反映。

既然私人信息的存在和激励措施是一个现实存在的问题，那有没有办法降低激励相容所要求的占优均衡条件，以达到帕累托最优呢？怎么才能衡量特定机制下所浪费的社会福利程度呢？有没有办法找到能够使社会福利损失最小的机制设计呢？

罗杰·迈尔森（Roger B. Myerson）的显示理论便是解决此问题的一个重要贡献。为实现特定目标或者效率，存在的不同类型的机制可谓繁多，怎样才能找到最有效的一个？显示理论告诉我们，任何一种机制总能够被一个激励相容的直接机制所实现，即达到相同效果。其原理可简单理解如下：参与者的真实类型为 p，在特定机制 A 下，其给出的虚假信号 $m(p)$ 能最大化其个人收益 $A[m(p)]$；那么，机制设计者可设计出机制 B，使参与者给出的任意信号 q 首先映射为 $m(q)$，然后给出参与者的收益为 $A[m(q)]$，这样参与者的最优策略便是给出真实类型 p。因为，如果参与者依然给出虚假信号 $m(p)$，则其收益为 $A[m(m(p))]$，这肯定是小于其最大收益 $A[m(p)]$ 的。这样设计出来的机制 B 与机制 A 的效果等价，并能满足激励相容的定义，因此便能够把原来较大的机制选择范围缩小，只用在一个由直接机制所构成的子集里做出抉择。随后，一大批学者在寻找直接机制的工作中取得了丰硕的成果。

显示理论可以有力地保证激励相容机制的实现。但随之而来的问题是，许多机制可能有多个甚至无限个均衡解，哪一个才是最优的解呢？这被称为实施问题。埃里克·马斯金（Eric S. Maskin）在其论文《纳什均衡与福利最优化》（*Nash Equilibrium and Welfare Optimality*）中对这一问题给出解决方法。他证明：如果单调性（monotonicity）和无否决权（no-veto-power）同时成立，并且至少有三个代理人，则实现纳什均衡的机制实施是可能的。

作为两大基石，显示原理和实施问题共同支撑起机制设计理论的大厦。机制设计理论蓬勃发展，为分析其他经济理论提供了统一深入的框架，并且在研究现实经济问题方面得到广泛应用，如社会选择理论、拍卖理论、规制理论等。

2.2.4 信号博弈理论

2.2.4.1 信号博弈理论的基本内容

（1）信号博弈模型

"信号博弈"（signaling game）是深入研究具有信息传递作用的信号机制的一般博弈模型。信号博弈的基本特征是两个（也可以是两类，每类数个）博弈方，分别称为信号发出方和信号接收方，他们先后各选择一次行为，其中信号接收方具有不完全信息，但他们可以从信号发出方的行为中获得部分信息，信号发出方的行为对信号接收方来说，好像是一种（以某种方式）反映其有关得益信息的信号。这正是这类博弈被称为"信号博弈"的原因。

由于信号博弈也是动态贝叶斯博弈，因此也可以通过转换直接表达成完全但不完美信息动态博弈。设有一个博弈方 0，先按一定概率从信号发出方的类型空间中为发出方随机选择一个行为（也称发出一个信号）；最后是接收方根据发出方的行为（发出的信号）选择自己的行为。如果我们用 S 表示信号发出方，用 R 表示信息接收方，用 $T\{t_1,\cdots,t_I\}$ 表示 S 的类型空间，用 $M\{m_1,\cdots,m_J\}$ 表示 S 的行为空间，或者称信号空间，用 $A\{a_1,\cdots,a_K\}$ 表示 R 的行为空间，用 u_S 和 u_R 分别表示 S 和 R 的得益，并且设博弈方 0 为 S 选择类型的概率分布为 $\{p(t_1),\cdots,p(t_I)\}$。则一个信号博弈可表示为：

①博弈方 0 以概率 $p(t_i)$ 为 S 选择类型 t_i，并让 S 知道；

②S 选择行为 m_j；

③R 看到 m_j 后选择行为 a_k；

④S 和 R 的得益 u_S 和 u_R 都取决于 t_i，m_j 和 a_k。

注意：博弈方 0 选择各类型的概率都大于 0，且总和等于 1；R 虽然不知道 S 的类型就是 t_i，但却知道 $p(t_i)$；S 所选择的 m_j 是 t_i 的函数，当然也是得益和 a_k 的函数；T、M 和 A 既可以是离散空间，也可以是连续空间。

事实上，信号博弈是一类博弈的总称。我们只要给上述模型中的类型 t_i、信号 m_j 和行为 a_k 赋予不同的意义，就可以用它来代表不同领域的博弈问题。

（2）信号博弈完美贝叶斯均衡

既然已经把信号博弈表示为完全但不完美信息动态博弈的形式，当然就可以利用完美贝叶斯均衡对它们进行分析，包括纯策略和混合策略完美贝叶斯均衡、合并均衡和分开均衡等。根据信号博弈的特点，其完美贝叶斯均衡的条件是：

①信号接收方 R 在观察到信号发出方 S 的信号 m_j 之后，必须有关于 S 的类型的判断，即 S 选择 m_j 时，S 是每种类型 t_i 的概率分布 $p(t_i \mid m_j)$。$p(t_i \mid m_j) \geqslant 0$，$\sum_{t_i} p(t_i \mid m_j) = 1$。

②给定 R 的判断 $p(t_i \mid m_j)$ 和 S 的信号 m_j，R 的行为 $a^*(m_j)$ 必须使 R 的期望得益最大，即 $a^*(m_j)$ 是最大化问题的解。

$$\max_{a_k} \sum_{t_i} p(t_i \mid m_j) u_R(t_i, m_j, a_k)$$

③给定 R 的策略 $a^*(m_j)$ 时，S 的选择 $m^*(t_i)$ 必须使 S 的得益最大，即 $m^*(t_i)$ 是最大化问题的解。

$$\max_{m_j} u_S[t_i, m_j, a^*(m_j)]$$

④对每个 $m_j \in M$，如果存在 $t_i \in T$ 使得 $m^*(t_i) = m_j$，则 R 在对应于 m_j 的信息集处的判断必须符合 S 的策略和贝叶斯法则。即使不存在 $t_i \in T$ 使 $m^*(t_i) = m_j$，R 在 m_j 对应的信息集处的判断也要符合 S 的策略和贝叶斯法则。

上述第一点即有不完美信息的接收方要有一个判断，也即完美贝叶斯均衡的要求①；第二、第三点则相当于完美贝叶斯均衡的要求②，即序列理性要求；而第四点即完美贝叶斯均衡的要求③、④。因此，满足上述几点要求的双方策略和接收方判断构成信号博弈的完美贝叶斯均衡。因为上述双方策略都是纯策略，因此是纯策略完美贝叶斯均衡。

另外，如果在一个信号博弈的纯策略完美贝叶斯均衡中，不同类型的 S 发出的信号 m_j 相同，则称为合并均衡，如果发出信号不同，就是分开均衡。

2.2.4.2 信号博弈理论在政策机制构建中的应用

信号博弈理论分析的是信号发出方为了让信号接收方采取对自己有利的策略，而下意识地发出能让对方采取该行为的信号。在反倾销的应诉与裁决的过程中，被诉方和起诉方都在发出各种信号来试图左右反倾销裁决当局所做出的裁定，因此，在反倾销应对策略的分析中需要运用信号博弈理论。例如，在提升企业生产率的反倾销机制设计中，就用到了信号博弈理论。

3 我国反倾销现状及游说竞争博弈分析

3.1 我国企业反倾销现状分析

1997年3月25日，我国颁布了《中华人民共和国反倾销和反补贴条例》。1997年10月，占我国新闻纸行业85.8%份额的九大新闻纸厂家对国外新闻纸在我国进口倾销造成损害一事联合向我国对外经济贸易合作部提起了反倾销调查申请，自此拉开了中国对外反倾销的序幕。1998～2022年，我国对外发起反倾销294起，占同期全球反倾销发起数的4.47%，为第七大反倾销运用国。

（1）中国历年反倾销数据分析

1998～2022年，我国对外发起反倾销数如图3-1所示。从1998年开始，我国反倾销数有一个快速上升的过程，2001年加入世界贸易组织后，2002年发起反倾销达到最高的30起，后续三年略有下降，但稳定在每年发起20多起的水平，然后迅速下降，在2007年仅有4起，2008年全球金融危机爆发，引发世界贸易摩擦加剧，反倾销数上升至14起，2009年达到17起，然后又有所下降，2018年随着中美贸易摩擦加剧，再次快速上升，然后逐渐下降，尤其是2020～2022年新冠疫情期间，反倾销数大幅下降。

可见，我国发起反倾销数量与自身的外贸形势紧密相关。加入世界贸易组织后，对外贸易迅速扩大，反倾销作为重要的产业保护手段，也被大力运用。2002年我国发起了30起反倾销，随着自身竞争实力的增强，反倾销措施的使用也逐渐缓和，体现在2007年仅发起4起，而2008年全球金融危机爆发，又促使反倾销行为迅速上升，在2009年达17起，然后逐渐下降。2018年，随着中美贸易摩擦加剧，中国经济增速下滑，中国对外反倾销数量快速上升到24起，然后再逐年下降。

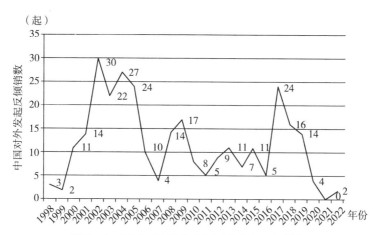

图 3-1　1998~2022 年中国对外发起反倾销数

资料来源：根据世界贸易组织 www.wto.org 的反倾销数据整理而得。

1998~2022 年，我国发起反倾销数和执行反倾销数分别如图 3-1、图 3-2 所示，平均执行反倾销比率为 90.14%，比全球反倾销执行比率 67.81% 约高 22.33%，说明我国反倾销执行强度较高，但相对于我国被反倾销的程度而言，1995~2022 年我国被发起反倾销数达 1565 起（占 23.78%，名列第一），我国的反倾销反击力度较低。

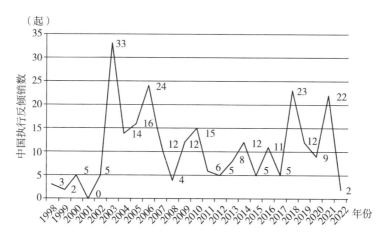

图 3-2　1998~2022 年中国执行反倾销数

资料来源：根据世界贸易组织 www.wto.org 的反倾销数据整理而得。

（2）中国反倾销对象分析

1998~2022 年，中国反倾销发起和执行情况如表 3-1 和表 3-2 所示。从表中可以看出，我国反倾销的主要对象为美国、日本、韩国、欧盟、印度和俄罗斯。其中，美国、日本、韩国和欧盟占总发起数的 62.24%，所以这四个国家和地区是中国的主要反倾销对象，同时，他们也是中国主要的贸易伙伴。而中国对印度的反倾销数仅为 12 起，但同期印度对中国的反倾销达到 283 起，所以，作为主要的竞争对手，中国应适当增加对印度的反倾销力度，以反击印度强烈的对华反倾销行为。

表 3－1   1998～2022 年中国发起反倾销

反倾销对象	反倾销发起数	反倾销对象	反倾销发起数
澳大利亚	2	韩国	42
比利时	1	马来西亚	9
巴西	2	墨西哥	1
加拿大	2	荷兰	3
欧盟	31	新西兰	1
芬兰	1	俄罗斯	11
法国	3	沙特阿拉伯	4
德国	5	新加坡	9
印度	12	南非	2
印度尼西亚	6	泰国	9
伊朗	1	土耳其	1
意大利	1	乌克兰	1
日本	53	英国	3
哈萨克斯坦	1	美国	57

数据来源：根据世贸组织 www.wto.org 的反倾销数据整理而得。

表 3－2   1998～2022 年中国执行反倾销

反倾销对象	反倾销执行数	反倾销对象	反倾销执行数
澳大利亚	2	马来西亚	7
比利时	1	墨西哥	1
巴西	2	荷兰	2

反倾销对象	反倾销执行数	反倾销对象	反倾销执行数
加拿大	2	新西兰	1
欧盟	27	俄罗斯	9
法国	2	沙特阿拉伯	2
德国	4	新加坡	7
印度	10	南非	1
印度尼西亚	4	泰国	9
伊朗	1	土耳其	1
意大利	1	乌克兰	1
日本	44	英国	21
哈萨克斯坦	1	美国	49
韩国	37		

数据来源：根据世贸组织 www. wto. org 的反倾销数据整理而得。

（3）中国反倾销的产品类型分析

1998～2022年，中国反倾销的产品类型如表3-3所示。从表中可以看出，我国主要的反倾销产品集中在四类产品上，分别为：化学工业及相关工业的产品；塑料及其制品，橡胶及其制品；木浆及其他纤维状纤维素浆，纸及纸板的废碎品，纸、纸板及其制品；贱金属及其制品。这四类产品占总反倾销发起数的88.1%。其中，对化学工业及相关工业的产品的反倾销发起数达157起，占53.4%。这与当前我国的产业结构相符，我国目前存在大量生产此类产品的厂家，这些产品由于附加值低，价格便宜，也是国际市场上主要的反倾销对象。化学工业及相关工业的产品；塑料及其制品，橡胶及其制品；木浆及其他纤维状纤维素浆，纸及纸板的废碎品，纸、纸板及其制品；贱金属及其制品这四类产品在世界反倾销发起总数中的占比分别为19.87%、13.17%、4.62%、31.42%。对比各类产品占比，可以看出我国对化学工业及相关工业的产品的反倾销强度较高，说明该行业在国内市场竞争激烈，而该行业的市场集中度较高，因而容易组织利益集团申请反倾销，获取贸易保护。

表 3-3 1998～2022 年中国反倾销的产品种类分析

HS 名称	中国发起反倾销数	中国执行反倾销数
Ⅰ活畜产品	2	2
Ⅱ蔬菜产品	3	3
Ⅳ调制食品，饮料，酒，醋，烟草	4	2
Ⅴ矿产	4	4
Ⅵ化学工业及相关工业的产品	157	135
Ⅶ塑料及其制品，橡胶及其制品	58	57
Ⅹ木浆及其他纤维状维素浆，纸及纸板的废碎品，纸、纸板及其制品	19	17
Ⅺ纺织原料及纺织制品	7	6
ⅩⅢ石料、石膏、水泥、石棉、云母及类似材料的制品，陶瓷产品，玻璃及其制品	2	2
ⅩⅤ贱金属及其制品	25	28
ⅩⅥ机器、机械器具、电气设备及其零件、录音机及放音机、电视图像、声音的录制和重放设备及其零件、附件	3	1
ⅩⅦ车辆、航空器、船舶及有关运输设备	2	2
ⅩⅧ光学、照相、电影、计量、检验、医疗或外科用仪器及设备、精密仪器及设备，钟表，乐器，上述物品的零件、附件	8	6

（4）中国反倾销流程分析

反倾销由遭受倾销损害的国内企业提起，可以是多个企业联合申请，也可以是个别企业独立发起。我国要求支持反倾销申请的企业产量要达到行业总产量的50%以上。在中国，反倾销由商务部贸易救济调查局负责，其承担反倾销、反补贴、保障措施等贸易救济措施原审、复审的调查与裁决，包括：产业预警、申请受理、立案调查；倾销、补贴、进口数量增长及相关损害，以及因果关系和公共利益的调查和裁决。国务院关税税则委员会主要根据商务部的建议做出是否征收临时反倾销税和反倾销税等决定，海关则负责反倾销措施的具体执行。我国反倾销流程如图3-3所示。

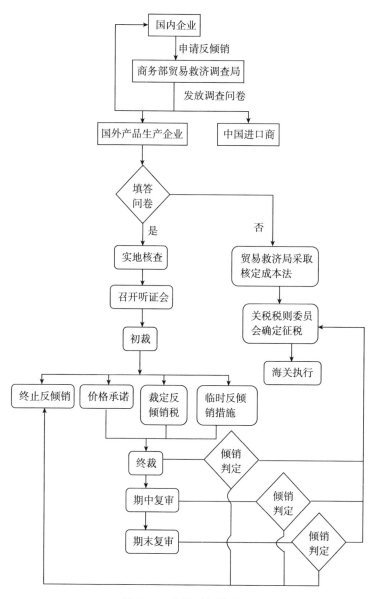

图 3 - 3 中国反倾销流程

注："核定成本法"是在国外出口企业未提交调查问卷的情况下，贸易救济调查局采用已获得事实和可获得的最佳信息做出关于国外生产企业产品的真实价值，倾销及倾销幅度的裁定。

3.2 反倾销游说竞争博弈分析

3.2.1 引言

在关税大幅削减的背景下，作为重要的战略性贸易保护手段，反倾销由于其易于使用，成本较低，而被广泛运用。反倾销的初衷是维护公平贸易，但最终征收的反倾销税是政府裁决当局与涉案企业博弈的结果。根据保护待售模型（Grossman and Helpman，1994），本书对中国对外反倾销中政府与涉案企业的博弈活动展开分析，将分析的对象聚焦于社会中的微观个体。个体既是消费者，也是生产者，一方面他根据不同商品可以给他带来的效用，选择能产生最大效用的消费组合；另一方面，其消费能力又受限于自身收入。个体收入由工资收入、所持资产收益和政府转移支付构成，所以他需要通过工作和持有资产而获得用于消费的收入。个体收入取决于其所服务企业的收益，因此他们会组成游说群体，游说政府采取对所服务企业有利的反倾销政策。国家由无数个体构成，国家福利即为个体福利之和。

可见，个体的利益和国家的利益并非对立，在某种程度上是一致的。那么，是否只要企业申请反倾销，政府为保护本国企业，维护个体利益，就一定会给予肯定裁决，对国外企业征收高额的反倾销税呢？事实并非如此。每年的反倾销申请案中，仍有相当比例的案件以否定裁决，主动撤回等方式结案。因为一国之中，有众多产业，而产业链中，又分为上游、中游和下游产业，且个体也分为生产商，经销商和消费者等不同的群体，对待同一个产品的反倾销税，不同的个体，态度并不相同。例如，一旦裁定征收高额的反倾销税，涉案产品的下游厂商、消费者，以及国外进口产品的代理商则会蒙受损失，所以这些群体并不支持反倾销。裁决当局在进行反倾销决策时，需要考虑国家整体福利，即应将所有受反倾销影响个体的福利全盘考虑。在决策过程中，还受到利益集团游说影响。在美国等国家，企业主要通过提供政治献金游说政府（Patricia Tovar，2011），但在中国，企业不允许直接向政府提供政治献金。因此，中国企业主要通过信息游说影响反倾销裁决。鉴于此，区别于已有的贸易政策游说研究（Evans and Sherlund，2011），本书将研究的重点放在信息游说对反倾销裁决的影响上，并分析不完全信息下，均衡的反倾销税受何种因素的影响，即当企业的生产率和政府偏好均为各自私有信息时，涉案企业和裁决当局如何做出最优决策。本书的分析设定国家福利由社会个体收入总和构成，以个体行为作为分析基础，从而能更深入分析利益群体的反倾销博弈活动。研究得出，①完全信息下，最终的反倾销税取决于进口需求弹性，信息游说成本和进口渗透率①，进口需求弹性越大，信息游说成本越高，进口渗透率越低，则反倾销税越低；②不完全信息下，政府偏好不确定有助于反倾销税的降低，而企业生产率信息的不确定，则会促进反倾销税升高；③国外企业的信息游说印证效应，可以降低最终的反倾销税，但其成效取决于企业对所获得的边际收益能否弥补信息游说边际成本的衡量。当收益大于成本时，国外企业会积极开展信息游说，否则会消极应对其至放弃应诉，最终导致高额的反倾销税。

本节的结构安排如下：第一部分，构建基本模型；第二部分，对完全信息下的反倾销游说博弈展开分析；第三部分，分析不完全信息下的反倾销游说博弈，第四部分，将国外企业游说纳入分析，最后提出结论。

3.2.2 基本模型构建

我们分析在一个竞争性市场经济体中，每个个体有相同的偏好，并且其要素禀赋各不相同。个体的效用函数为：

$$u = x_0 + \sum_{i=1}^{n} u_i(x_i) \qquad (3-1)$$

其中，x_0 代表基准商品的消费，商品 0 作为交易结算用的基准商品，其国内价格和国际价格均为 1。x_i 代表对商品 i 的消费，$i \in [1, n]$。子效用函数 $u_i(\cdot)$ 是可微的，单调递增并为严格凹函数的。如果个体的收入为 E，其对商品 i 的消费量（或需求量）为 $u_i'(p_i)$ 的逆函数，即 $x_i = d_i(p_i) = [u_i'(p_i)]^{-1}$，这里 p_i 为国内商品 i 的价格，则基准商品的消费量为 $x_0 = E - \sum_i p_i d_i(p_i)$。间接效用函数为 $v(P, E) = E + s(P)$，这里 P 是国内价格向量，即 $P = (p_i, p_2, \cdots, p_n)$，且消费非基准商品产生的消费者剩余为：

$$s(P) = \sum_i u_i[d_i(p_i)] - \sum_i p_i d_i(p_i)$$

假设制造基准商品 0 仅需投入劳动，投入产出系数为 1，而且劳动力供给充

---

① 这里的进口渗透率是指进口额与国内企业产值之比，并非进口额与国内市场需求之比。

足，能确保基准商品的生产，此时竞争均衡状态下工资率为 1。制造每一个非基准商品需投入劳动（l_i）和商品所处行业的特定资本要素（k_i），且其生产函数保持规模收益不变，特定行业资本要素的供应保持稳定。假设非基准商品的工资率固定为 w，其制造成本仅受人工成本影响，此时，使用特定行业资本要素制造商品 i 所得到的收益取决于商品价格，即收益可表示为 $\Pi_i(p_i)$，则商品 i 的国内产出为 $y_i = \Pi_i'(p_i)$。

我们限定政府仅能采用征贸易税和补贴两种政策工具。通过转移支付，政府将运用政策措施产生的收益统一分配给经济体中具有投票权力的个体，此时个体能得到的收益为 $r(P) = \sum_i (p_i - p_i^*)[d_i(p_i) - (1/N)y_i(p_i)]$，这里 p_i^* 代表商品 i 的世界价格，N 为经济体中拥有投票选举权的人口总数。

个体所能获得的收入一般来自工资、政府转移支付和在特定行业拥有资本要素而带来的资产性收入，如因向企业投入特定资本要素而分享资本利得。假定每一个个体仅拥有一项特定行业资本要素，这些特定行业资本要素的所有者意识到，该行业的商品价格会直接影响自己持有的资本要素所能获得的收益，因此其会为了自身利益组织起来开展游说活动。假设 J 为能克服集体行动困境，组织个体合作开展游说的行业集。为简化分析，我们将制造商品 i 的行业以其生产的商品命名，表示为 i，当 $i \in J$ 时，行业中个体能有效组织形成游说群体，我们将该游说群体命名为 i，其提供的贡献计划为 $C_i(P)$。由于不同的游说贡献对政府产生不同的影响，进而导致不同的保护政策，游说群体会根据裁决当局的偏好，选择能带来预期保护政策的游说贡献计划。本书与已有关于贸易政策游说研究的重要区别在于，我们观察到信息游说是企业在反倾销游说竞争中采用的主要游说方式①，并将信息游说纳入模型设定中，考察其对反倾销

---

① 企业通过提供信息开展反倾销游说主要包括以下几类形式：①依托正式渠道提供信息。在申请反倾销（或应诉反倾销），参加听证会，以及接受反倾销调查等正式流程性活动中，申请反倾销的企业提供产品市场需求，国内销售价格，进口价格，以及企业营业收入，生产成本，劳动生产率和利润等材料信息举证自己遭受进口产品倾销，且倾销活动对企业经营造成损害，希望获得反倾销保护，而应诉企业则举证自己并不存在倾销行为；②直接参与。企业负责人以人大代表、政协委员等身份参政、议政，或找到人大代表、政协委员等为企业说话，促使有利于企业的反倾销政策制定和执行；③调动社会力量。通过企业的力量，引起媒体、消费者群体、股东群体或其他利益相关者对反倾销事项的关注，形成一定的舆论导向，间接影响政府反倾销决策行为；④依托政府战略制衡。企业向本国政府寻求支持和帮助，证明自身产业的战略价值，以及在反倾销中遭受的不公正待遇，通过本国政府向对方国家政府开展对话、沟通，寻求对自己有利的反倾销政策制定和实施。

裁决的影响。

美国允许企业直接向政党提供政治献金,进而游说影响政府的政策制定和执行。中国企业游说贡献的合法行为包括慈善捐赠、资助性公益广告等。企业更愿意通过信息游说来获得期望的政策[①]。

企业意识到政府更愿意为具有战略价值的企业提供反倾销保护,促进其生产率提升[②],其需要向政府提供反映自身战略价值的信息,并说明反倾销保护能有效促进企业生产率提升,让政府掌握企业真实情况,实施能实现激励相容的反倾销政策,即能实现国家福利最大化和企业收益最大化双重目标的反倾销政策。

游说群体 i 的总福利为 $V_i = \Omega_i - C_i(\mu_i) - L_i(\mu_i)$,这里 $L_i(\mu_i)$ 代表信息游说支出,μ_i 反映个体所服务的企业的生产率[③]。一般来说,生产率高的企业属于行业中处于领先地位的企业,影响力强,受政府重视度高,也更容易获得政府的政策支持,保护政策带来总体收益更大。因而在信息游说投入这一"智猪博弈"中,生产率高的企业相比生产率低的企业,更愿意投入成本开展信息游说,即 $\frac{\partial L_i}{\partial \mu_i} > 0$ 。Ω_i 是能提供游说支出的个体总收入,我们用公式(3-2)表示。

$$\Omega_i = \hat{l}_i + \Pi_i(p_i) + \theta_i N[\, r(\mathrm{P}) + s(\mathrm{P})\,] \qquad (3-2)$$

公式(3-2)右边的 $\hat{l}_i$ 行业 i 中特定资本要素拥有者的总劳动供给(或劳动收入)[④]。θ_i 代表拥有行业 i 特定资本要素的个体占总人口的比重。

---

① 对于反倾销这样具有较强外部性的政策,即政策的保护效果可以覆盖整个行业,企业一般愿意在公开场合举证申诉的合理性,以及产业的战略地位,引导社会舆论走向,使政府做出对自己有利的裁决。

② 具有战略价值的企业一般具有较强的外溢性,如集成电路,新能源,新材料等产业的龙头企业,这些企业的技术发展能对上下游产业链起到促进作用,并能保障国家在高附加值产业保持技术领先水平。

③ 个人通过为企业工作获得报酬,持有企业资本而分享企业利润,因而企业利益与个人利益紧密相关,个人组织起来为所属企业的利益开展游说。因为生产率是反映企业增长水平的综合指标,该指标也是政府做出反倾销裁决的重要依据,所以利益群体根据企业生产率水平决定信息游说支出。

④ 因为生产同一商品的企业构成行业,所以可以根据商品来对行业进行划分。假设行业中的个体能有效组织,形成统一的游说群体,这样我们可以将整个行业视为一家企业,一个游说群体,鉴于此,为简化分析,本书将制造商品 i 的行业设定为 i。该行业的游说群体设定为 i,该群体为行业提供制造商品 i 所需的劳动和特定资本要素。

政府关注游说贡献的水平和社会成员总体福利水平，因为游说贡献能为政府官员提供直接利益，所以有最终裁决权的政府官员会根据游说贡献水平做出裁决。而社会福利水平的高低则反映官员执政成绩，决定官员仕途升迁，所以政府官员在做出最终裁定时也考虑其对社会福利的影响。因此，政府效用的目标函数为：

$$G = \sum_{i \in J} C_i(\mathrm{P}) + \alpha W(\mathrm{P}), \alpha \geqslant 0 \qquad (3-3)$$

公式（3-3）中右边的 α 代表相对于游说贡献，裁决当局对社会福利的重视程度。在初始状态时，游说群体对于裁决当局对社会福利的偏好是不清楚的，他们需要根据裁决当局的反倾销判决情况，不断修正对裁决当局偏好的判断，形成对其偏好的认识。公式（3-3）中右边的 W 为社会总福利，以公式（3-4）表示：

$$W(\mathrm{P}) = l + \sum_{i=1}^{n} \Pi_i(p_i) + N[r(\mathrm{P}) + s(\mathrm{P})] - \sum_{i \in J} L(\mu_i) \qquad (3-4)$$

公式（3-4）右边最后的式子代表内生的信息游说支出。我们将所有个体的间接效用加总得到社会福利，其由所有个体的劳动收入，资本利得，转移支付和消费者剩余之和，再减去信息游说支出得出。

下面我们来谈一下游说成本。

我们以生产函数 $y_i = \mu_i f(l_i, \bar{k}_i)$ 表示商品 i 的产出，这里 μ_i 代表制造商品 i 的企业全要素生产率，且满足希克斯中性。本书假设利益群体可以自由选择信息游说支出水平，显然高生产率企业的利益群体会投入更多成本开展信息游说，裁决当局注意到这一点，便会根据利益群体的信息游说投入水平来更新自己对游说企业生产率的认识。游说群体 i 的福利可表示为：

$$W_i = \hat{l}_i + p_i(\mu_i)\mu_i f(l_i, \bar{k}_i) - wl_i + \theta_i N[r(\mathrm{P}) + s(\mathrm{P})] - L(\mu_i) \quad (3-5)$$

我们希望弄清楚不同生产率的游说群体，为实现自身利益最大化将如何开展信息游说支出。因为游说群体意识到发出关于自身生产率的信号，能让裁决当局更新对游说群体生产率的判断，进而影响其反倾销裁定。所以对于游说群体而言，其信息游说支出的最优选择为，发出生产率信号的边际成本应该等于其可以通过该信号从裁决当局获得的政策边际收益。高生产率信号的发出需要支出更高的成本，设定发出更高生产率信号的边际成本为 $L'(\mu_i)$ ①，而对应的边际收益为：

$$\frac{\partial \Omega_i}{\partial t_i}\frac{\partial t_i}{\partial \mu_i} - \frac{\partial C_i}{\partial \mu_i} = (1-\theta_i)p_i^* y_i \frac{\partial t_i}{\partial \mu_i} - \frac{\partial C_i}{\partial \mu_i} = (1-\theta_i)p_i^* \mu_i f(l_i,\bar{k}_i)\frac{\partial t_i}{\partial \mu_i} - \frac{\partial C_i}{\partial \mu_i}$$

$$(3-6)$$

其中，t_i 指反倾销税，因此，实现信息游说支出的均衡状态需满足以下条件：

$$L'(\mu_i) = (1-\theta_i)p_i^* \mu_i f(l_i,\bar{k}_i)\frac{\partial t_i}{\partial \mu_i} - \frac{\partial C_i}{\partial \mu_i}$$

对公式两边求积分，可得

$$L(\mu_i) = (1-\theta_i)t_i p_i^* \mu_i f(l_i,\bar{k}_i) - (1-\theta_i)\int_{\mu_{min}}^{\mu_{max}} t_i p_i^* f(l_i,\bar{k}_i)d\mu - C_i \quad (3-7)$$

根据公式（3-7）可知，游说群体的最优信息游说支出受 μ_i 影响，企业生产率越高，则产出越大，游说带来的收益也越高，则其越有动力在游说上投入更高的成本。信息游说支出也受 C 的影响，因为企业为获得更高的反倾销保护，会付出更多的游说贡献，这将减少信息游说所能带来的收益，进而降低企业开展信息游说的动力。最优信息游说支出水平也受 t_i 的影响，且由于政府会依据游说群体提供的信息做出裁决，反倾销税也会受到信息游说支出水平的影响，所以信息游说支出和反倾销税存在双向作用。

游说群体是否提供真实的企业信息取决于游说群体和政府是否利益一致，否则游说群体将提供粉饰的信息。例如，当发生一项外部冲击，导致对某一产品的市场需求增加，而制造该产品的企业因为自身生产率的问题，难以提供足以满足市场需求的产品，此时降低反倾销税，增加进口量是能增加消费者福利的有效举措。但是对于企业而言，维持甚至提高反倾销税对自己更有利，所以

① 根据《中华人民共和国反倾销条例》，需要申请人产量之和至少占全国总产量25%以上，才能申请反倾销，而且在反倾销申请、初裁、终裁、复审等环节，需要企业提供产业产能、产品价格、企业销售收入、利润、劳动生产率等数据信息，并参加听证会，与国外企业在听证会进行对质辩诉，同时还需及时响应政府的数据抽查，实地调查，以及应对国外应诉方的举证抗辩。这在某种程度上说明能开展反倾销申请的企业，其生产率应高于基本的门槛值，否则不符合启动反倾销调查的条件，或即使启动调查，也难以在反倾销中获得期望的保护水平。提供各项举证信息是需要投入成本的，而且更详细、准确、及时的信息提供依赖于更高的企业生产率水平。能提供更有说服力的信息需要企业具有更高的生产率，政府可根据企业提供信息的能力来判断企业的生产率水平，意识到这一点，企业会投入更多的成本来提供充足的、有说服力的举证信息，以证明自己是高生产率企业，进而在政府心目中形成自己是行业龙头的印象，以获得相应的反倾销政策支持。

其会增加信息游说投入，向政府做出虚假陈述，举证自己具有更高生产率[①]，能满足当前市场需求，而且维持反倾销保护对于产业长远发展更有利，以获得期望的反倾销保护。

3.2.3 完全信息下反倾销游说博弈框架

游说群体和政府之间的互动博弈类似于招标拍卖问题，反倾销政策是游说群体竞争的拍卖标的，游说群体提供的游说贡献相当于竞标的报价，游说群体同时提供企业生产率等信息来影响政府裁决，政府根据企业提供的游说贡献、生产率信息，以及自身执政偏好等因素，判断采取何种水平的反倾销保护能实现自身效用最大化，并接受与之对应的游说群体的游说贡献。游说群体和政府的博弈顺序如下。

阶段 1，自然决定游说群体所服务企业的生产率及政府的执政偏好。

阶段 2，游说群体根据自己对政府偏好的判断，做出游说贡献和信息游说支出的抉择。

阶段 3，政府根据收集的信息，判断游说群体所服务企业的生产率，根据自己的偏好，采取能实现社会福利和游说贡献综合效用最大化的反倾销税。

政府通过征收反倾销税，影响国内商品的价格，进而影响社会福利，而游说群体实际获得保护程度的大小也可以从国内商品价格得以反映，因此可以通过分析国内商品的价格 p_i 的变化对政府和游说群体福利的影响，了解反倾销政策对二者的具体作用。我们以 ρ 表示政府可接受的国内市场商品的价格向量集，且 $\rho \in [p_i, \bar{p}_i]$。在完全信息条件下[②]，反倾销政策博弈的均衡策略如下：

命题 3-1： 当且仅当满足 a1，b1，c1，d1 这四个条件时，$(\{C_i^o, L^o(\mu_i)\}_{i \in J}, \rho^o)$ 是反倾销博弈的子博弈完美纳什博弈均衡。

（a1） C_i^o，$L^o(\mu_i)$ 对所有 $i \in J$，都是可行的。

（b1） 价格向量集 ρ 中，存在 p^o，能实现 $W_j(p) - C_j^o(p)$ 最大化。

（c1） p^o 能实现 $\sum_{i \in J} C_i^o(p) + \alpha W(p)$ 最大化。

---

① 因为政府认为更高的信息游说投入水平对应较高的企业生产率，所以其会通过观察企业的游说投入水平来判断企业的生产率，意识到这一点，企业会提高信息游说投入，向政府表明自己具有更高的生产率，以影响反倾销裁决，获得期望的反倾销政策。

② 完全信息条件是指游说群体了解政府的偏好，政府也清楚游说群体所属企业真实的生产率。

（d1）p^o 能实现 $W_j(p) - C_j^o(p) + \sum_{i \in J} C_i^o(p) + \alpha W(p)$ 最大化。

条件 a1 是指游说群体提供的游说贡献和信息游说支出在其收入可承受范围之内；条件 b1 指均衡价格 p^o 能实现游说群体 j 的效用最大化，即产生该均衡价格的反倾销政策为游说群体所期望；条件 c1 是指在给定游说群体提供符合其自身效用最大化的游说贡献下，政府采取符合自身偏好，且能实现社会福利和游说贡献综合效用最大化的反倾销政策。该政策下国内商品的均衡价格为 p^o，因此我们可以用 p^o 反映博弈均衡下的反倾销政策；条件 d1 是指对于游说群体 j 而言，在给定其他游说群体提供符合其自身效用最大化的贡献下，均衡价格 p^o 能实现游说群体 j 和政府的综合福利最大化。

现在我们分析博弈参与者的行为选择，以及均衡价格 p^o 的形成。根据博弈顺序，首先游说群体按能实现自身福利最大化的投入水平来向政府提供贡献，然后政府在此基础上通过选择反倾销政策，影响国内市场价格，最终实现游说群体和政府的综合福利最大化，因此可通过对 $V_j + G$ 按 p^o 求导，得出能实现综合福利最大化的博弈均衡价格，该均衡价格应满足公式（3 - 8）：

$$\nabla W_j^o(p^o) - \nabla C_j^o(p^o) + \sum_{i \in J} \nabla C_i^o(p^o) + \alpha \nabla W(p^o) = 0 \qquad (3-8)$$

而要实现政府福利 G 最大化，需要满足公式（3 - 9）：

$$\sum_{i \in J} \nabla C_i^o(p^o) + \alpha \nabla W(p^o) = 0 \qquad (3-9)$$

根据公式（3 - 8）和公式（3 - 9），可得：

$$\nabla C_i^o(p^o) = \nabla W_i(p^o), i \in J \qquad (3-10)$$

将公式（3 - 10）按 i 求和，再代入公式（3 - 9），可得：

$$\sum_{i \in J} \nabla W_i(p^o) + \alpha \nabla W(p^o) = 0 \qquad (3-11)$$

根据公式（3 - 5），可得：

$$\frac{\partial W_i}{\partial p_j} = (\delta_{ij} - \theta_i) y_j(p_j) + \theta_i (p_j - p_j^*) m_j'(p_j) - \frac{\partial L_j}{\partial t_j} \frac{\delta_{ij}}{p_j^*} \qquad (3-12)$$

其中，δ_{ij} 为虚拟变量，当 $i = j$ 时为 1，否则为 0。$m_j(p_j) = N d_j(p_j) - y_j(p_j)$ 代表商品 j 的进口需求量。t_j 是指对商品 j 征收的从价反倾销税，我们已将其定义为：$t_j = (p_j - p_j^*)/p_j^*$。

根据公式（3 - 12）可知，当国内商品 i 的价格在自由贸易价格基础上增加时，游说群体 i 的福利也随之增加，而当国内其他商品价格减少时，游说群体 i

的福利也能获得增加（因为 $m_i' < 0$）。当游说群体 i 在总人口中占的比重 θ_i 越大，游说群体 i 从其他商品价格下降获得的收益越大。而当 $\theta_i = 0$ 时，游说群体 i 将无法从其他商品价格下降中获得任何收益。因为如果游说群体 i 占总人口的份额基本可忽略不计时，那么对商品 j 征收反倾销税，并由此向群体 i 提供的转移支付也是可忽略不计的，并且群体 i 通过消费商品 j 所获得的消费者盈余也是可忽略不计的。我们区别于格罗斯曼和赫尔普曼（1994）的研究在于，考虑了信息游说对均衡结果的影响，公式（3-12）右边的最后一项反映信息游说支出对游说群体福利的影响，可以看出，当为增加反倾销税需要投入更高的信息游说成本时，游说群体 i 的福利将下降。因为如果 $\frac{\partial L_j}{\partial t_j} > 0$，则获得相应的保护水平需要付出更高的信息游说成本，这会导致游说群体的收益下降。而当 $\frac{\partial L_j}{\partial t_j} < 0$ 时，获得相应的保护水平只需付出较少的信息游说成本，这有助于游说群体福利提升。

对公式（3-12）的所有 i 加总求和，可得

$$\sum_{i \in J} \frac{\partial W_i}{\partial p_j} = (I_j - \theta_J) y_j(p_j) + \theta_J (p_j - p_j^*) m_j'(p_j) - \frac{\partial L_j}{\partial t_j} \frac{I_j}{p_j^*} \quad (3-13)$$

其中，$I_j = \sum_{i \in J} \delta_{ij}$ 是虚拟变量，当行业 j 是有组织的，则其为 1，否则为 0。这里 $\theta_J = \sum_{i \in J} \theta_i$ 是指有组织的游说群体在总人口中所占的比重。

下面，我们分析商品边际价格变化对总福利的影响，使用公式（3-4）对 W 的定义，我们对 W 按价格 p_j 求导，可得

$$\frac{\partial W}{\partial p_j} = (p_j - p_j^*) m_j'(p_j) - \frac{\partial L_j}{\partial t_j} \frac{1}{p_j^*} \quad (3-14)$$

将公式（3-13）和公式（3-14）代入公式（3-11），变换可得

$$\frac{p_j - p_j^*}{p_j} = \frac{1}{(\alpha + \theta_J)[-m_j'(p_j) p_j / m_j(p_j)]} \left[\frac{(I_j - \theta_J) y_j(p_j)}{m_j(p_j)} - \frac{(I_j + \alpha) L_t'}{m_j(p_j) p_j^*} \right]$$

$$(3-15)$$

根据公式（3-7），我们将游说支出函数改写为：

$$L_i = p_i^* \ell(t_i, y_i, C_i / p_i^*) \quad (3-16)$$

其中，$\ell(t_i, y_i, C_i / p_i^*) = (1 - \theta_i) t_i \mu_i f(l_i, \bar{k}_i) - (1 - \theta_i) \int t_i f(l_i, \bar{k}_i) d\mu - C_i / p_i^*$。

将公式（3-16）代入公式（3-15），将其改写为表示均衡反倾销税的形式：

$$\frac{t_i^o}{1+t_i^o} = \frac{1}{(\alpha+\theta_J)e_i^o}\left[(I_i-\theta_J)z_i^o - \frac{(I_i+\alpha)\ell_t'}{m_i^o}\right] \qquad (3-17)$$

其中，$z_i^o = y_i(p_i^o)/m_i(p_i^o)$ 是均衡状态下国内商品产出量与进口量的比率，并且 $e_i^o = -m_i'(p_i^o)p_i^o/m_i(p_i^o)$ 表示进口需求弹性。根据公式（3-17），均衡状态下商品的进口需求弹性越大，则对其征收的反倾销税越低。主要有两方面原因：一方面当 $\alpha>0$ 时，商品的进口需求弹性越大，对该商品征收反倾销造成的社会福利损失越大，政府为保障社会福利，会降低对该商品征收的反倾销税；另一方面，当 $\alpha=0$ 时，只要 $\theta_J>0$，商品的进口需求弹性越大，生产该商品的游说群体便能从反倾销保护中获得更高的收益，而其他游说群体则有更大的动力游说政府降低对该商品的保护，因为对他们而言，对该商品的保护会带来更多的福利损失，最终将促使反倾销税下降[1]。

根据公式（3-17）右边括号中的第二项可知，如果增加反倾销税需要付出更高的信息游说成本，那么游说群体将不愿意进行高成本的信息游说投入，最终的反倾销税将较低。而且政府对社会福利重视程度越高，信息游说的高成本将会对征收反倾销税产生更大的抑制作用。而当增加反倾销所需付出的信息游说成本较低时，有组织行业的游说群体将有更强的动力开展信息游说，进而获得更高的反倾销税。而当商品的进口量越高，反倾销保护可以为申请行业内企业带来更大的收益时，在某种程度上能抵消了信息游说成本过高的负效应，游说群体将更有动力开展信息游说，最终能获得较高的反倾销保护。

进一步对公式（3-17）化简可得：

$$t_i^o = \frac{1}{(\alpha+\theta_J)\left[-m_i'(p_i^o)p_i^*\right]}\left[(I_i-\theta_J)y_i(p_i^o)-(I_i+\alpha)\ell_t'\right] \quad (3-18)$$

可以看出，当有组织行业的国内商品产出相对于进口量增长越多时，其游说群体的政治游说力量越强，从而能够获得更多的反倾销保护，因为其可以从加大保护力度中得到更多的收益。

---

① 当上游行业的产品获得反倾销保护之后，由于其价格上升，会抬升下游行业原料价格，损害下游行业企业利益，所以下游行业企业往往会游说政府降低对上游行业的反倾销保护。

3.2.4 不完全信息下国内游说群体的行为分析

3.2.4.1 政府偏好不确定性下游说群体行为分析

在前面的分析中，我们假定游说群体完全了解政府的偏好，但实际情况是，游说群体并不了解政府的偏好，但其可以通过观察政府的裁决行为来不断修正自己对于政府偏好的判断。

命题 3 - 2：政府偏好不确定性下，游说群体的目标函数为：

$$(\vartheta^1):\max\left(\frac{1}{k}\int_0^k\left\{\sum_{i\in J}W_i + \alpha W - G\right\}d\alpha\right) \quad (3-19)$$

其中，$\alpha \in [0,k]$ 反映政府对社会福利的重视程度，随着政府对社会福利重视程度的变化，其边际收益为：

$$\frac{\partial G}{\partial \alpha} = W(P) \quad (3-20)$$

利用 Lagrange 乘子法引入协态变量 λ，则 ϑ^1 的 Hamiltonian 方程为：

$$H(p,W,\lambda,\alpha) = \left\{\sum_{i\in J}W_i + \alpha W - G\right\}\frac{1}{k} + \lambda W(P) \quad (3-21)$$

实现 Hamiltonian 方程最优化的充分条件为：

$$\frac{\partial H}{\partial p} = 0 \quad (3-22)$$

根据公式（3-22），推导可得：

$$\frac{t_i^o}{1 + t_i^o} = \frac{1}{(\alpha + \theta_J + k\lambda)e_i^o}\left[(I_i - \theta_J)z_i^o - \frac{(I_i + \alpha + k\lambda)\ell_t'}{m_i^o}\right] \quad (3-23)$$

同样，根据公式（3-22），可推导出：

$$\lambda = \frac{(I_i - \theta_J)y_i - (I_i + \alpha)\ell_t' + (\theta_J + \alpha)m_i'(p_i - p_i^*)}{k[\ell_t' - m_i'(p_i - p_i^*)]} \quad (3-24)$$

下面我们分析协态变量 λ 的变动区间，我们观察到游说群体在国内人口所占比重，会影响 λ 的数值。当国内人口完全由游说群体 i 组成时，公式（3-24）变换为 $\lambda = -(1+\alpha)/k$，此时 $\lambda < 0$，对比公式（3-17）和公式（3-23），可以看出当国内群体完全由游说群体 i 组成时，游说群体的福利就代表了社会福利，所以，游说群体即使不了解政府偏好，也知道政府将会采取有利于社会福利的裁决，即政府会重视游说群体 i 的福利，因此 i 愿意投入更多的成本来游

说政府,这会带来更高的反倾销税。且当国内人口完全由游说群体 i 构成时,由于政府的重视和支持完全集中于该群体,这在某种程度上可以减少其为获得期望的反倾销保护而需付出的信息游说成本,或者说相比多个游说群体并存的环境下,同等程度的信息游说投入,可以获得更高的反倾销保护。

随着游说群体 i 占国内人口比重逐步下降,λ 数值在逐渐增加,当游说群体 i 在国内人口中所占比重可忽略不计,且国内不存在其他有组织的游说群体时,公式(3-24)可变换为:$\lambda = \dfrac{1}{k}\left[\dfrac{y_i - \ell'_t}{\ell'_t - m'_i(p_i - p_i^*)} - \alpha\right]$,显然 $\lambda > 0$,此时由于游说群体 i 在总人口中所占的比重较低,其不清楚政府对社会福利的重视程度,因而相比公式(3-17)的完全信息条件下,游说群体的游说投入较少,最终的反倾销税也较低。

当 $\theta_J \in (0,1)$ 时,如果 $\lambda > 0$,即 $(I_i - \theta_J)y_i - (I_i + \alpha)\ell'_t + (\theta_J + \alpha)m'_i(p_i - p_i^*) > 0$,在此背景下由于不了解政府偏好,游说群体需付出更高的成本才能获得相应的反倾销保护,因而游说群体开展游说投入的意愿低,最终的反倾销税较低。

3.2.4.2 企业生产率信息不确定性下的博弈分析

作为战略性贸易保护手段,政府会运用反倾销保护发展本国具有比较优势的产业,进而达到促进产业转型升级,提升整体国民收入的目的。鉴于此,游说群体会有意识地向政府发出积极信号,即企业具有战略比较优势,为本企业提供反倾销保护有助于扩大销售,实现规模效应,提高企业生产率,从而促进产业的提升优化。在信息不对称环境下,部分企业会提供虚假信息,以获取反倾销保护的动力,而政府缺乏有效措施发现企业真实的生产率。因为通常情况下,政府仅能依靠企业提供的劳动生产率、营业收入、产品价格、利润等数据信息,判断企业的生产率状况,分析产业是否具有战略价值。另外,政府并不拥有现代产业的全面知识,只能尽其所能对产业未来的发展进行预判,所以其只能依据所收集的信息做出能实现社会福利最大化的反倾销裁决。

假设政府对企业生产率的期望可以用一个先验累计分布函数 B 来表示,其范围为 $\Theta \in [\mu_i^-, \mu_i^+]$,$B(\mu_i^-) = 0$,$B(\mu_i^+) = 1$,其分布密度为 $b(\mu_i)$。对于所有 $\mu_i \in \Theta$,有 $b(\mu_i) > 0$。分布函数 B 为所有参与者知晓。政府可以根据历次反倾销裁决后企业的生产率变化,来不断修正自己对企业生产率的认识,进而采用能实现最大化福利 W 的反倾销税 $t(\mu_i)$。

命题3-3：不完全信息下，国内企业目标函数为：

$$(\vartheta^2):\max\left(\frac{1}{k}\int_0^k\left\{\sum_{i\in J}W_i+\alpha\int_{\mu_i^-}^{\mu_i^*}W(P,\mu_i)dB(\mu_i)-G\right\}d\alpha\right) \quad (3-25)$$

此时 ϑ^2 的 Hamiltonian 方程为：

$$H(p,W,\lambda,\alpha,\mu)=\left\{\sum_{i\in J}W_i+\alpha\int_{\mu_i^-}^{\mu_i^*}W(P,\mu_i)dB(\mu_i)-G\right\}\frac{1}{k}+\lambda\int_{\mu_i^-}^{\mu_i^*}W(P,\mu_i)dB(\mu_i)$$

$$(3-26)$$

根据实现 Hamiltonian 方程最优化的条件，推导得出：

$$\frac{t_i^o}{1+t_i^o}=\frac{1}{[\theta_J+(\alpha+k\lambda)b(\mu_i)]e_i^o}\left[(I_i-\theta_J)z_i^o-\frac{[I_i+(\alpha+k\lambda)b(\mu_i)]\ell_t'}{m_i^o}\right]$$

$$(3-27)$$

对比公式（3-23）和公式（3-27），可以看出，当企业生产率不确定条件下，最终的反倾销税更高，因为企业可以通过提供粉饰的生产率信息，以获得更高的反倾销保护，而政府唯有依靠企业提供的信息做出裁决，为保护和促进本国产业的发展，政府一般会接受游说群体提出的申请，做出肯定裁决，这导致最终的反倾销税会高于完全信息下的裁定。

3.2.5 国内企业与国外企业的游说竞争分析

本小节我们将国外企业应诉活动纳入分析范畴，在反倾销活动中，国外企业会向反倾销裁决当局提供信息，举证自己的出口行为并未对进口国国内产业造成损害，也没有对进口国市场倾销产品，并会说明自己出口的产品技术领先，而进口国企业不具备制造这种特殊性能产品的能力，该产品能满足进口国国内市场的特定需求，如果对该产品征税，将会损害下游产业和消费者的利益。国外企业的申诉信息可以印证国内企业申请反倾销的证据真实性，政府可以根据国内企业和国外企业所提供的信息，采取实地调研等活动，审计推断国内企业和国外企业的真实情况，进而采取能实现国家效用最大化的政策。

政府最终的抉择其实是一个利益博弈的过程。政府效用为社会福利和收取的游说贡献之和，由于我国不允许企业公开向政府提供政治献金，且反倾销政策的保护效果不具有排他性，受保护的行业中所有企业都可以享受反倾销政策收益，所以企业更愿意使用信息游说，而不是游说贡献，来影响反倾销裁决。这致使政府收取的游说贡献较小，因而使其更重视社会福利。本书假设社会福利由企业收益、劳动收入、消费者效用、关税收入，以及信息游说支出构成，其中前面四项为社会福利的增加项，最后一项信息游说支出为社会福利的减少项。企业收益是决定社会福利高低的关键因素，因为国民收入的高低取决于其服务企业的效益，而企业收益又由自身的生产率所决定，所以，政府执政的首要目标是提升本国企业的生产率。

由于中国正处于由产业中低端向中高端升级转型时期，一方面，由于劳动力成本上升，以往的劳动力密集型产业不再具有比较优势，这些产业正向劳动力成本更低的越南、印度等国家转移；另一方面，中国庞大的国内市场，有助于企业扩大销量，形成规模效应，进而提高规模效率，并依托积累的利润，开展技术研发，不断提高全要素生产率。在此产品不断更新迭代、产业不断转型升级的过程中，政府需给予企业积极支持，在硬件和软件设施上持续加强投入，帮助企业克服单靠自身难以解决的困难和阻碍，如通过建设高速铁路、城际铁路、高速公路，地铁，港口，机场，高速信息互联网等基础设施，提升人流、物流、信息流的流通速度，促进城市群的集聚效应形成。因此，通过反倾销保护，为企业扩大销量，取得规模效应，进而积累利润开展技术研发，提高生产率，是政府实施反倾销保护的重要目的。所以，企业在申请反倾销过程中，应表明自己可以依靠反倾销保护提升销量，提高利润，进而形成自生能力，以应对外国产品的竞争，如果解除反倾销保护，将导致外国企业低价倾销产品，打破国内企业自生能力形成进程，以切合政府裁决目标，获得期望的反倾销保护。

政府为国内企业提供反倾销保护的最终目标，是让具有产业战略价值的企业免受出口国企业低价倾销损害，扶持其形成内生发展能力，并能不断提升生产率，进而带动产业链配套企业不断发展提升，促进整体社会福利提高。在这一过程中，政府需要综合运用产业政策、金融政策和贸易政策，仅靠单一的反倾销政策难以达成该目标。为制定有效的组合政策，需掌握企业真实、准确的信息。在获得国外企业提供的应诉信息后，政府贸易当局可以据此与国内企业提供的申请反倾销的举证信息进行印证，可以形成更为准确、全面的国内企业生产率状况。并且，考虑到将会与国外企业对质辩诉，国内申请反倾销企业在提供举证信息时，相比没有对质印证情况下，其提供的生产率信息将更为真实、准确，即生产率累计分布函数将为 $\bar{B}(\mu_i)$，分布密度函数为 $\bar{b}(\mu_i)$，且 $\bar{b}(\mu_i) > b(\mu_i)$。

向国内市场出口产品 i 的国外企业 κ 的效用函数为：$v_\kappa = m_\kappa p_i - C_\kappa - L_\kappa - m_\kappa p_i t$，$\kappa \in \omega$，其中，$C_\kappa$ 为国外企业的游说贡献，L_κ 是国外企业 κ 的信息游说支出函数。则向国内市场出口产品 i 的国外企业总效用为：

$$\sum_{\kappa \in \omega} v_\kappa = m_i p_i - \sum_{\kappa \in \omega} C_\kappa - \sum_{\kappa \in \omega} L_\kappa - m_i p_i t \tag{3-28}$$

此时，$m_i = \sum_{\kappa \in \omega} m_\kappa$。国外企业向进口国贸易当局提供游说贡献，开展信息游说，其目的是争取有利于自己的反倾销税，虽然其知晓进口国政府会维护本国企业利益，但由于进口国存在多元利益集团，既有产品 i 的生产企业，也有下游产商，还有消费群体，这些群体并不支持反倾销，他们也是进口国政府的重要考虑对象。而且对缺乏比较优势的产业进行反倾销保护，对社会福利的损害更大。正是认识到这一点，国外企业会着重说明自己出口产品的特殊性，该产品能满足国内市场差异化需求，从而切中进口国贸易当局的现实需求，促使其采取对国外企业有利的反倾销税的效果。综上所述，我们得出国内与国外企业游说竞争形成的均衡博弈政策，即命题 3－4：

命题 3－4： 当且仅当满足以下条件时，会存在贸易政策博弈均衡。

（a2）C_i^o，$L^o(\mu_i)$ 对所有 $i \in J$，C_κ^o，L_κ^o 对所有 $\kappa \in \omega$，都是可行的。

（b2）价格向量集 ρ 中，存在 p^o，能实现 $W_j(p) - C_j^o(p)$ 和 v_κ 最大化。

（c2）p^o 能实现 $\sum_{i \in J} C_i^o + \sum_{\kappa \in \omega} C_\kappa^o + \alpha W(P)$ 最大化。

条件 a2 是 i 和 κ 参与游说竞争的必要条件，条件 b2 是国内企业和国外企业游说支出能获得最大收益的必要保障，条件 c2 则保证政府政策裁决的效用最大化。

命题 3－5： 国内企业与国外企业游说竞争下，国内企业的目标函数为：

$$(\vartheta^3):\max\left(\frac{1}{k} \int_0^k \left\{ \sum_{i \in J} W_i + \sum_{\kappa \in \omega} C_\kappa + \alpha \int_{\mu_i^-}^{\mu_i^-} W(P,\mu_i) d\bar{B}(\mu_i) - G \right\} d\alpha \right.$$
$$\tag{3-29}$$

此时 ϑ^3 的 Hamiltonian 方程为：

$$H(p,W,\lambda,\alpha,\mu) = \left\{ \sum_{i \in J} W_i + \sum_{\kappa \in \omega} C_\kappa + \alpha \int_{\mu_i^-}^{\mu_i^-} W(P,\mu_i) d\bar{B}(\mu_i) - G \right\} \frac{1}{k}$$
$$+ \lambda \int_{\mu_i^-}^{\mu_i^-} W(P,\mu_i) d\bar{B}(\mu_i) \tag{3-30}$$

对公式（3－28）按国内市场价格 p_i 求导，得出实现国外企业总效用最大化的条件为：

$$\sum_{\kappa \in \omega} v'_\kappa = m_i(1-t) - \sum_{\kappa \in \omega} C'_\kappa - \sum_{\kappa \in \omega} L'_\kappa = 0 \qquad (3-31)$$

根据公式（3-31），可得：

$$\sum_{\kappa \in \omega} C'_\kappa = -\frac{2m_i p_i}{p_i^*} - \sum_{\kappa \in \omega} L'_\kappa \qquad (3-32)$$

将公式（3-32）代入实现均衡政策的条件 $\frac{\partial H_o}{\partial P} = 0$，可得

$$\frac{t_i^o}{1+t_i^o} = \frac{1}{[\theta_J + (\alpha + k\lambda)\bar{b}(\mu_i)]e_i^o}\left\{(I_i - \theta_J)z_i^o - \frac{1}{m_i}\{[I_i + (\alpha + k\lambda)\bar{b}(\mu_i)]\ell'_t\} + \xi\right\}$$

$$(3-33)$$

这里，$\xi = -\dfrac{2m_i p_i}{p_i^*} - \displaystyle\sum_{\kappa \in \omega} L'_\kappa$。对比公式（3-27）和公式（3-33），可以看出，存在国外企业游说竞争时，当 $\xi > 0$ 时，反倾销税更高，而当 $\xi < 0$ 时，反倾销税则更低。这是因为当产品的国内市场价格与国际市场价格差距足够大，且国内市场的进口需求也足够大时，国外企业认为通过游说进口国贸易当局，所获得的边际收益能够弥补信息游说的边际成本，即 $\displaystyle\sum_{\kappa \in \omega} L'_\kappa < -\frac{2p_i m_i}{p_i^*}$，其会有足够的动力积极开展信息游说，从而导致最终的反倾销税减少，否则，其会消极应对，甚至放弃游说，最终的反倾销税将会增加。例如，当国外企业没有在规定时间提交反倾销调查问卷，或不能提供可置信的成本数据时，裁决当局会对其按核定成本征税，这往往导致过高的税率。

公式（3-27）与公式（3-33）的另一差别在于 $\bar{b}(\mu_i)$ 代替了 $b(\mu_i)$。因为 $\bar{b}(\mu_i) > b(\mu_i)$，这导致公式（3-33）中的均衡反倾销税低于公式（3-27）中的反倾销税。说明国外企业的信息印证，可以让政府贸易当局对国内企业 μ_i 的真实分布函数有更准确的了解，从而抑制了国内企业粉饰生产率的动机，进而降低了最终的反倾销税。

3.2.6 小结

虽然反倾销裁决遵循各国制定的标准程序和统一法规，但最终征收的反倾销税是政府裁决当局和涉案企业博弈的结果，涉案企业向政府裁决当局提供游

说贡献，以获得有利于自己的反倾销裁决，而政府则选择能实现国家福利和游说贡献综合收益最大化的反倾销政策。本书与格罗斯曼和赫尔普曼（1994）提出的保护待售模型不同之处在于，将关注重点放在信息游说对反倾销税的影响上，以揭示中国企业是如何通过信息游说来影响政策制定的。主要研究结论如下。

（1）在完全信息下，商品的进口需求弹性越大，则对其征收的反倾销税越低。如果增加反倾销税需要付出更高的信息游说成本，那么游说群体将不愿意进行高成本的信息游说投入，最终的反倾销税将较低。当有组织行业的国内商品产出相对于进口量增长越多时，其游说群体的政治游说力量越强。

（2）不完全信息下，当不了解政府偏好时，游说群体需付出更高的成本才能获得相应的反倾销保护，此时游说群体开展游说投入的意愿低，最终的反倾销税较低。当企业生产率信息不确定时，最终的反倾销税更高，因为此时企业可能会通过提供粉饰的生产率信息，以获得更高的反倾销保护。

（3）将国外企业的信息游说活动纳入分析得出，国外企业的信息印证，让政府贸易当局对国内企业的生产率有更准确的了解，从而抑制了国内企业粉饰生产率的动机，降低了最终的反倾销税。当国外企业认为通过游说进口国贸易当局，所获得的边际收益能够弥补信息游说的边际成本，其会有足够的动力积极开展信息游说，导致最终的反倾销税减少，否则，其会消极应对，甚至放弃游说，最终的反倾销税将增加。

3.3 反倾销游说竞争的实证检验：基于"保护待售"模型的分析

3.3.1 引言

在全球各国关税大幅削减的背景下，反倾销作为替代关税的战略性贸易保护工具，被广泛使用。在反倾销裁决的过程中，利益集团会开展政策游说，最终的裁决结果由利益相关者博弈形成。格罗斯曼和赫尔普曼（1994）提出的"保护待售"模型对反倾销税形成机制予以合理解释，他们指出为获得有利裁决，利益集团会向裁决当局提供政治献金，而裁决当局根据获得的献金和自己的执政偏好，将采取能实现国家福利和政治献金综合效用最大化的反倾销政策。根据该模型，最终的反倾销税主要受行业进口需求弹性，进口渗透率和政治势力的影响，政治上有组织的行业能获得较高的反倾销保护。葛文德和邦第欧帕第亚（Gawande and Bandyopadhyay，2000）采用美国的反倾销税数据验证了该模型的有效性。我国对外反倾销中是否也存在利益集团的游说活动，最终反倾销税的形成过程是否符合"保护待售"模型，研究该问题对于理解反倾销税率结构的形成机制，进而优化我国反倾销战略政策，提升企业生产率，具有重要的理论意义和实践价值。

由于反倾销裁决能直接影响涉案企业、经销商和消费者等的切身利益，因此相关利益集团会有动力游说裁决当局，促使有利于自己的裁决形成。"保护待售"模型由于其结构精练、能准确反映影响贸易政策的政治因素，且易于实证检验，因而得到学者们的广泛关注和认可，并对其不断研究拓展。在该模型的基础上，学者们进行各种拓展分析，包括：分析政府裁决当局偏好信息不对称的影响（Breton and Salanie，2003），分析引入垄断竞争模型的影响（Chang，2005；Imai et al.，2019），分析考虑国外企业的游说活动（刘锦芳，2016），在原模型中纳入执政者谋求竞选支持和进行权利委派的因素后展开分析（王孝松等，2011）。

为验证模型的实际效用，学者们采用美国贸易壁垒和政治献金数据对"保护待售"模型进行实证检验（Evans and Sherlund，2006；Goldberg and Maggi，1999），估计结果支持模型假设，说明该模型能有效解释贸易政策的形成机制。部分学者采用仿真数据开展实证检验（Imai et al.，2009），或基于分位数数据进行实证分析（Imai et al.，2013）。另有学者使用澳大利亚的数据验证了"保护待售"模型（McCalman，2004）。因为中国不允许企业向政府提供政治献金，如何刻画中国的政治游说活动，并根据"保护待售"模型进行实证分析，是本书需要解决的重要问题，也是本书的创新所在。

中国对外反倾销由商务部贸易救济调查局负责，在遭受国外进口产品倾销时，国内企业或行业协会提起反倾销申请，贸易救济调查局接受申请后展开调查，对以下三个条件进行分析判断：①国外进口产品是否存在倾销；②涉案的国内产业是否遭受损害或损害威胁；③倾销是否为产业损害的原因。如果三个条件同时成立，则做出肯定裁决，通知海关对涉案进口产品征收反倾销税。许多学者研究表明，格罗斯曼和赫尔普曼提出的"保护待售"模型较好地解释了美国、印度等国对华反倾销的形成机制（王孝松和谢申祥，2013；李坤望和王孝松，2008），那么，中国是否也可以运用该模型解释对外反倾销裁决形成机制。虽然中国不允许企业直接向政府提供政治献金，但企业可以通过信息游说，影响贸易政策的制定。根据顾振华等（2015）的研究，我国利益集团影响政府决策的方式主要是通过代表委员类的政治联系。鉴于此，本书使用企业国有资本占总资本的比重，作为反映政治势力的变量①，通过实证分析得出，我国反倾销裁决的形成机制也符合"保护待售"模型。

3.3.2 理论模型

反倾销政策对于相关利益方作用并不相同，对受保护方的收益具有促进作用，而对另一方则损害其收益。所以，利益集团天然地会有动力游说裁决当局，促使其采取对自己有利的决策。最终的反倾销裁定并非政府公正无私的判定，而是各方博弈的均衡结果。

"保护待售"模型以经济个体作为分析对象。在一个开放经济体中，独立个体既是消费者，也是生产者。一方面，作为消费者，其消费产品的类型和数量，取决于个体的效用函数；另一方面，作为生产者，个体向企业提供劳动、资本等生产要素，从而获取劳动报酬和资本收益，以支付消费支出，其收入水平限制其消费水平。而企业的生产函数又受个体提供的劳动、资本等要素的影响。所以，在经济体中，个体增加消费支出，拉动企业生产，而企业生产扩大，能雇佣更多工人，支付更高的薪资，分配更多的股利，进而提高个体收入。个体在收入提升之后，具有更强的消费能力，就能扩大消费支出，从而形成正向循环。

政府关注的国家福利，即为经济体中个体福利总和。而个体福利与其所服务的企业效益紧密相关，企业效益又取决于其生产率水平，因此，政府实施反倾销保护的最终目标是促进企业生产率提升，实现国民福利提升。因为反倾销税关系个体利益，其会组织成利益集团，游说政府。而政府期望实施的反倾销税，是能实现国家福利和所获取的游说献金加权之和最大化的。所以，根据"保护代售"模型均衡的贸易政策形式如公式（3-34）所示。

---

① 之所以使用国有资本的比重作为反映政治势力的变量，是因为中国在社会主义建设进程中，形成大量国有企业，且这些国有企业主导着关系国计民生的行业，由于国有企业天然地与政府有紧密的联系，所以国有企业比其他类型企业更能影响政府决策。

$$\frac{t_i^0}{1 + t_i^0} = \frac{I_i - \alpha_L}{a + \alpha_L}\left(\frac{z_i^0}{e_i^0}\right), i = 1, 2, \cdots, n \qquad (3-34)$$

在公式（3-34）中，上标 0 说明变量的数值为均衡结果。t_i^0 代表博弈均衡时的反倾销税；I_i 代表反映行业 i 能否有效组成利益集团的虚拟变量，如能有效组织则为 1，否则为 0；α_L 代表能组织起来游说政府裁决当局的利益集团，占总人口的比重；a 代表相对于利益集团提供的政治献金，政府对国家福利的重视程度。z_i 代表行业国内企业的产量与进口量之比，是进口渗透率的倒数；e_i 代表行业的进口需求弹性。

对公式（3-34）进行变化，可得：

$$\frac{t_i^0}{1 + t_i^0} = -\frac{\alpha_L}{a + \alpha_L}\left(\frac{z_i}{e_i}\right) + \frac{1}{a + \alpha_L}\left(I_i \times \frac{z_i}{e_i}\right) = \gamma\left(\frac{z_i}{e_i}\right) + \delta\left(I_i \times \frac{z_i}{e_i}\right), i = 1, 2, \cdots, n$$
$$(3-35)$$

其中，$\gamma = \dfrac{-\alpha_L}{a + \alpha_L}, \delta = \dfrac{1}{a + \alpha_L}$，且应有 $\gamma < 0, \delta > 0, \gamma + \delta > 0$。

3.3.3 计量方法与数据

3.3.3.1 计量方法

对公式（3-35）进行变换，得到如下计量方程：

$$\frac{t_i}{1 + t_i}e_i = \gamma z_i + \delta I_i z_i + \varepsilon_i \qquad (3-36)$$

其中，ε_i 为残差项，为减少 e_i 的误差带来的影响，可将 e_i 放在公式的左边，再将其与标准化的反倾销税率 $\dfrac{t_i}{1 + t_i}$ 相乘，作为被解释变量。

使用反倾销税率作为被解释变量时，由于否定裁决，撤诉等案件没有反倾销税数据，因此无法被纳入考察分析，但这些案件存在利益集团游说，且游说活动产生了阻止反倾销税征收的效果，如果样本中缺乏这些案件，将无法完整反映利益集团游说反倾销裁决的真实情况，因此，为解决样本选择偏差的问题，先对以下样本选择方程进行估计：

$$Measure_i = \iota + KV_i' + \varphi_i \qquad (3-37)$$

其中，$Mearsure$ 反映反倾销案件是否为肯定裁决，如果是则取值 1，否则取值 0。V' 是可能影响反倾销裁决的变量，如企业所属行业的经济特征等。ι 为常数，K 代表解释变量的系数矩阵，φ 为误差项。

使用 Probit 法对公式（3 – 37）进行估计，得到反米尔斯比率 M_i，再将其加入公式（3 – 36）中，可得：

$$\frac{t_i}{1 + t_i}e_i = \gamma z_i + \delta I_i z_i + \beta M_i + \varepsilon_i \qquad (3-38)$$

由于进口渗透率本身会受到反倾销税的影响，而且行业的组织程度和政治势力也可能受到反倾销保护的影响，所以公式（3 – 38）中的解释变量可能存在内生性，为消除内生性，可以选择工具变量对其进行估计，模型设定如下：

$$z_i = AX_i' + \varepsilon_z \qquad (3-39)$$
$$I_i z_i = BY_i' + \varepsilon_I \qquad (3-40)$$

其中，A,B 分别为公式（3 – 39）、公式（3 – 40）的解释变量系数矩阵，$\varepsilon_z,\varepsilon_I$ 为残差项。X' 为影响 z_i 的变量，Y' 为影响 $I_i z_i$ 的变量。使用反映行业规模，运营情况和行业结构的指标作为工具变量，采用似不相关回归法对公式（3 – 38）、公式（3 – 39）、公式（3 – 40）进行估计。

后面对中国反倾销政策游说的基准检验以公式（3 – 38）为基础，考察系数 γ 和 β 的符号和显著性，分析其是否符合"保护待售"模型预期，并分析求得的 a 和 α_L 的数值是否满足经济意义上的合理性。随后进行敏感性分析，考察计量结果的稳健性和有效性。

3.3.3.2 数据描述

本书的考察期是 2000～2015 年，因为所使用的反倾销税率来自世界银行的中国对外反倾销数据库（Bown，Chad P.，2016），该数据库收集的全球反倾销数据截至 2015 年。

与王孝松等（2013）依据《国际标准产业分类》（第 3 版）（ISIC3），将涉案产品划分入 23 个行业进行分析的做法不同，根据《国民经济行业分类（2003年版)》，采用四位行业代码，将涉案产品划分入更细的四位行业代码所对应的子行业（即小类行业），从而能更深入地揭示行业政治势力等经济特征对反倾销裁决的影响。因为使用了四位行业代码，有些涉案产品的生产企业会分布在若干个不同的小类行业。例如，2006 年针对氨纶的反倾销案，其申诉企业就分别属于合成纤维单（聚合）体的制造（行业代码：2653）和其他合成纤维制造（行业代码：2829）这两个小类行业。我们在生成行业经济特征数据时，采取对分布涉案产品的所有小类行业进行合并统计的办法，例如，在计算行业总产值等总和数据时，将各小类行业工业总产值予以汇总求得，而在计算行业前四位厂商销售额占行业总销售额的比重此类比例数据时，则分别求出各小类行业的前四位厂商销售额占比，然后求平均，作为该涉案产品所属行业的前四位厂商销售额占比。

考察期内数据完整，可用于实证分析的对外反倾销案件样本共 87 起，其中终裁为肯定裁决的 74 起，肯定裁决率达 85.06%。根据世界贸易组织的统计数据，中国 2000 年至 2022 年 6 月，发起反倾销 288 起，肯定裁决为 260 起，肯定裁决率达 90.28%，肯定裁决率呈不断上升的趋势。考察期内，中国对外反倾销的终裁税率平均为 35.76%，最低仅为 9.08%（丁二醇），最高达到 150%（肼、羟胺及其无机盐）。中国对外反倾销呈现数量多，肯定裁决率高，不同行业间反倾销税率差别大的特点，因此，需深入研究是何种因素导致反倾销肯定裁决率不断提高，为何不同行业的反倾销保护水平差异大。

本书对反倾销税率的处理方法与王孝松等（2013）的做法一致，根据各反倾销案件的终裁税率，计算得出平均值，再对其标准化，即 $t_i/(1 + t_i)$。

我们采用顾振华等（2016）计算的进口需求弹性作为本书分析之用，顾振华等在 Kee 等（2008）和陈勇兵等（2014）的半弹性超越对数 GDP 函数分析法的基础上，计算得出的中国各产品和行业进口需求弹性，其结果更为准确合理。我们以进口需求弹性与标准化反倾销税率的乘积作为被解释变量。

在验证中国反倾销政策游说是否符合"保护待售"模型的分析中，最大的问题是如何对虚拟变量 I 进行取值。我们观察到，在反倾销中，企业会向政府开展信息游说，向政府提供关于自己生产率方面的信息，说明反倾销保护能提供企业改进经营管理，开展研发创新所需的时间和市场空间，从而有助于企业提升生产率，增强竞争力。

本书中的重要解释变量包括 z_i，即行业 i 的国内企业生产总值与行业进口额之比，可视为进口渗透率的倒数[①]。行业 i 的国内生产总值来源于中国工业企

[①] 本书中的进口渗透率，与通常意义上的进口渗透率，存在一些差别。通常意义上的进口渗透率，是指某行业的国内消费数量中进口所占比重，而本书使用进口渗透率，是进口额与该行业国内企业产值之比，之所以这样计算，是因为该比值是由"保护待售"模型推导得出，其与反倾销税呈正相关关系。该比值可类比进口渗透率，从而具有一定的经济意义，即当该行业进口额高时，进口产品对国内企业威胁大，国内企业会有更强的动力游说政府，以获得反倾销保护，所以行业的进口渗透率越高，最终裁定反倾销税越高。

业数据库，根据反倾销申请年度行业内企业的生产总值汇总得出①。行业 i 的进口额来源于中国海关数据库，根据反倾销案件中涉案产品对应的 HS 代码，在海关数据库中对反倾销申请年度的 HS 代码对应产品的进口额予以汇总，生成行业 i 的进口额②。海关数据库各年的进口额均以美元计价，根据当年的汇率，将其折算为人民币，汇率数据来源于国际货币基金组织网站。

向量 V'、X'、Y' 包含一系列申诉者所在行业经济特征的变量，包括：①经营规模指标，如工业增加值，行业员工数；②行业运营情况指标，如中间投入额，利润额；③行业结构指标，如行业前四位厂商市场份额 CR4。这些指标根据中国工业企业数据库按行业统计生成。各变量描述性统计结果列示于表 3-4 中。

表 3-4   数据描述

变量	含义	样本均值	样本标准差
被解释变量			
Measure	案件终裁是否为肯定裁决（肯定裁决为1，否则为0）	0.85	0.36
$t_i / (1 + t_i)$	标准化的反倾销税率	0.96	0.02
e_i	行业进口需求弹性	-1.75	1.12
解释变量			
I (1)	行业中企业国有资本占实收资本的比重	0.22	0.17
I (2)	虚拟变量［以公式（3-38）OLS 回归的残差值代表政治势力，前10%取1，否则取0］	0.11	0.31
Vadd	行业工业增加值的对数值	17.45	1.37
Employment	行业员工人数的对数值	12.86	1.23
Input	行业中间投入的对数值	19.17	1.54
Profit	行业利润的对数值	16.08	1.49
CR4	行业前四位厂商所占市场份额之和	0.25	0.15

---

① 这里统计的行业为反倾销申诉企业所属四位行业代码所对应的小类行业。

② 这里涉及反倾销涉案产品的 HS 代码，与中国国民经济行业分类表中的小类行业相匹配的问题，依据中国国民经济行业分类标准与 HS 代码的转换表进行二者匹配。

3.3.4 经验检验结果

3.3.4.1 样本选择方程

采用 Probit 法对公式（3-37）进行估计，结果列于表 3-5 中。通过估计得到方程残差，进而计算得出反米尔斯比率，作为基准检验的解释变量，反映除进口渗透率、行业政治势力之外的其他影响反倾销税率的因素，将其代入公式（3-38），可以获得更准确的估计结果。观察表 3-5，可以看出行业中间投入对反倾销终裁税率产生了显著正向影响，说明企业在生产经营中，投入的材料、人工、费用等各项物资成本越高，越能引起裁决当局的重视，从而获得更高的反倾销保护。

表 3-5 样本选择方程的估计结果

变量	估计系数	z 统计量
ι	-2.11	-0.77
Vadd	-0.29	-0.72
Employment	-0.02	-0.05
Input	0.89*	1.79
Profit	-0.52	-1.27

样本数：75	估计方法：Probit
对数似然比：-28.90	预测正确率：85.33%

注：*表示估计的系数在10%的水平上显著；**表示估计的系数在5%的水平上显著；***表示估计的系数在1%的水平上显著。后面的标记以此类推。

3.3.4.2 基准检验

基准检验是对公式（3-38）进行的 OLS 估计，估计结果列于表 3-6 中。

表 3-6 基准检验

变量	估计系数	t 统计量
z	-0.000089***	-3.86
Iz	0.000375***	3.32

续表

变量	估计系数	t 统计量
M	− 5. 488615 **	− 9. 21
$\gamma + \delta$	0. 000286	
α_L	23. 87%	
a	2669. 28	

样本数: 49　　　调整的 R^2: 0. 7925

基准检验中采用行业国有资本占总资本的比重反映其政治势力，即其对反倾销裁决的影响能力，表 3 – 6 的估计结果显示：$\gamma < 0$，$\delta > 0$，即对于政治上无组织，对反倾销裁决缺乏影响的行业，其进口渗透率与反倾销税成正比，而对于政治上有组织，能对反倾销裁决产生重要影响的行业，其进口渗透率与反倾销税成反比。这与预期相符，初步证明中国对外反倾销裁定的税率符合"保护待售"模型的假设，即中国的反倾销保护是"待售"的。

α_L 反映利益集团的人口比重，该值越大，政府越倾向于实行自由贸易，根据基准检验得出的 γ，δ 计算得到，α_L 为 23. 87%，其在合理区间（0，1）之中。a 反映政府对国家福利的关注程度，其值越大，则政府越重视国家福利，根据基准检验估计的系数计算得到的 a 值达 2669. 28。这里的 a 值超过 1000，说明中国政府对国家福利的重视程度很高，后面对方程组进行似不相关回归，以消除内生性，获得更准确的估计结果。

3.3.4.3　克服内生性的检验

因为进口渗透率 z 和反映行业政治势力的变量 I，与反倾销终裁税率 t 可能存在相互影响，为消除内生性，需使用反映行业经营规模、运营情况和结构的经济特征指标，作为工具变量，运用似不相关回归方法，对公式（3 – 38）、公式（3 – 39）、公式（3 – 40）进行估计，结果列于表 3 – 7 和表 3 – 8。

表 3 – 7　　　　　　　　　　进口渗透率方程和政治势力方程

进口渗透率方程		
变量	估计系数	z 统计量
常数	− 19722. 24	− 0. 65

进口渗透率方程		
变量	估计系数	z 统计量
Vadd	-19263.29***	-7.72
Employment	13302.85***	4.33
Input	5347.92	1.52
Profit	5027.85	1.52
CR4	15264.95	0.98

样本数：49　　调整的 R^2：0.6152

政治势力方程		
变量	估计系数	z 统计量
常数	-7308.98	-1.14
Vadd	-3823.87***	-7.26
Employment	3029.21***	4.66
Input	921.41	1.25
Profit	1022.73	1.46
CR4	5442.28	1.65

样本数：49　　调整的 R^2：0.5904

表 3-8　　　　　　　　　税率方程的估计结果

变量	估计系数	z 统计量
常数	-0.8018***	-3.44
z	-0.00011***	-3.35
Iz	0.00051***	3.14
M	-2.96895***	-3.65
$\gamma + \delta$	0.0004	
α_L	21.57%	
a	1960.57	

样本数：49　　调整的 R^2：0.1363

表 3 - 7 列出了对 z_i 和 $I_i z_i$ 的估计结果，行业增加值对进口渗透率的倒数和政治势力均产生显著的负向作用，可见行业需求增长，工业增加值提升，会吸引国外厂商加大对国内市场的出口，从而提高进口渗透率。另外，随着行业增加值的提升，市场规模扩大，国有企业在行业中份额相对减小，从而在某种程度上降低其政治影响力。而员工人数则对进口渗透率的倒数和政治势力均产生显著的正向作用，因为随着国内企业雇佣的员工人数增加，国内企业产出增大，所占市场份额提升，相应挤占国外厂商的市场份额，体现为进口渗透率下降，而且随着国内厂商员工人数增加，相应地提升其政治影响力，从而提高政治势力。

从税率方程的估计结果可以看出，在采用似不相关回归消除内生性后，得出的结构系数和 a 等参数更为合理。γ 显著为负，δ 显著为正，$\gamma + \delta > 0$。$\gamma < 0$ 意味着行业的国有资本占比较低，即当行业政治影响力较低时，行业的进口渗透率越高，反倾销终裁税率则越高；$\gamma + \delta > 0$ 意味着，当行业的国有资本占比较高时，行业的进口渗透率越低，则反倾销终裁税率越高；$\delta > 0$ 意味着，在其他条件不变时，国有资本占比越高的行业，获得反倾销保护越高。综上说明，中国同样存在反倾销保护待售，即高的反倾销税被出售给政治影响力强的申诉者。

估计得出的 α_L 为 21.57%，与前面 OLS 估计的结果相近，而 a 为 1960.57，相比 OLS 估计结果有较大幅度的下降，更符合实际，这说明中国政府对国家福利的重视程度还是很高的。这一数值与已有的研究结果相近（Gawande and Bandyopadhyay，2000）。

3.3.4.4 模型适用性检验：同时纳入其他变量

前面的 OLS 回归检验及似不相关回归检验，均证明中国对外反倾销的税率结构符合"保护待售"模型的假设，现在我们首先以经常使用的行业特征变量，作为解释变量，对公式（3 - 38）的被解释变量：标准化反倾销税率结构与进口需求弹性之积，进行 OLS 回归，再加入公式（3 - 38）的原解释变量：z_i、$I_i z_i$ 和 M_i，观察各变量的显著程度是否产生变化，进而判断"保护待售"模型是否能有效解释中国对外反倾销税率的形成机制。纳入其他解释变量的估计结果列于表 3 - 9。

表 3 - 9   纳入其他解释变量的估计结果

变量	(1)	(2)
常数	- 4. 13047 ** (- 2. 18)	
z		- 0. 000046 ** (- 2. 67)
Iz		0. 000244 *** (3. 41)
M		- 2. 692941 ** (- 2. 13)
Vadd	0. 35440 (1. 09)	0. 188727 (0. 99)
Employment	- 0. 35590 * (- 1. 79)	- 0. 212552 (- 0. 84)
Input	0. 68982 *** (3. 61)	0. 063835 (0. 36)
Profit	- 0. 76081 *** (- 3. 48)	- 0. 166731 (- 1. 04)
调整的 R^2	0. 1814	0. 8539
α_L		18. 95%
a		4101. 53

从表 3 - 9 可以看出，在未加入"保护待售"模型的解释变量之前，行业经济特征变量：增加值、员工人数、中间投入、利润额均能显著影响反倾销终裁税率，但在纳入"保护待售"模型的解释变量进行回归之后，这些特征变量均丧失了显著性，而 z_i 的系数 γ 显著为负，$I_i z_i$ 的系数显著为正，与预期相符。另外，解释变量纳入 z_i、$I_i z_i$ 后，方程的调整 R^2 明显提升。该情况表明，"保护待售"模型对于中国对外反倾销的税率形成机制具有较强的解释力，模型的理论框架适用于中国对外反倾销的利益相关者博弈分析。

3.3.4.5 稳健性检验：残差衡量政治势力

如上所述，"保护待售"模型适用于解释中国对外反倾销的税率结构形成机制，基准检验回归中的残差，反映的是进口渗透率之外的其他影响因素，其中主要是政治势力。因此，残差越大，可以认为行业的政治势力越强。据此，可以用残差代表行业的政治势力。

下面通过设定"门槛"确定政治势力 I_i 的取值，设定残差值在前10%的行业为有组织的行业，其政治势力 I_i 取值为1，其他变量与前面分析时的设定相同，回归结果列于表3－10的列（1）。根据列（1）所示，各解释变量的系数均显著，且符号与"保护待售"模型假设相符，验证了中国对外反倾销的税率结构形成机制符合"保护待售"模型的基本结论。

表3－10　　　　　　　　　采用不同方法衡量政治势力的估计结果

变量	系数	t 统计量
z	-0.000015^{***}	-3.90
Iz	0.001581^{***}	4.92
M	-6.04878^{***}	-11.55
$\gamma + \delta$	0.001566	
α_L	0.92%	
a	632.6219	
调整的 R^2	0.79439	

3.3.5　小结

本节通过实证分析得出，中国对外反倾销裁定过程中，同样存在政策游说。而且，实证结果表明，影响反倾销税率的因素及其作用机理，符合"保护待售"模型的基本原则。当行业中国有资本比重高、政治影响力强时，行业进口渗透率越低，反倾销终裁税率越高。

4 中国对外反倾销下企业生产率的 演化机理分析

4.1 引言

反倾销是否为我国企业经营提供有效救济，是否确实有效地提升我国企业生产率，促进产业发展，对此问题的深入研究对于优化反倾销政策制定，有效实施反倾销保护，促进企业生产率提升，进而构建习近平总书记强调的以国内大循环为主体，国内国际双循环相互促进的新发展格局，具有重要的理论价值和现实意义。

关于反倾销保护能否促进企业生产率提升，存在两种观点。一种观点认为反倾销保护阻碍企业生产率的提升。皮尔斯（Pierce，2011）认为以实物生产率计算，反倾销导致美国制造业生产率降低，阻碍低效企业退出市场，降低资源配置效率。科宁斯和范登布斯基（Konings and Vandenbussche，2008）研究揭示虽然低效率企业在反倾销保护下生产率得以提升，但高效率企业却遭受生产率下降。另一种观点认为反倾销能促进企业生产率的提升。李春顶等（2013）研究发现中国主动反倾销对行业整体的生产率激励效应显著。刘爱东等（2016）研究 2012 年化工行业对外反倾销，认为反倾销通过"纯技术效率—技术效率—全要素生产率"这一传导机制，提升被保护企业生产率。陈清萍等（2017）使用 1997~2007 年中国工业企业数据，研究发现对外反倾销提升了进口竞争性企业的生产率，且低效率企业的生产率增长更多。

梳理关于反倾销保护影响生产率的文献，可以看出，不同国家运用反倾销保护，对其国内企业生产率会产生不一样的作用。发达国家由于自身要素禀赋结构变化，劳动力成本较高，资本和技术要素价格相对较低，劳动密集型产业不再具有比较优势，即使依靠反倾销保护得以生存，也是以牺牲国内消费者利益为代价，反倾销对其失去比较优势的产业提供保护，阻碍了国内资源向高效率行业转移，不利于企业生产率的提升。而对于中国这样拥有庞大国内市场的发展中国家，依托反倾销保护可以为国内企业提供发展所需的市场空间和技术升级的时间，让其发挥"后发优势"，通过"干中学"不断学习吸收发达国家的先进技术和管理经验，实现规模效应，从而提升企业生产率。

鉴于此，我们构建古诺竞争模型，分析反倾销保护下企业生产率的演化机理，然后使用1998~2013年中国工业企业数据，运用双重差分法分析反倾销对中国企业生产率的影响，得出反倾销显著促进中国企业生产率的提升，进一步分析得出，规模效应和生存效应是促进企业生产率提升的主要途径。

反倾销影响企业生产率的研究属于微观企业层面的反倾销成效分析，此方面文献可归纳为两类，一类从企业绩效、生存风险、企业创新、研发竞争等角度研究对外反倾销对企业的影响（苏振东等，2010；苏振东等，2014；何欢浪等，2020；Gao and Miyagiwa，2005；谢申祥等，2013）；另一类针对中国遭受反倾销，从出口企业生产率、企业创新、出口生存风险、成本加成等角度展开研究（谢申祥等，2017；李双杰等，2020；曹平等，2020；孟宁等，2020；陈丽丽等，2020）。相较于已有研究，本书的贡献为：①运用ACF法计算企业全要素生产率，有效处理生产率与生产要素投入之间的函数关系，消除内生性，更准确地度量企业生产率；②采用1998~2013年中国工业企业数据，样本数据跨越1998年亚洲金融危机，2001年中国加入世界贸易组织，2008年全球金融危机等多个重要时期，研究结果更有说服力；③本研究揭示企业生产率提升的路径为：市场销量扩大带来的规模效应，以及企业在市场生存时间延长所带来的生存效应，而非高水平的研发创新。因此，进一步提升生产率的关键在于推动企业加强研发投入，实现创新发展。④构建古诺产量博弈模型，推导对外反倾销下中国企业生产率的演化机理，揭示我国相对于发达国家，产业具有要素禀赋的比较优势，对其提供反倾销保护，有助于将"潜在优势"转化为"现实效能"，从而提升企业生产率。

本章后续部分的组织结构为：第二部分，构建古诺博弈模型，推导对外反倾销下企业生产率的演化机理；第三部分，阐述计算全要素生产率的ACF法；第四部分，说明数据来源，实证模型和结果，以及平行趋势检验和稳健性检验；第五部分，分析对外反倾销对不同时间段，不同生产率企业，以及不同所有制企业的生产率效应；第六部分，验证对外反倾销下中国企业生产率的演化机理；最后提出结论和政策建议。

4.2　理论模型构建

4.2.1　基本模型

假定国内市场存在两家国内企业 1 和企业 2，都生产销售产品 A，外国企业 f 向国内市场出口该产品，三个企业在国内市场开展古诺产量竞争。企业 1 和企业 2 的单位生产成本函数为：

$$c_i = \alpha_i - f_i(x_i)，i = 1,2$$

其中，α_i 代表在投入成本提升生产率之前企业的单位产品制造成本，x_i 代表企业为提升生产率所做出的努力和投入，包括研发创新、改善经营管理、控制成本费用，依托规模效应降低单位生产成本等，这些活动可以提升企业的生产率，进而降低企业单位产品的制造成本。$f_i(x_i)$ 为企业生产率函数。企业 1 为市场领导者，其生产率高于企业 2。由于我国人均 GDP（国内生产总值）相对于欧美等发达国家仍存在较大的差距，意味着我国企业生产率有较大的提升空间，通过学习吸收发达国家先进的技术和管理经验，能提高生产率，即 $f'_i(x_i) > 0$，但随着我国企业的生产技术水平日益提升，逐渐接近发达经济体，增加投入所能带来生产率增长速度会降低，即 $f''_i(x_i) < 0$。外国企业的单位生产成本为 c_f。

国内市场的反需求函数为 $p = a - bQ$，其中 p 代表价格，Q 代表国内市场需求，a 代表市场规模，b 代表产品差异性，b 越大，则价格变动引起市场需求变动越小，即该产品的需求弹性低，产品的差异性小。$Q = q_1 + q_2 + q_f$，q_1 和 q_2 分别代表企业 1 和企业 2 的产量，q_f 代表外国企业对国内市场的出口量。

4.2.2　模型求解

本章设定企业之间的博弈可分为三个阶段：第一阶段，我国政府对外国企业征收反倾销税。第二阶段，两家国内企业展开提升生产率的投入竞争，即一家国内企业根据另一家国内企业为提升生产率而选择的投入成本，确定自己提升生产率的最优投入水平。第三阶段，本国企业和外国企业，在国内市场进行古诺产量竞争。

（1）古诺产量竞争

首先分析在第三阶段，企业间展开古诺产量竞争，其各自的利润为：

$$\pi_1 = (p - c_1)q_1 - x_1 \qquad (4-1)$$

$$\pi_2 = (p - c_2)q_2 - x_2 \qquad (4-2)$$

$$\pi_f = (p - c_f)q_f - tq_f \qquad (4-3)$$

式（4-3）中，t 代表对外国企业征收的从量反倾销税。对式（4-1）~式（4-3），按产量求导，并联立求解，可得均衡产量为：

$$q_1 = \frac{a + c_f + t - 3[\alpha_1 - f_1(x_1)] + \alpha_2 - f_2(x_2)}{4b} \qquad (4-4)$$

$$q_2 = \frac{a + c_f + t + \alpha_1 - f_1(x_1) - 3[\alpha_2 - f_2(x_2)]}{4b} \qquad (4-5)$$

$$q_f = \frac{a - 3c_f - 3t + \alpha_1 - f_1(x_1) + \alpha_2 - f_2(x_2)}{4b} \qquad (4-6)$$

（2）国内企业提升生产率的投入水平选择

在博弈的第二阶段，国内企业 1 和企业 2 投入成本提升生产率，其利润最大化函数为：

$$\max_{x_1}\pi_1 = \max_{x_1}[a - b(q_1 + q_2 + q_f) - \alpha_1 + f_1(x_1)]q_1 - x_1 \qquad (4-7)$$

$$\max_{x_2}\pi_2 = \max_{x_2}[a - b(q_1 + q_2 + q_f) - \alpha_2 + f_2(x_2)]q_2 - x_2 \qquad (4-8)$$

根据式（4-7）和式（4-8）的一阶条件，可得企业 1 和企业 2 的投入反应函数为：

$$\frac{3f_1'(x_1)}{8b}\{a + c_f + t - 3[\alpha_1 - f_1(x_1)] + \alpha_2 - f_2(x_2)\} - 1 = 0 \qquad (4-9)$$

$$\frac{3f_2'(x_2)}{8b}\{a + c_f + t + \alpha_1 - f_1(x_1) - 3[\alpha_2 - f_2(x_2)]\} - 1 = 0 \qquad (4-10)$$

联立式（4-9）和式（4-10），可得

$$f_1(x_1) = \frac{2b}{f_1'(x_1)} + \frac{b}{3f_2'(x_2)} - \frac{1}{2}(a + c_f + t) + \alpha_1 \qquad (4-11)$$

$$f_2(x_2) = \frac{10b}{3f_1'(x_1)} + \frac{b}{f_2'(x_2)} - \frac{1}{2}(a + c_f + t) + \alpha_2 \qquad (4-12)$$

根据式（4-11）可得

$$\frac{df_1(x_1)}{dt} = -\frac{2bf''_1(x_1)}{[f'_1(x_1)]^2}\frac{dx_1}{dt} - \frac{bf''_2(x_2)}{3[f'_2(x_2)]^2}\frac{dx_2}{dt} - \frac{1}{2} \qquad (4-13)$$

假设 $z_1 = -\frac{2f''_1(x_1)}{[f'_1(x_1)]^2}\frac{dx_1}{dt} - \frac{f''_2(x_2)}{3[f'_2(x_2)]^2}\frac{dx_2}{dt}$，由于我国与发达国家在生产技术、管理经验等方面存在差距，而反倾销保护为企业学习发达国家先进的制造技术和管理理念，降低成本，提高生产率，获取"后发优势"予以支持与保障。因此对外国企业征收反倾销税能促进中国企业投入成本，改进生产经营，提升效率，即 $\frac{dx_i}{dt} > 0$。

据此可得 $z_1 > 0$，所以当 $b > \frac{1}{2z_1}$ 时，$\frac{df_1(x_1)}{dt} > 0$。即对企业1而言，当产品差异足够小，$b > \frac{1}{2z_1}$ 时，反倾销可以促进企业生产率提升。我国对外反倾销产品集中在化工产品、塑料及其制品、橡胶及其制品，以及贱金属等，这些产品差异性较低，技术壁垒不高。在这些产品生产制造上，我国要素禀赋结构具有比较优势。我国企业通过模仿学习、技术攻关，可以掌握其生产技术，并通过规模效应，降低生产成本，提高生产率，形成竞争优势。

同理，根据式（4-12）可得

$$\frac{df_2(x_2)}{dt} = -\frac{10bf''_1(x_1)}{3[f'_1(x_1)]^2}\frac{dx_1}{dt} - \frac{bf''_2(x_2)}{[f'_2(x_2)]^2}\frac{dx_2}{dt} - \frac{1}{2} \qquad (4-14)$$

假设 $z_2 = -\frac{10f''_1(x_1)}{3[f'_1(x_1)]^2}\frac{dx_1}{dt} - \frac{f''_2(x_2)}{[f'_2(x_2)]^2}\frac{dx_2}{dt}$，显然 $z_2 > 0$，当 $b > \frac{1}{2z_2}$ 时，$\frac{df_2(x_2)}{dt} > 0$，因此对于企业2而言，当产品差异足够小，$b > \frac{1}{2z_2}$，反倾销可促进生产率提升。据此，可得命题4-1。

命题4-1：产品差异较小时，我国政府对外国企业征收反倾销税，能促进国内企业生产率提高。

我们进一步分析反倾销保护对不同效率水平企业的生产率提升的差异程度，因为 $\frac{df_1(x_1)}{dt} - \frac{df_2(x_2)}{dt} = \frac{4bf''_1(x_1)}{3[f'_1(x_1)]^2}\frac{dx_1}{dt} + \frac{2bf''_2(x_2)}{3[f'_2(x_2)]^2}\frac{dx_2}{dt} < 0$，这说明相比高效率企业，反倾销保护更能促进低效率企业的生产率提升。据此，

可得命题 4 - 2。

命题 4 - 2：相比高效率的企业，反倾销保护更能促进低效率企业的生产率提升。

下面分析反倾销税对国内企业产量的影响，将式（4 - 11）和式（4 - 12）分别代入式（4 - 4）和式（4 - 5），可得

$$q_1 = \frac{2}{3f_1'(x_1)} \qquad\qquad (4 - 15)$$

$$q_2 = \frac{2}{f_1'(x_1)} + \frac{2}{3f_2'(x_2)} \qquad\qquad (4 - 16)$$

因为 $\dfrac{dq_1}{dt} = -\dfrac{2f_1''(x_1)}{3\left[f_1'(x_1)\right]^2}\dfrac{dx_1}{dt} > 0$ ，$\dfrac{dq_2}{dt} = -\dfrac{2f_1''(x_1)}{\left[f_1'(x_1)\right]^2}\dfrac{dx_1}{dt} - \dfrac{2f_2''(x_2)}{3\left[f_2'(x_2)\right]^2}\dfrac{dx_2}{dt} > 0$ ，所以，对国外企业征收反倾销税有助于国内企业产量提升。得出命题 4 - 3。

命题 4 - 3：对国外企业征收反倾销税，有助于国内企业产品产量提升，进而实现规模效应，提升企业生产率。

4.3 生产率的测算：ACF 法

运用生产函数法计算全要素生产率的主要难点在于：如何处理生产率和生产要素投入之间的函数依赖关系，消除内生性。目前，很多学者运用 OP 法和 LP 法测算生产率，这些方法采用工具变量作为生产率的替代变量，以消除内生性。OP 法采用投资作为生产率的替代变量，其假定投资与劳动投入无关，只与资本投入存在函数依赖关系，通过两步矩估计，估计全要素生产率，由于存在企业投资数据缺失等问题，OP 法的使用受到限制。为克服此问题，LP 法采用中间投入作为生产率的替代变量，因为原材料等中间投入数据容易获得，所以 LP 法适用面更广，而且中间投入相比投资而言，对生产要素投入的函数依赖更低，因而能更准确地计算全要素生产率。

但 LP 法测算全要素生产率的基本假定是，中间投入只受到资本投入的影响，与劳动投入无关，这与实际情况不符。因为企业生产使用的工人人数、工资水平，会影响企业的最终盈利，进而对企业的原料、能源等中间投入的数量决策产生影响。鉴于此，ACF 法放松 LP 法的假定，设定中间投入受资本投入和劳动投入的影响，运用两步矩估计，计算得到更准确的全要素生产率，其具体

步骤如下。

首先，为便于说明，我们以 Cobb – Douglas 生产函数（4 – 17）为基础展开分析。

$$y_{it} = \beta_0 + \beta_k k_{it} + \beta_l l_{it} + \omega_{it} + \varepsilon_{it} \tag{4-17}$$

其中，y_{it} 代表产出的对数，k_{it} 代表资本投入的对数，l_{it} 代表劳动投入的对数，ω_{it} 代表全要素生产率，ε_{it} 代表误差项。假设企业的中间投入 m_{it} 由资本投入、劳动投入和全要素生产率决定，得到函数（4 – 18）：

$$m_{it} = f_t(k_{it}, l_{it}, \omega_{it}) \tag{4-18}$$

假设 $f(k_{it}, l_{it}, \omega_{it})$ 是 ω_{it} 的单调递增函数，则可得出中间投入需求的反函数为 $\omega_{it} = f^{-1}(k_{it}, l_{it}, m_{it})$，将其代入式（4 – 17），得出：

$$y_{it} = \beta_0 + \beta_k k_{it} + \beta_l l_{it} + f_t^{-1}(k_{it}, l_{it}, m_{it}) + \varepsilon_{it} = \Phi_t(k_{it}, l_{it}, m_{it}) + \varepsilon_{it}$$
$$\tag{4-19}$$

这里，$\Phi_t(k_{it}, l_{it}, m_{it}) = \beta_0 + \beta_k k_{it} + \beta_l l_{it} + \omega_{it}$，我们得到第一阶段的矩估计条件为：

$$E[\varepsilon_{it} \mid I_{it}] = E[y_{it} - \Phi_t(k_{it}, l_{it}, m_{it}) \mid I_{it}] = 0 \tag{4-20}$$

其中，I_{it} 指企业 i 在 t 时刻的信息集，包括现在和过去的生产率冲击效应 $\{\omega_{i\tau}\}_{\tau=0}^{t}$，但不包括未来的生产率冲击效应 $\{\omega_{i\tau}\}_{\tau=t+1}^{\infty}$。暂时性冲击效应 ε_{it} 满足 $E[\varepsilon_{it} \mid I_{it}] = 0$。在第一阶段矩估计中，我们可以得出 $\Phi(k_{it}, l_{it}, m_{it})$ 的估计多项式 $\hat{\Phi}(k_{it}, l_{it}, m_{it})$。

我们将 ω_{it} 分解为 $t – 1$ 时刻的条件期望和时期创新之和，即

$$\omega_{it} = E[\omega_{it} \mid I_{it-1}] + \xi_{it} = E[\omega_{it} \mid \omega_{it-1}] + \xi_{it} = g(\omega_{it-1}) + \xi_{it} \tag{4-21}$$

将式（4 – 21）代入式（4 – 17），可得

$$y_{it} = \beta_0 + \beta_k k_{it} + \beta_l l_{it} + g(\omega_{it-1}) + \xi_{it} + \varepsilon_{it} = \beta_0 + \beta_k k_{it} + \beta_l l_{it} +$$
$$g[\Phi_{t-1}(k_{it-1}, l_{it-1}, m_{it-1}) - \beta_0 - \beta_k k_{it-1} - \beta_l l_{it-1}] + \xi_{it} + \varepsilon_{it} \tag{4-22}$$

显然 $E[\xi_{it} \mid I_{it-1}] = 0$，可得

$$E[\xi_{it} + \varepsilon_{it} \mid I_{it-1}] = E[y_{it} - \beta_0 - \beta_k k_{it} - \beta_l l_{it} - g(\Phi_{t-1}(k_{it-1}, l_{it-1}, m_{it-1}) -$$
$$\beta_0 - \beta_k k_{it-1} - \beta_l l_{it-1}) \mid I_{it-1}] = 0 \tag{4-23}$$

这是第二阶段矩估计条件，我们将第一阶段的估计得出的 $\Phi(k_{it}, l_{it}, m_{it})$ 多项式代入，可以估计得出 $\beta_0, \beta_l, \beta_k$ 等系数。将 $\beta_0, \beta_l, \beta_k$ 系数代入式（4 – 17）求得企业全要素生产率。

4.4　研究设计

4.4.1　数据来源及处理

本书使用的数据主要包括1998～2013年中国工业企业数据库和世界银行反倾销数据库。中国工业企业数据库源自国家统计局对规模以上工业企业的年度调查，是目前中国关于工业企业数据量最大，样本期最长的国家统计数据库，由于该数据库是分年度独立统计，存在不同年份企业代码不一致等问题，本书根据布兰特等（Brandt et al.，2012）的处理方法，依次按照企业代码、企业名称、法人代表、电话号码和城市代码等企业特征信息，识别出不同年份的同一家企业，以及该企业持续运营的年份。为消除物价变动的影响，我们按布兰特等（2012）的方法对资本投入进行处理，并按照国家统计局公布的价格指数分别对工业增加值、中间投入、工业总产值予以调整。由于工业数据库每年的统计对象和口径不同，导致某些年份工业总产值、工业增加值这些重要数据缺失，我们根据聂辉华等（2012）的处理方法予以计算补充，估算公式为：工业总产值＝产品销售额－期初存货＋期末存货，工业增加值＝工业总产值－工业中间投入＋增值税[①]。为消除存在异常值的指标，我们删除了工业总产值、中间投入、资本存量、工业增加值这四个变量中存在缺失、为负值、为零值的样本，并删除从业人数缺失或小于8人的样本。经过处理，1998～2013年工业企业数据库观测值为3 372 667个，企业数量为815 424家，其中，经营年数仅1年的占32.28%，2年的占13.22%，3年的占13.52%，4年的占6.56%，能连续经营达4年及以上的为34.42%，1998～2013年连续经营16年的企业仅占0.7%。1998～2013年中国工业企业的平均经营年数为4.14年。

世界银行反倾销数据库由查德·伯恩（Chad P. Bown，2016）根据34个主要反倾销发起国向世贸组织提交的反倾销数据整理得出，具体内容包括：申请反倾销的企业名称、产品HS代码，申请时间、初裁时间和税率、终裁时间和税率等数据。我们从中提取了1997～2013年中国对外反倾销数据，根据何欢浪

---

① 工业企业中间投入是指工业企业在报告期内用于工业生产活动而一次性消耗的外购原材料、燃料、动力及其他实物产品和对外支付的服务费用。

等（2020）的处理方法，我们将中国反倾销申请案件①的产品 HS 码对应其所属的中国工业企业数据库的四位行业代码，确定为受反倾销保护的四分位行业，将此四分位行业内企业设置为处理组②。另外，为避免选择偏差带来的内生性问题，我们将与处理组行业前 2 位行业代码相同，且从未受到反倾销保护的行业内企业，设置为对照组。经过处理后，最后得到 210 410 家企业共 998 436 个样本③。表 4 - 1 是各主要变量的描述性统计。

表 4 - 1　　　　　　　　　　　　主要变量描述性统计

变量	变量说明	均值	标准差	最小值	最大值
被解释变量					
tfp_acf_av	企业生产率（采用 ACF 方法以工业增加值作为总产出计算）	4.710	0.688	- 5.817	11.813
解释变量					
AD	0 - 1 变量，反映企业是否受到反倾销终裁	0.146	0.353	0	1
Credit	融资约束：利息支出/（工业总产值 +1）	0.016	0.766	- 8.8	478.333
Size	企业经营规模：ln（应交所得税 +1）	3.055	3.039	0	15.578
age	企业年龄：ln（企业经营年限）	1.901	0.910	0	7.604
Capital	资本密集度：ln（企业固定资产净值/企业从业人员平均人数）	3.688	1.345	- 6.892	13.880
Subsidy	政府补贴强度：ln（（补贴收入 +1）/固定资产原值）	- 8.257	2.313	- 18.422	6.588

---

①　我国企业一般会在反倾销 5 年保护期结束后的日落复审中再次申请反倾销保护，进而又获得 5 年保护期。根据全球反倾销数据库统计得出大部分中国反倾销案例在获得反倾销保护后，都会在日落复审中继续申请反倾销保护，从而让保护期达到 10 年甚至更长时间。

②　我们将反倾销裁决结果为肯定裁决作为一种情况，否定裁决和撤销申请作为另一种情况，分别进行实证分析，发现在这两种情况下反倾销均促进了企业生产率提升，说明即使裁决结果为否定裁决或撤销申请，由于反倾销的"寒蝉效应"，企业仍能获得有效保护，并切实提高了自身的生产率。因此，我们将申请反倾销的企业统一合并为处理组，分析反倾销对企业生产率的具体影响。

③　将中国工业企业数据库与反倾销数据库合并，处理后得到包含 413 256 家企业共 1 667 179 个样本，因为在数据分析过程中，变量中有缺失值的样本会被自动删除，并且我们使用 stata 的 reghdfe 命令进行控制个体效应和时间效应的回归分析，为准确估计系数显著性，该命令自动删除了只有一年数据的企业样本。最终分析使用的数据包含 210 410 家企业共 998 436 个样本。

1998~2013 年，中国共发起对外反倾销 211 起，其中肯定裁决 164 起，肯定裁决率达 77.72%[①]。1998~2022 年，中国对外发起反倾销 294 起，其中肯定裁决 265 起，肯定裁决率达 90.14%，肯定裁决率不断上升。我国对外反倾销主要集中在化工产品，1998~2022 年，针对化工产品发起反倾销 157 起，占比达 53.4%，针对塑料及其制品，橡胶及其制品发起反倾销 58 起，占比 19.73%，针对这两大类产品的反倾销占比达 73.13%。化工产品，塑料、橡胶及其制品是我国反倾销的主要目标产品，因为此类产品的制造技术成熟，技术壁垒较低，我国企业已掌握该产品的制造技术。在该类产品上可通过规模效应降低成本，形成价格竞争优势。因此通过反倾销限制国外产品低价倾销，为我国企业扩大产能，形成规模效益，赢得市场空间和发展时间，从而提升企业生产率，形成对进口产品的竞争优势。而针对贱金属和贱金属制品的反倾销发起数为 25 起，占比 8.5%，针对木材或其他纤维素材料制成的纸浆，纸和纸板及其制品发起反倾销 19 起，占比 6.5%。这些类型的产品技术含量低，主要依靠低价竞争获得市场，因此国外企业通常依靠低价策略进入中国市场，为应对国外产品的低价倾销，我国企业唯有通过反倾销制止国外企业的不正当竞争，维持市场秩序，确保自身利益。

4.4.2 实证模型和指标构建

本书的实证模型为：

$$tfp_{it} = \beta_0 + \beta_1 AD_{it} + \gamma X_{it} + \lambda_t + \delta_i + \varepsilon_{it} \qquad (4-24)$$

其中，tfp_{it} 代表企业 i 在 t 时期的全要素生产率，为被解释变量。我们运用双重差分法研究对外反倾销对我国企业生产率的影响，具体方法是根据反倾销案涉及的产品 HS 码，确认相应的受反倾销保护的行业，并细化至四位行业代码，将该细分子行业受到反倾销保护的企业视为处理组。而将样本期内，四位行业代码中前两位行业代码相同的其他细分子行业内从未受到过反倾销保护的企业作为对照组。因为到反倾销终裁阶段，反倾销保护效果已完全显现，我们采用反倾销终裁作为反映反倾销保护对于企业生产率影响程度的解释变量，以 AD_{it} 表示，若企业 i 在 t 年进行反倾销终裁，则 t 年及之后的年份取值为 1。而对照

---

① 根据世界贸易组织网站公布的数据统计而得。数据来源网址：https：//www.wto.org/english/tratop_e/adp_e/adp_e.htm。

组在样本期取值为0。β_1代表双重差分的结果，反映受到反倾销保护的企业相对未受到保护的对照企业，其生产率的平均变化。λ_t代表年份固定效应，控制时间趋势对生产率的影响，δ_i代表企业固定效应，用以控制企业层面不随时间变化的因素对生产率的影响。ε_{it}代表误差项，X_{it}代表影响企业生产率的控制变量。包括如下变量。

①Credit代表融资约束，以企业利息支出与工业总产值之比的对数表示（Manova，2008）①。企业利息支出与其总产值的比例越大，代表其能获得的资金越多，融资约束越小，有更多的资金投入研发创新、设备更新、运营优化等活动，提升企业生产率。因此，Credit预期符号为正。

②Size代表企业经营规模，根据王孝松等（2020）的研究，可用工业总产值和应交所得税反映企业规模，而工业总产值已在融资约束变量计算中使用，为避免变量间的多重共线性，我们采用企业应交所得税的对数值反映企业经营规模②。在市场竞争中，大企业拥有更多的资金、技术、人才等优势，通过"马太效应"实现强者恒强，生产率更高。因此，Size预期符号为正。

③age代表企业经营年限，一方面，新设立的企业采用更前沿的生产技术，掌握更先进的经营理念，应用更领先的管理方法，生产率更高，进而能夺取已有的强大竞争对手的市场份额；另一方面，经营时间较长的企业，拥有更多的知识和经验积累、成熟的管理体系、忠诚的运营团队、稳定的市场渠道、熟悉的客户群体，但这些容易使得企业陷入对过去成功经验的依赖，故步自封，不再锐意革新，甚至会因为管理层官僚化而丧失对经营环境的应变能力。因此，age的预期符号不确定。

④Capital代表资本密集度，以固定资产净值与企业从业人员平均人数之比的对数表示，资本密集度高的企业创新能力更强，其生产率更高（毛其淋和许家云，2015）。因此，Capital的预期符号为正。

---

①　为避免因样本企业的总产值数据缺失，做分母相除出错的问题，我们以工业总产值加1作为分母。后面的变量计算中，分母也采用此方法处理。

②　因为应交所得税为0时无法取对数，我们采用应交所得税加1取对数，反映企业规模，后面的变量计算中，也采用此方法处理。

⑤Subsidy 代表政府补贴程度，以补贴收入与固定资产原值之比表示①。政府补贴为企业研发创新，提升运营效率，提供资金支持，有助于生产率提升。但是，政府补贴也会让企业产生依赖心理，诱导其进行政策寻租，降低其研发创新，改善经营管理的动力，不利于生产率提升。因此，Subsidy 预期符号不明确。

为考察不同类型的企业在反倾销下，其生产率变化的差异，我们在模型（4-24）中加入反映反倾销保护的虚拟变量与企业类型变量 Firmtype 的交乘项，得到模型：

$$tfp_{it} = \beta_0 + \beta_1 AD_{it} + \beta_2 AD_{it} \times Firmtype_{it} + \gamma X_{it} + \lambda_t + \delta_i + \varepsilon_{it} \quad (4-25)$$

其中，$Firmtype_{it}$ 代表企业类型，AD_{it} 代表受到了对外反倾销终裁影响的虚拟变量。

4.5 实证结果分析

4.5.1 基准估计结果

表 4-2 为本书的基准估计结果，列（1）~列（6）均控制了企业固定效应和年份固定效应，列（1）未加入任何控制变量，列（2）~列（6）依次加入融资约束、经营规模、经营年限、资本密集度、政府补贴强度等控制变量。表 4-2 估计结果显示，反倾销对企业生产率产生了显著正向作用，反倾销保护平均使企业生产率提高了 2%，而且随着逐一加入控制变量，反倾销对生产率的促进作用仍显著为正，稳定在 2% ~2.2%。这个结果与命题 4-1 的理论预期相符，我国对外反倾销主要针对化工、塑料及橡胶制品，这些产品差异性较小，产品制造的技术壁垒较低，容易被我国企业掌握。反倾销保护阻止外国产品在我国市场的低价倾销，让我国企业得以获得外国产品退出后的市场份额，并依靠销量增加实现规模效应，降低成本、提高效益，进而提升企业生产率。

---

① 这里之所以采用固定资产原值作为分母，是因为一方面，以固定资产作分母，相比以资产总额作分母，能更好地反映补贴收入对企业生产运营投入的支持程度；另一方面计算资本密集度已采用固定资产净值作为分母，为避免解释变量间的多重共线性，我们采用固定资产原值作分母来计算政府补贴程度。

表 4 - 2　　　　　　　　　　　　基准估计结果

因变量	（1）	（2）	（3）	（4）	（5）	（6）
	tfp_acf_va[①]	tfp_acf_va	tfp_acf_va	tfp_acf_va	tfp_acf_va	tfp_acf_va
AD	0.022 *** （8.074）	0.022 *** （8.072）	0.022 *** （8.306）	0.022 *** （8.124）	0.021 *** （7.812）	0.020 *** （7.806）
Credit		-0.013 *** （-2.886）	-0.013 *** （-2.893）	-0.013 *** （-2.890）	-0.013 *** （-2.863）	-0.013 *** （-2.863）
Size			0.021 *** （85.442）	0.021 *** （84.364）	0.020 *** （85.345）	0.020 *** （85.588）
age				0.026 *** （21.355）	0.026 *** （21.360）	0.026 *** （21.063）
Capital					0.065 *** （77.226）	0.063 *** （74.052）
subsidy						-0.004 *** （-13.264）
_ cons	4.707 *** （11 812.958）	4.707 *** （11 634.456）	4.643 *** （5 500.373）	4.594 *** （1 871.712）	4.356 *** （1 118.011）	4.330 *** （976.033）
企业固定效应	控制	控制	控制	控制	控制	控制
年份固定效应	控制	控制	控制	控制	控制	控制
观测值	998 436	998 436	998 436	998 436	998 436	998 436
Within R²	0.000 2	0.000 9	0.017 7	0.019 0	0.037 7	0.038 0

注：*** 、** 和 * 分别代表在 1%、5% 和 10% 的统计水平上显著，括号内为 t 值。下同。

如表 4 - 2 所示，融资约束越小，对企业生产率的负作用越大，这与预期不符，可能是因为我国高负债运营的企业大多存在产能过剩、效率低下，缺乏核心竞争力等问题，而且反倾销保护阻碍此类企业通过优胜劣汰提升整体效率，使他们逐渐形成保护依赖。企业规模对其生产率产生正向作用，与预期相符。

① 这里 tfp_acf_va 为采用 ACF 方法，以工业增加值作为总产出（y_{it}）计算的企业全要素生产率，相较于总产值为总产出（y_{it}）测算生产率，以工业增加值作为总产出计算出来的结果，更适用于本书的理论分析，而且大部分学者也是以工业增加值为总产出展开研究（Brandt，2012）。我们采用企业工资总额作为劳动投入，相比于企业从业人数，以工资总额作为劳动投入计算分析的结果，更符合理论预期。

企业经营年限对其生产率产生正向作用，因为能在长期的激烈市场竞争中生存下来的企业，通常具有较高的生产率。高资本密集度企业的生产率较高，与预期相符。政府补贴强度对企业生产率有显著的负向影响，可能是因为政府补贴使企业形成寻租依赖，在一定程度上弱化其自力更生，研发创新的动力，抑制生产率的提升。

4.5.2　平行趋势检验

为检验本书估计是否满足平行趋势假设，我们设计如下回归模型：

$$tfp_{it} = \beta_0 + \sum_{n=-9}^{9} \left[\rho_n (I_{it}^{t-shockyear_i = n} \times K_i) \right] + \gamma X_{it} + \lambda_t + \delta_i + \varepsilon_{it} \quad (4-26)$$

其中，当 $t - shockyear_i = n$ 时，$I_{it}^{t-shockyear_i = n}$ 的值为 1，否则为 0。这里 t 代表年份，$shockyear_i$ 代表企业 i 获得反倾销保护的年份，n 代表企业所在年份距离反倾销保护发生年份的年数。我们的观察期为 1998~2013 年，因此，$n \in \{-15, -14, \cdots, 0, \cdots, 14, 15\}$，如果企业受到反倾销保护，$K_i$ 取值为 1，否则为 0。为使每年的企业数量保持相对平衡，我们将 $t - shockyear_i = \{-15, -14, -13, -12, -11, -10, -9, -8, -7\}$ 归并到 $t - shockyear_i = -6$，将 $t - shockyear_i = \{7, 8, 9, 10, 11, 12, 13, 14, 15\}$ 归并到 $t - shockyear_i = 6$。

本书取 $n = -6$ 为基准组，我们将反倾销保护对企业生产率的影响绘制于图 4-1 中，从图 4-1 可以看出，在对外反倾销政策前，受到反倾销保护的企业与未受到反倾销保护的企业，在 $n \in \{-5, -4, -3, -2, -1\}$ 时，其生产率并无显著差异，即与基准年相比较，处理组和对照组在生产率变化趋势上无显著差异，难以拒绝平行趋势成立的假设[①]。在反倾销发起之后的当年及第 1 年和第 2 年，在 $n \in \{0, 1, 2\}$ 时，其生产率仍无显著差异，直到对外反倾销发起之后的第二年后，保护效果彻底显现[②]，在 $n \in \{3, 4, 5, 6\}$，受到反倾销保护的企业和未受到反倾销保护企业之间生产率存在显著正向差异。这说明反倾销保护显著提高了企业生产率，并且对生产率的促进作用长期存在。这说明本书选取

---

① 为节省版面，平行趋势假设检验的数值结果未列出，可向笔者索取。

② 按照我国反倾销法规定，反倾销从申请立案，调查取证，初裁判定，终裁判决各环节均有严格的截止时间要求，因此，我国反倾销案件从发起到终裁的时间一般为 2 年，从图 4-1 可以看出，在反倾销发起的第二年后，即在反倾销终裁之后，反倾销的保护效果完全显示出来，受到反倾销保护的企业相较未受到反倾销保护的企业，其生产率有显著正向提升。

的处理组和对照组在生产率变化趋势上满足平行趋势假设。

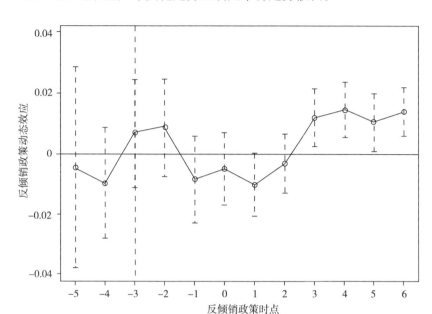

图 4-1　反倾销保护的生产率效应

4.5.3　稳健性检验

4.5.3.1　倾向评分匹配法检验

我们选取企业出口强度、融资约束、产品在价值链所处位置、盈利能力、资本密集度作为匹配变量①，采用 kernel 倾向评分匹配法，得到处理组和对照组，以及处理组和对照组的生产率差异，如表 4-3 所示，ATT 的估计值为 0.157，对应的 t 值为 36.33，大于 1.96 的临界值，故十分显著，说明相比对照组，反倾销对处理组企业生产率产生了显著的正向作用。检验结果与表 4-2 的基准估计结果一致。

---

①　匹配变量的计算公式：企业出口强度 = ln［企业销售产值中的出口交货额/（产品销售收入 + 1）］，企业融资约束 = ln［利息支出/（工业总产值 + 1）］，企业产品在价值链所处位置 = ln［中间投入/（工业总产值 + 1）］，企业盈利能力 = ln［企业利润总额/（产品销售收入 + 1）］，企业资本密集度 = ln（固定资产净值/全部从业人员平均人数）。

表 4 - 3   倾向评分匹配法检验结果

变量	样本	处理组	对照组	差异	S. E.	T - stat
tfp_acf_va	Unmatched	5.128	4.829	0.299	0.004	75.12
	ATT	5.127	4.970	0.157	0.004	36.33
	ATU	4.829	4.939	0.110	—	—
	ATE			0.125		

4.5.3.2 采用不同生产率计算方法的反倾销生产率效应检验

我们分别运用 OP 法、LP 法、ROB 法和 WRDG 法计算得出不同的生产率①，以其作为被解释变量，然后根据模型（4 - 24）进行实证分析，得出反倾销生产率效应结果，将其分别列示于表 4 - 4 的列（1）至列（4）中，检验结果均与表 4 - 2 的基准估计结果基本一致。

表 4 - 4   不同生产率计算方法的反倾销生产率效应

因变量	（1） tfp_op_em	（2） tfp_lp_va_em	（3） tfp_rob_va_em	（4） tfp_wrdg_va_em
AD	0.018 *** (6.532)	0.019 *** (6.816)	0.023 *** (4.182)	0.022 *** (4.012)
控制变量	控制	控制	控制	控制
企业固定效应	控制	控制	控制	控制
年份固定效应	控制	控制	控制	控制
_cons	5.160 *** (1 058.592)	5.179 *** (1 065.787)	4.946 *** (536.857)	5.248 *** (569.029)
N	998 436	998 436	998 436	998 436
Within R^2	0.048 3	0.049 0	0.028 9	0.029 8

注：如果因变量中后缀带有 em，表示劳动投入采用企业从业人员年平均人数，如 tfp_op_em，表示生产率是运用 OP 法计算得出，劳动投入采用企业从业人员年平均人数。如果因变量后缀中带有 va，表示资本投入采用企业工业增加值，如 tfp_lp_va，表示生产率是运用 IP 法计算得出，资本投入采用企业工业增加值。

———————————

① 这里，我们采用企业从业人员年平均人数作为劳动投入，工业增加值作为资本投入计算企业生产率。

4.6　拓展性分析

4.6.1　不同时间段对外反倾销的生产率效应分析

1998 年亚洲金融危机，2001 年中国加入世界贸易组织，2008 年全球金融危机，这三个重要的事件冲击，均对我国企业面临的国外贸易竞争形势造成深刻影响，鉴于此，本文以这三个时点为分界线，分别对 1998～2001 年，2002～2007 年，2008～2013 年这三个时间段的对外反倾销对企业生产率的影响展开分析，结果分别列示于表 4－5 的列（1）、列（2）和列（3）。1998～2001 年，反倾销保护使生产率上升 3.8%；2002～2007 年，反倾销保护则使生产率上升了 1.9%；2008～2013 年，反倾销保护仅使生产率上升了 1.2%[①]。这一结果与全样本期间分析基本相符，说明两次金融危机，以及加入世界贸易组织，对反倾销保护的生产率正向效应并未发生根本性影响。但反倾销保护对生产率的促进作用在逐渐下降，说明反倾销保护在初始阶段能对企业扩大销量，提高利润带来明显作用，但随着时间推移，这种作用越来越弱，企业生产率的提升最终还是需要企业内部挖潜、研发创新，尤其是在核心技术和产品上取得突破。

表 4－5　　　　　　　　　　不同时间段反倾销的生产率效应

因变量	（1）	（2）	（3）
	tfp_acf_va	tfp_acf_va	tfp_acf_va
AD	0.038 *** (5.808)	0.019 *** (6.179)	0.012 * (1.950)
控制变量	控制	控制	控制
企业固定效应	控制	控制	控制
年份固定效应	控制	控制	控制

① 我们设置时间虚拟变量 TIME 反映这三个时间段，将其与反倾销 AD 变量相乘，设定为 AD × TIME 交乘项，运用 chow test 方法对三个时间段样本的组间差异进行检验，结果显示交乘项系数显著，说明三个时间段的样本组，其生产率存在显著的组间差异，证实反倾销对生产率的促进作用确实在逐渐下降。为节省版面，未列出检验结果，可向笔者索取。

续表

因变量	(1)	(2)	(3)
	tfp_acf_va	tfp_acf_va	tfp_acf_va
_cons	4.428 *** (441.200)	4.339 *** (743.777)	4.455 *** (291.457)
N	194 684	542 634	165 987
Within R^2	0.013 7	0.029 9	0.054 4

4.6.2 不同生产率企业对外反倾销的生产率效应分析

学者们分析了反倾销对不同效率企业的生产率作用差异，陈清萍等（2017）认为反倾销对低效率企业的生产率促进效果更显著，而对私营企业的救济效果不明显。为分析反倾销对不同生产率企业的促进效果，我们根据科宁斯和范登布斯基（Konings and Vandenbussche，2008）的方法，设置变量 Distance，反映企业的生产效率水平，定义如下：

$$Distance_{i0} = \frac{tfp_{i0}}{\max tfp_{H0}} \qquad (4-27)$$

其中，tfp_{i0} 代表企业 i 在初始年份的生产率[①]，$\max tfp_{H0}$ 代表初始年份中企业 i 所在四分位行业 H 中最高效率企业的生产率。$Distance_{i0}$ 的值越接近于1，则说明企业的初始生产率越高，反映企业的生产效率高，而 $Distance_{i0}$ 的值越接近于0，说明企业的初始生产率越低，反映其生产效率低。表 4-6 的列 1 加入 AD 与 $Distance_{i0}$ 的交乘项，以考察反倾销保护对不同生产率企业的影响差异，结果显示，交乘项系数显著为负，说明相比高效率企业，反倾销保护更能促进了低效率企业生产率的提升。验证了命题 4-2。这可能是三个方面的原因：①中国属于追赶型经济体，越是低效率的企业，其潜在的增长空间越大，反倾销保护为低效率企业提供了其发展所需的市场空间、技术条件和改进时间，低效率企业把握住发展机会，革故鼎新，直接引进、学习、消化、吸收领先企业的先进技术，并进行再创新，往往比高效率的企业，生产率提升更快；②低效率企业在市场竞争中面临被淘汰的风险，具有较强生存危机意识，因而有更强的动力开

---

① 我们以企业 i 首次出现在工业企业数据库的年份为初始年份。

展研发创新，改善经营管理，从而能在反倾销保护下，利用我国的制度、成本优势，降低成本，提升竞争能力，提高生产效率；③反倾销保护在某种程度上削弱高效率企业通过市场竞争淘汰竞争对手，扩大自身市场占有率的能力，而且其在市场竞争中的相对优势地位容易滋生惰性，使其在研发创新上疏于投入，减缓生产率提升。

4.6.3 不同所有制企业对外反倾销生产率效应分析

我们根据工业企业数据库中企业的资本金构成，判断该企业的所有制类型，如果港澳台资本和国外资本占比超过 50%，则视为外资企业[①]。如果国有资本比重超过 50%，则视为国有企业。我们设定 $Foreign_{it}$ 为外资企业虚拟变量[②]，设定 $State_{it}$ 为国有企业虚拟变量。表 4-6 的列（2）加入了 AD 与 $Foreign_{it}$ 的交乘项，以考察反倾销保护具体对外资企业和内资企业的生产率产生何种作用。估计结果显示，相比外资企业，反倾销更能促进内资企业的生产率提升。可能原因是，外资企业的总部设在母国，其分部所受到的反倾销保护不能对其总部的研发创新、资源整合等战略决策活动产生重要影响。

表 4-6 的列（3）加入了 AD 与 $State_{it}$ 的交乘项[③]，反映国有企业在反倾销保护下相比私营企业，其生产率的变化，结果显示相比国有企业，反倾销保护显著促进了私营企业的生产率提升，主要原因在于，相比其他企业，私营企业的体制机制更为灵活、有效，从而能更好地把握反倾销保护机遇，改善经营绩效，提升生产率。

---

① 中国工业企业数据库中的注册资本分为外资资本，港澳台资本，国有资本，集体资本，个人资本和个人法人资本，由于《中华人民共和国外商投资法实施条例》专门做了特别界定，香港、澳门等参照外商投资法执行，所以我们将外资资本与港澳台资本合并视为外资企业的资本，其他的则为内资企业的资本。

② $Foreign_{it}$ 的取值设定为：外资企业为 1，内资企业为 0。

③ 表6列（3）的样本为内资企业样本，考察反倾销对内资企业之中，国有企业和私营企业生产率影响的差异。国有企业的 $state_{it}$ 取值为1，私营企业的 $state_{it}$ 取值为0。

表 4 - 6 不同类型企业的反倾销生产率效应分析

因变量	(1)	(2)	(3)
	tfp_acf_va	tfp_acf_va	tfp_acf_va
AD	0. 378 *** (20. 464)	0. 029 *** (10. 321)	0. 022 *** (7. 515)
AD × Distance	- 0. 589 *** (- 19. 222)		
Distance	0. 048 * (1. 894)		
AD × Foreign		- 0. 050 *** (- 9. 529)	
Foreign		- 0. 005 (- 1. 515)	
AD × State			- 0. 047 *** (- 4. 798)
State			- 0. 029 *** (- 6. 959)
_cons	4. 300 *** (258. 315)	4. 331 *** (968. 063)	4. 330 *** (912. 064)
控制变量	控制	控制	控制
企业固定效应	控制	控制	控制
年份固定效应	控制	控制	控制
观测值	998 055	998 436	844 177
Within R^2	0. 039 2	0. 038 2	0. 038 0

4.7 对外反倾销影响中国企业生产率的机理分析

对外反倾销促进中国企业生产率的提升,那么具体是通过何种途径实现,下面我们展开深入研究。首先我们以创新为中介变量,构建中介效应模型,分析对外反倾销如何通过创新活动影响企业生产率。

4.7.1 创新的中介效应分析

由于企业研发创新的结果直观体现在其专利申请数量上,因此我们使用企业每年的专利申请数量反映其创新活动。数据来源于 1995～2015 年中国工业企业专利数据库,我们将其先与工业企业数据库匹配,再与反倾销数据库匹配,生成用于中介效应分析的数据表,包含 937 736 个观测值,234 394 家企业,因为在分析过程中,对于控制变量中有缺失值的样本会被自动删除,且会剔除在样本期内专利总数为 0 的企业样本,最终中介效应分析使用的样本量为 44 626 个。

我们构建的中介效应模型如下。

$$tfp_{it} = \alpha_0 + \alpha_1 AD_{it} + \gamma X_{it} + \lambda_t + \delta_i + \varepsilon_{it} \qquad (4-28)$$

$$Innovation_{it} = \beta_0 + \beta_1 AD_{it} + \gamma X_{it} + \lambda_t + \delta_i + \varepsilon_{it} \qquad (4-29)$$

$$tfp_{it} = \chi_0 + \chi_1 AD_{it} + \chi_2 Innovation_{it} + \gamma X_{it} + \lambda_t + \delta_i + \varepsilon_{it} \qquad (4-30)$$

这里 $Innovation_{it}$ 为反映企业研发创新的变量,我们分别使用企业发明专利申请数和企业专利申请总数来代表。控制变量与基准分析设定的变量相同。

中介效应的结果如表 4-7 所示。我们分别检验以企业申请发明专利数和企业专利申请总数代表创新活动的中介效应,表 4-7 的第(1)至(3)列显示以发明专利申请数代表创新活动的检验结果,第(1)列显示对外反倾销对企业生产率的影响,系数 α_1 显著为正,说明对外反倾销显著促进了我国企业生产率提升,第(2)列显示对外反倾销对发明专利的影响,系数 β_1 显著为负,说明对外反倾销显著抑制了我国企业发明专利申请活动,第(3)列显示对外反倾销和发明专利申请数对企业生产率的共同影响,系数 χ_2 显著为正,并且 Sobel 统计值在 5% 水平显著,这说明发明专利申请活动对于我国企业生产率有显著的负向中介效应。可能原因在于申请发明专利对于企业研发能力有更高的要求,而我国受到反倾销保护的企业资本规模较小,技术实力较弱,原创性较高的技术发明活动对这些企业而言,难度较大,未来收益不确定,因此其更愿意投入难度较低,效益更明显的其他活动,反倾销保护在某种程度更强化了企业的这种动机,因而反倾销保护对发明专利申请产生了抑制作用。中介效应检验结果显示反倾销对企业生产率的总效应为 0.012 3,而发明专利申请数对企业生产率的中介效应在总效应中占比为 -5.11%,即遮掩效应在总效应中占比为 5.11%。

表 4 - 7　　　　　　　　　创新活动作用机制的中介效应检验

项目	发明专利申请数			专利申请总数		
	(1) DV：TFP	(2) DV：发明专利申请数	(3) DV：TFP	(4) DV：TFP	(5) DV：专利申请总数	(6) DV：TFP
反倾销	0.012 3 ** (2.33)	-0.059 3 ** (-2.21)	0.012 9 ** (2.45)	0.012 3 ** (2.33)	-0.124 0 * (-1.84)	0.012 8 ** (2.43)
发明专利申请数			0.010 6 *** (11.41)			
专利申请总数						0.004 2 *** (11.26)
控制变量	控制	控制	控制	控制	控制	控制
企业固定效应	控制	控制	控制	控制	控制	控制
年份固定效应	控制	控制	控制	控制	控制	控制
观测值	44 626	44 626	44 626	44 626	44 626	44 626
Adj R^2	0.624 3	0.015 2	0.625 4	0.624 3	0.018 3	0.625 3
Sobel 检验	β_1 显著，χ_2 显著，Sobel 统计值在 5% 水平显著			β_1 显著，χ_2 显著，Sobel 统计值在 10% 水平显著		
中介效应	显著			显著		

表 4 - 7 的第（4）至（6）列显示以专利申请总数代表创新活动的检验结果，第（4）列显示反倾销对企业生产率的影响，系数 α_1 显著为正，第（5）列显示对外反倾销对专利申请总数的影响，系数 β_1 显著为负，说明反倾销对企业专利申请产生了抑制作用，第（6）列显示对外反倾销和专利申请总数对企业生产率的共同影响，系数 χ_2 显著为正，并且 Sobel 统计值在 10% 水平显著，因此，专利申请总数对于我国企业生产率有显著的负向中介效应。可能的解释为，反倾销保护缓解了企业的生存压力，也在某种程度上造成企业的依赖心理和惰性思维，反而削弱了企业开展高水平研发的动力，因而对专利申请产生了抑制作用，中介效应检验结果显示反倾销对企业生产率的总效应为 0.012 3，而专利申请总数对企业生产率的中介效应在总效应中占比为 -4.21%，即遮掩效应在总效应中占比为 4.21%。

根据上面的分析，反倾销保护并没有促进企业开展高水平的研发创新，提高企业生产率，反而对高水平的研发创新活动有阻碍作用。那么，反倾销保护是否通过阻碍国外产品倾销，扩大中国企业销售，实现规模效应，进而促进生产率提升呢？下面我们对此展开分析。

4.7.2　对外反倾销影响生产率的规模效应分析

我们分别分析对外反倾销对企业工业总产值，主营业务收入，中间投入合计和企业利润的影响，所有分析都加入控制变量，并控制企业和年份的固定效应，结果如表4-8所示。表4-8的第（1）至（4）列中检验结果显示，对外反倾销终裁显著促进了企业的工业总产值、主营业务收入、中间投入和企业利润，这说明对外反倾销有力地制止了国外产品的低价倾销，提高了国内企业的市场份额和规模，从而提升国内企业的销售产值和收入，促使利润增长，即反倾销保护通过规模效应促进企业生产率提高，验证了命题4-3。

表4-8　　　　　　　反倾销影响企业生产率的规模效应分析

项目	（1） 工业总产值	（2） 主营业务收入	（3） 中间投入合计	（4） 企业利润
AD	0.018 *** (4.025)	0.012 ** (2.572)	0.023 *** (4.830)	0.035 *** (3.803)
控制变量	控制	控制	控制	控制
企业固定效应	控制	控制	控制	控制
年份固定效应	控制	控制	控制	控制
样本量	9.761 *** (1 320.799)	9.715 *** (1 274.658)	9.425 *** (1 202.539)	5.779 *** (371.452)
Within R^2	998 436	997 956	998 436	811 312

注：这里加入的控制变量和基准分析所用的控制变量一致。

4.7.3　对外反倾销对企业生存率的影响分析

根据4.5.1的分析，可知企业经营年限越长，其生产率越高，那么反倾销是否通过提升企业的生存率，延长企业的经营年限，从而促进其生产率提高呢？

下面我们运用久期分析研究对外反倾销对企业生存率的影响。

为准确计算企业生存率，我们运用卡普兰 – 迈耶［Kaplan – Meier（K – M）］方法进行久期分析，并使用 Cox 比例风险模型估计企业的生存风险函数。

（1）卡普兰 – 迈耶（K – M）方法

假设企业在中国工业企业数据库中持续存在的时间为 $T \geqslant 0$，其一个特定取值记为 t。则其概率密度和累积分布函数分别为 $f(t)$ 与 $F(t)$，企业存活期超过 t 的概率，即其生存函数为：

$$S(t) = P(T > t) = 1 - F(t) \qquad (4-31)$$

对应的风险函数为：

$$\lambda(t) \equiv \lim_{\Delta t \to 0^+} \frac{p(t \leqslant T < t + \Delta t \mid T \geqslant t)}{\Delta t} = \frac{f(t)}{S(t)} \qquad (4-32)$$

假定 $t_1 < t_2 < \cdots < t_j < \cdots < t_k$ 为样本中观测到的企业退出的时间，记样本中在区间 $[t_{j-1}, t_j)$ 仍存活而面临危险的企业数为 N_j。到了时间 t_j，记在时间 t_j 退出的企业数为 M_j。给定存活至 t_{j-1}，能进一步存活至 t_j 的概率为 $\frac{N_j - M_j}{N_j}$。通常存活至 t_j 的无条件概率等于之前每一个区间存活的条件概率乘积，其 K – M 估计量为：

$$\hat{S}(t) \equiv \prod_{j \mid t_j \leqslant t} \left(\frac{N_j - M_j}{N_j} \right) \qquad (4-33)$$

（2）Cox 比例风险模型

在估计生存函数时，参数回归法需要对风险函数的具体形式提前作假定，如果设定错误，则最大似然估计会得出不一致的结果，而 Cox 模型法无须事先确定风险函数的具体形式，从而避免因模型设定不正确导致的问题，因此本书采用半参数 Cox 比例风险模型进行分析，具体模型如下：

$$\lambda(t, g) = \lambda_0(t) \exp\left(\sum g_j \beta_j \right) \qquad (4-34)$$

其中，$\lambda_0(t)$ 为基准风险方程，g 为包括对外反倾销在内的关于生存风险的各影响因素。

我们将企业存在中国工业企业数据库中视为企业生存，否则视为企业死亡，以企业在中国工业企业数据库中持续存在的年份为被解释变量。借鉴三年判断标准，如果企业在 $t-1$ 年和 t 年都存在，但是 $t+1$ 年退出，则认为在 t 年发生了"失败"事件，据此我们将企业存在工业企业数据库中的最后一年赋值退出变量 exit 为 1，反之为 0。我们运行 stata 的久期分析命令，结合被解释变量、退出变量和企业代码，可得到生存分析所需的"生存时间"数据。

因为反倾销终裁时反倾销保护的效果已完全显现，所以我们以反映企业受到反倾销终裁影响的变量 AD 作为核心解释变量，考察对外反倾销政策对企业生存率的影响。使用的控制变量为：企业出口强度（ex），融资约束（Credit），企业产品在价值链所处地位（inputp），企业的盈利能力（Profit），企业经营规模（Size），企业经营年限（age），资本密集度（Capital），政府补贴程度（Subsidy）。控制变量的计算方法与前面一致。

我们使用 4.4.1 中生成的数据处理结果，该结果中处理组为受到反倾销保护的企业，对照组为未受到反倾销保护的同一 2 位码行业内企业，并剔除控制变量缺失的样本，最终得到的样本为：1998 ～ 2013 年 369 726 家企业共 1 485 167 个观测值。

实证分析的结果如表 4 - 9 所示。对外反倾销使得受保护企业的退出风险相比未受保护企业降低了 13.7% ～ 13.8%，说明反倾销保护使得企业在市场销量，企业利润等方面取得提高，竞争力得以增强，最终提高了生存率。

表 4 - 9　　　　　　　　　　　反倾销对企业生存率的影响分析

	(1)	(2)
AD	- 0.138 *** (- 46.958)	- 0.137 *** (- 36.132)
控制变量		控制
N	1 485 167	1 098 023 ①

对外反倾销下企业生产率的演化机理如图 4 - 2 所示，对外反倾销通过生存效应和规模效应，促进企业生产率提升，但对外反倾销在一定程度上使企业形成保护依赖，致使其开展高水平研发创新的动力不足，阻碍企业生产率的提升。由于规模效应和生存效应的正向作用大于依赖效应的负向作用，最终对外反倾销促进企业生产率的提升。

————————

①　加入控制变量后，因为部分控制变量样本缺失，所以最终可用于分析包括 1998 ～ 2013 年 308 611 家企业共 1 098 023 个观测值。

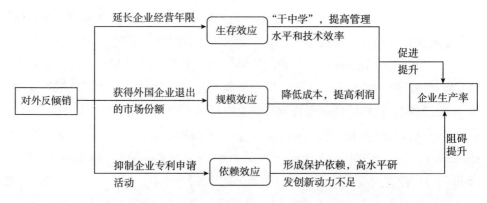

图 4 - 2   对外反倾销下企业生产率的演化机理

4.8   结论与政策建议

4.8.1   主要结论

①运用中国工业企业数据库和全球反倾销数据库,我们分析 1998～2013 年中国对外反倾销对企业生产率的影响,实证结果表明,反倾销保护促进了中国企业生产率的提升,区别于其他学者的研究,我们使用 ACF 法计算企业的全要素生产率,通过双重差分法,有效验证了对外反倾销的生产率促进效应。并且使用倾向匹配评分法等稳健性检验也支持这一结论。

②扩展性分析表明:两次金融危机和中国加入世界贸易组织的这些重大事件,均未能改变对外反倾销促进企业生产率提升这一根本趋势;对外反倾销在某种程度上,对生产率低的企业更有利,相比高效率企业,低效率企业能更迅速地利用反倾销保护提升自身的竞争力,提高生产率;相比外资企业,对外反倾销更能促进内资企业生产率的增长,对私营企业生产率的促进作用明显。

③对外反倾销下企业生产率的演化机理分析表明,企业生产率的提升并非源于研发创新,主要是规模效应和生存效应在发挥作用。研究结果表明,反倾销保护并未促使企业开展高水平研发创新,企业生产率的提升主要依靠企业市场份额扩大带来的规模效应,以及企业生存率的提高带来的生存效应。

④对外反倾销之所以能通过规模效应和生存效应对企业生产率产生促进作用,主要是因为我国的要素禀赋结构,如劳动力成本等相对于发达国家具有比

较优势，而在产业集群，上下游产业链配套，以及硬件基础设施，软件营商环境等方面比印度、越南等发展中国家更有优势。因而依靠反倾销保护，国内企业能迅速占据国外竞争对手退出的市场，扩大销量，通过规模效应降低成本，并通过"引进、学习、消化、吸收"发达国家的先进技术和管理经验，结合自身的禀赋结构优势，能以比竞争对手以更低的成本制造产品，形成竞争能力，进而向国外市场出口。

4.8.2 政策建议

根据 4.6.1 的分时段分析，对外反倾销对生产率的促进作用，正在逐渐减弱，1998～2001 年对外反倾销对生产率的促进作用可以达到 3.8%，2002～2007 年降为 1.9%，2008～2013 年仅为 1.2%，原因在于我国目前对外反倾销提升生产率的途径主要是依靠销量扩大带来的规模效应，以及"干中学"经验积累的生存效应。从长期来看，企业生产率的提升，关键在于通过研发创新，生产高附加值产品。因此，需从政府、行业协会和企业三个层面，采取措施切实推进企业研发创新活动。

①政府应采取如下措施：其一，在对外反倾销裁定环节，增加补充对外反倾销对社会福利的影响分析，评价对外反倾销对上、下游产业链，消费者福利，以及市场竞争程度的影响，确保最终采取的对外反倾销政策既能让国内企业获得自我发展的市场空间和改善时间，又能保持一定的市场竞争压力，促使企业不断研发创新产品，而且能实现产业价值链的整体优化和消费者福利的效用提升。其二，加强知识产权保护。企业开展研发创新，其投入成本能否得到合理回报，依赖于完善、有效的知识产权保护，所以，应对知识产权保护的立法及执行，予以高度重视和严格落实，让全社会树立知识产权保护意识，以及知识付费的观念。其三，对于受到反倾销保护的企业，在融资渠道，融资成本等方面予以扶持，通过设立产业投资基金，建设完善多层次资本市场，全面推进股票注册制改革等举措，为企业开展核心技术攻关，提供资金支持。其四，构建战略产业甄别机制，对符合我国要素禀赋比较优势的产业予以培育、扶持，并根据我国经济发展水平不断动态调整，促进产业不断升级。

②行业协会应采取如下措施：其一，了解本行业最新的技术进展，前沿科技水平，为本行业企业提供最新的技术资讯和培训，帮助企业了解本行业技术

发展，不断提升技术水平。其二，建立产业损害预警机制，在遭受国外产品低价倾销时，能及时组织本行业企业申请反倾销。并在企业和政府间发挥沟通的桥梁和纽带作用，及时反馈企业需求，传达政府的发展规划和要求，实现信息有效的上传下达，确保"有为的政府"和"有效的市场"能切实顺畅衔接。

③企业应积极加强研发创新，保持危机意识，并克服依赖反倾销保护"等、靠、要"的思想。以市场竞争作为研发创新的"催化剂"，努力开拓进取：一方面通过学习、消化、吸收，掌握发达国家的先进技术；另一方面应在基础研发、原始创新上不断投入、积累，向更高水平攀升。

5 美国对华反倾销对中国上市公司 生产率的影响分析

前面分析了中国对外反倾销是如何影响企业生产率的，本章分析国外对华反倾销会对企业生产率产生何种影响。因为中美贸易额巨大，2022 年中美双边货物贸易稳步上升至 6906 亿美元，同比增长 5.2%。其中，美国向中国出口1538 亿美元，同比增长 1.6%；美国从中国进口 5368 亿美元，同比增长 6.3%。另外，1995～2022 年，美国对华发起反倾销 189 起，在对中国发起反倾销的国家中排名第二，仅次于印度。因此，本书以美国对华反倾销为研究切入点，分析国外对华反倾销如何是影响企业生产率的。

5.1 引言

1995～2022 年，美国对外发起反倾销数 860 起，仅次于印度，为全球第二大反倾销发起国，其中针对中国的反倾销数为 189 起，占比 21.98%。发起反倾销的案件中最终采取反倾销措施的有 163 起，肯定裁决率高达 86.24%。反倾销由于其操作简单、针对性强、伤害力大的特性，成为美国抑制我国出口竞争性企业发展的重要工具。经济增长的关键在于企业生产率的提升，因此研究反倾销对生产率的具体影响具有十分重要的现实意义。

不少学者研究美国对华反倾销对中国企业生产率的具体影响，奚俊芳和陈波（2014）利用 2002～2009 年的企业数据，实证得出美国对华反倾销调查对中国出口企业全要素生产率有显著提升作用，但是技术进步与技术效率指标却分别呈现出显著性下降与显著性上升的不同趋势，出现了相互抵消现象。钱德拉和隆（Chandra and Long，2013）研究发现，由于反倾销降低企业规模，使得中国对美出口企业生产率下降 12%。罗胜强和鲍晓华（2019）利用 2000～2006

87

年中国海关数据库和世界银行反倾销数据库数据，实证发现美国对华反倾销对涉案产品出口具有破坏效应，并主要体现在扩展边际上；但其没有显著减少在位企业的出口。乘前人研究而进，我们首先对南北贸易模型（李春顶等，2013；Zigic，1998，2000）加以改进，推导得出：达到一定技术门槛的企业，其生产率与反倾销呈现倒U形关系，即在被反倾销初期企业会加强研发投入，改进经营管理，积极应对反倾销，其生产率将会提升，而随着时间推移，反倾销持续发展，负面效应累积强化，企业单靠自身力量已难以应对，其生产率将下降。由于上市公司通常为行业中规模大、实力强的企业，符合达到一定技术门槛的企业条件，因此我们利用2010～2015年中国上市公司数据，运用Dea-Malmquist指数法将企业全要素生产率分解为技术进步与技术效率，并采用广义矩估计实证分析美国对华反倾销对企业生产率的影响，实证结果支持理论分析的假设，即反倾销短期内对技术进步指数和技术效率指数都具备正向影响，从而促进我国出口企业生产率的提升。但在长期来看，持续性的反倾销措施会给我国出口企业造成负面影响。

也有学者采用全球对华反倾销数据，分析了反倾销对中国企业生产率的影响。谢申祥等（2017）利用2000～2006年的工业企业数据，借助双重差分法，发现反倾销壁垒抑制了我国出口企业的生产率。增加值下降和生产要素缺乏调整是导致企业生产率降低的主要缘由。王孝松等（2020）研究厂商的异质性特征对其遭遇反倾销诉讼概率的影响，发现低技术行业的低生产率企业更易遭受反倾销，而中、高技术行业的出口企业生产率越高，越易遭受反倾销。

学者们也对反倾销影响生产率的原因展开研究。埃德林顿和麦卡尔曼（Ederington and McCalman，2008）发现采用新技术、扩大生产规模是企业遭受反倾销后生产率提升的主要原因。特雷夫莱（Trefler，2004）认为美国降低对CUSFTA（美-加自由贸易协定）成员国的贸易壁垒使加拿大企业的劳动生产率有了显著的提高。

本书的贡献在于：①改进南北贸易模型，推导得出当企业达到一定的技术门槛时，短期内反倾销对企业生产率产生促进效应，但长期仍会产生阻碍效应；②本书采用Malmquist指数法，以企业的实际产出和最佳前沿面进行比较，测算企业生产率，相对于生产函数法以平均拟合效果最好的平均值作为企业全要素生产率，我们采用的分析方法更为合理，结果更客观准确。

5.2　美国对华反倾销影响企业生产率的机理分析

依据南北贸易模型，我们构建美国对华反倾销影响企业生产率的理论模型。假设为美国市场供应 G 产品的仅有两家企业，分别为一家中国企业和一家美国企业。中国企业通过吸收美国企业的知识溢出，利用自身的低人工成本、低厂房租金，以及税收政策优惠等优势，以相对于美国企业更低的成本制造 G 产品。由于中国企业具有低成本优势，美国企业无力在中国市场与之竞争，只能依靠反倾销保护，在美国市场上销售 G 产品，二者在美国市场上形成双寡头竞争[①]。美国为保护本国企业，对中国产品征收反倾销税。中美企业的单位生产成本为：

$$C_i = \lambda_i - A_i(r_i)\ ,\ i = H,N \tag{5-1}$$

其中，λ 代表未进行研发创新时的单位产品生产成本，$A(r)$ 代表企业的生产率，r 代表企业的研发创新投入，生产率越高，则单位成本越低。约束条件为 $\lambda \geqslant A(r)$，即成本不小于零，且 $A(0) = 0$，意味着没有进行研发创新投入时，生产率不会减少单位制造成本。i 代表不同的企业，有两种类型，分别为 H 和 N，H 代表中国企业，N 代表美国企业。假设 $A'(r) > 0$，意味着只要加大研发投入就能提高生产率。并假设研发投入对生产率的提升是边际递减的，即 $A''(r) < 0$。

两个企业在美国市场展开竞争，美国对中国企业征收单位从价反倾销税 t，因为大于 100% 的反倾销税基本会阻止中国企业向美国市场出口产品，为简化分析，设 $0 \leqslant t \leqslant 1$。假设美国市场反需求函数的价格需求弹性为 1，即：

$$p = F - Q,(Q = q_H + q_N) \tag{5-2}$$

其中，F 是美国市场规模，且 $F > \lambda$。中美企业形成双寡头竞争，q_H 和 q_N 分别为中国企业和美国企业的产量，下面，我们根据古诺模型分析企业的均衡产量。中国企业利润最大化函数为：

$$\max\left[\prod_H\right] = (1 - t)(F - Q)q_H - C_H q_H - r_H \tag{5-3}$$

对式（5-3）按 q_H 求导，得出能实现利润最大化的中国企业产量等式为：

$$(1 - t)(F - 2q_H - q_N) - C_H = 0 \tag{5-4}$$

---

①　假设中美市场为各自独立的市场，中国企业在美国市场面临的价格竞争，被征收反倾销税等因素不会影响其在中国市场的行为和利润。同理，中国市场的销售情况等因素也不会影响中国企业在美国市场的行为和利润。

同理可得美国企业利润最大化函数为：

$$\max(\prod{}_N) = (F - Q)q_N - C_N q_N - r_N \qquad (5-5)$$

对式（5-5）按 q_N 求导，得出能实现利润最大化的美国企业产量等式为：

$$F - 2q_N - q_H - C_N = 0 \qquad (5-6)$$

联立式（5-4）和式（5-6）中企业的反应函数，得出中美企业在美国市场的均衡产量为：

$$\begin{cases} q_H = [F - 2C_H/(1-t) + C_N]/3 \\ q_N = [F + C_H/(1-t) - 2C_N]/3 \end{cases} \qquad (5-7)$$

将式（5-7）代入中国企业利润函数，得到：

$$\prod{}_H^* = \frac{1-t}{9}\left(F - \frac{2C_H}{1-t} - C_N\right)^2 - r_H \qquad (5-8)$$

将式（5-1）代入式（5-8）中，中国企业的利润函数可变化为：

$$\prod{}_H^* = \frac{1-t}{9}\left\{F - \frac{2[\lambda_H - A_H(r_H)]}{1-t} - C_N\right\}^2 - r_H \qquad (5-9)$$

对中国企业而言，当其利润对研发投入的一阶导数等于 0 时，其研发投入达到最优水平，我们用 Z 代表利润按研发投入求导的一阶导数。设：

$$Z = \frac{\partial \prod{}_H^*}{\partial r_H} = \frac{4}{9}A_H'(r_H)\left\{F - \frac{2}{1-t}[\lambda_H - A_H(r_H)] - C_N\right\} - 1 \qquad (5-10)$$

现在，我们采用间接求导法求出研发投入按反倾销税求导的一阶导数：

$$\frac{\partial r_H^*}{\partial t} = \frac{\partial Z/\partial t}{\partial Z/\partial r_H^*} = \frac{-\dfrac{8A_H'(r_H^*)[\lambda_H - A_H(r_H^*)]}{9(1-t)^2}}{\dfrac{8[A_H'(r_H^*)]^2}{9(1-t)} + \dfrac{4A''(r_H^*)\{F - 2[\lambda_H - A_H(r_H^*)]/(1-t) - C_N\}}{9}}$$

$$(5-11)$$

为确保存在最优研发投入水平，利润按研发投入求导的二阶导数应小于 0，即：

$$\frac{\partial^2 \prod{}_H^*}{\partial r_H^{*2}} = \frac{8[A_H'(r_H^*)]^2}{9(1-t)} + \frac{4A''(r_H^*)\{F - 2[\lambda_H - A_H(r_H^*)]/(1-t) - C_N\}}{9} < 0$$

$$(5-12)$$

根据式（5-12），可知式（5-11）的分母小于0，则：

$$\frac{\partial r_H^*}{\partial t} > 0 \qquad (5-13)$$

所以美国征收反倾销税会激励中国企业增加研发投入，而随着研发投入的增加，生产率也会提升，可得：

$$\frac{\partial A_H(r_H^*)}{\partial t} > 0 \qquad (5-14)$$

进一步对生产率按反倾销税求二阶导数，得到：

$$\frac{\partial^2 A_H(r_H^*)}{\partial t^2} = A_H''(r_H^*)\frac{\partial r_H^*}{\partial t} + A_H'\frac{\partial^2 r_H^*}{\partial t^2} \qquad (5-15)$$

对式（5-11）按 t 求导，可得：

$$\frac{\partial^2 r_H^*}{\partial t^2} = -\frac{A_H'(r_H^*)C_H\{[A_H'(r_H^*)]^2 - A_H''(r_H^*)C_H\}}{(1-t)^2\{[A_H'(r_H^*)]^2 + A_H''(r_H^*)[F(1-t)/2 - C_H - C_N(1-t)/2]\}^2} < 0$$

$$(5-16)$$

根据式（5-16），可知式（5-15）小于0，即：

$$\frac{\partial A_H(r_H^*)}{\partial t^2} < 0 \qquad (5-17)$$

所以，中国企业被征反倾销税数额与企业生产率呈现倒"U"形关系，即低反倾销税会激励企业加强研发创新，提高生产率，而高反倾销税则超出企业承受能力，造成企业亏损，资金短缺，无力进行研发投入，降低生产率。由于反倾销征税通常以5年为一个周期，到期再进行日落复审，决定是否继续征收反倾销税。因此，反倾销的负面效应会随着时间的推移而累积，若从反倾销周期来分析反倾销与企业生产率的关系，短期内反倾销税的征收会倒逼中国企业加强研发创新，改善经营管理，从而提升生产率，但随着反倾销税的持续征收，负面效应愈加显现，中国企业改进提升的空间日益缩减，利润下滑致使企业缺乏进一步投入研发的资金，最终会导致生产率下降。

根据上面的理论分析，提出以下假设，被征收反倾销税在短期内能促进中国企业生产率提升，但长期来看，持续的反倾销会使企业生产率下降。

对式（5-12）的条件进一步化简，得到：

$$A_H(r_H) > \frac{(C_N - F)(1-t)}{2} + \lambda_H - \frac{[A_H'(r_H)]^2}{A_H''(r_H)} \qquad (5-18)$$

式（5-18）意味着，反倾销税激励效应的产生有一个前提条件，即中国企业的效率必须要大于阈值：$(C_N - F)(1 - t)/2 + \lambda_H - [A'_H(r_H)]^2/A''_H(r_H)$。由于行业中的上市公司一般是竞争力强，经营效率高的企业，符合反倾销税激励效应的前提条件，即达到效率阈值。因此，我们在实证分析中选取上市公司作为分析样本，检验反倾销对其生产率的作用效应。

5.3 数据与实证模型

5.3.1 数据

本书通过中国商务部网站及中国贸易救济网公告统计了 2010~2015 年受到美国反倾销立案调查的所有案件，再通过世界银行全球反倾销数据库对涉案企业进行筛选和补充。经过筛选，剔除数据不全的样本，最终确定 51 家上市公司为分析对象，企业的详细信息和报表数据来自锐思数据库和国泰安数据库。

5.3.2 实证模型

我们关心的核心问题是美国对华反倾销对企业生产率的具体影响。因此，将企业生产率设定为被解释变量。为考察公司被反倾销立案当年，立案调查后第一年、第二年、第三年，各年度反倾销对企业生产率的影响，设立解释变量为各年度虚拟变量。对于立案调查当年的时间虚拟变量，如果某年度为立案调查当年，则变量取值为 1，否则为 0。立案调查后第一年、第二年、第三年的时间虚拟变量的取值依此类推。在生产率的计算上，本文采用 DEA - Malmquist 指数法。DEA - Malmquist 方法将每个生产企业作为一个独立的决策单位，在每一个时期，利用数据包络分析（data envelopment analysis，DEA）方法构建企业的最佳生产实践前沿面。然后，通过测算企业实际生产与最佳前沿面的距离，确定其技术进步和技术效率水平。

$$TFP = TC \times EC$$

全要素生产率（total factor productivity，TFP）可分解成技术进步（technical progress change，TC）与技术效率（technical efficiency change，EC）两部分，其大小等于二者的乘积。当技术进步或者技术效率大于 1 时，说明发生技术进步或者技术效率改善；当技术进步或则技术效率小于 1 时，说明出现技术退步。

本书利用 Deap2.1 软件，选取相应的投入、产出变量（见表 5 - 1），变量选取参考相关研究（刘爱东等，2016；李小平等，2008），计算得出企业的全要素生产率（TFP）及其分解（TC 、EC）。

表 5 - 1   **Malquist 生产率指数计算中的投入、产出变量**

投入变量		产出变量	
X1	营业成本	Y1	营业收入
X2	财务费用 + 管理费用 + 销售费用	Y2	净利润
X3	总资产	Y3	无形资产

对于控制变量。参考相关研究文献，我们选择除反倾销外，影响企业生产率的主要因素，包括：企业规模（SIZE）、资产负债率（RATI）、资本密集度（CI）、资产收益率（RE）、企业属性（EA）等。

实证模型的具体变量定义如表 5 - 2 所示。

表 5 - 2   **模型变量选择及定义**

变量性质	变量符号	变量名称	变量说明
被解释变量	TFP	全要素生产率	通过 Deap 计算得出
	EC	技术效率	通过 Deap 计算得出
	TC	技术进步	通过 Deap 计算得出
解释变量	AD	反倾销立案调查当年	当年为 1，否则为 0
	T_1	反倾销立案调查后第一年	当年为 1，否则为 0
	T_2	反倾销立案调查后第二年	当年为 1，否则为 0
	T_3	反倾销立案调查后第三年	当年为 1，否则为 0
控制变量	SIZE	企业规模	固定资产取自然对数
	RATI	资产负债率	总负债/总资产
	CI	资本密集度	人均固定资产取自然对数
	RE	资产收益率	净利润/总资产
	EA	企业属性	国有企业取 1，其余取 0
	TE	时间效应	虚拟变量
	FE	个体固定效应	虚拟变量

在计量模型的构建上，本书综合借鉴奚俊芳研究反倾销对出口企业生产率影响的模型，以及张红永（Hongyong Zhang，2018）分析政治关系对反倾销的影响所采用的模型，建立模型如下：

$$TFP_{it} = \alpha + \beta_1 TFP_{it-1} + \beta_2 AD_{it} + \sum_{k=1}^{3} \beta_{2+k} T_{ik} + \lambda X_{it} + \alpha_i + \alpha_t + \varepsilon_{it}$$

其中，TFP_{it} 指 i 企业在 t 年的生产率，包括全要素生产率、技术进步、技术效率三个指标。TFP_{it-1} 指被解释变量的一阶滞后项，用以控制生产率的自身变动趋势和惯性。AD_{it} 是指给定年份企业受到反倾销立案调查虚拟变量，T_{i1}、T_{i2}、T_{i3} 为时间控制变量，用于观察反倾销立案后连续三年生产率的变动趋势，当时间为反倾销立案调查后一年，T_{i1} 为1，否则为0，当时间为反倾销调查后的第二年，T_{i2} 为1，否则为0，第三年时 T_{i3} 为1，否则为0。X_{it} 是指一系列企业控制变量。$\alpha_i + \alpha_t + \varepsilon_{it}$ "符合扰动项"。α_i 为个体效应，是不可观测的并且不随时间而改变的代表个体异质性的截距项；α_t 为除去个体固定效应以外的所有与时间有关的影响因素。ε_{it} 为随着个体与时间而改变的扰动因素，服从独立同分布，且与 α_i 不相关。

5.4 实证结果分析

5.4.1 变量的描述性统计结果

各变量的描述性统计结果如表5-3所示。可以看出全要素生产率变动主要由技术进步推动，技术效率基本没有变化，未对全要素生产率产生影响。样本公司的资产负债率较高，平均数达到43.66%，而资产收益率较低，平均数为3.31%，亏损最严重的企业为 -53.3%。

表5-3   变量描述性统计

变量	Obs	Mean	Std. Dev.	Min	Max
TFPC	255	1.000 7	0.031 9	0.917 3	1.362 6
EC	255	1.000 0	0.008 4	0.952 3	1.025 2
TC	255	1.000 7	0.030 5	0.917 3	1.362 6
SIZE	306	22.035 9	1.331 9	19.571 8	26.138 8

续表

变量	Obs	Mean	Std. Dev.	Min	Max
RATI	306	0.436 6	0.171 7	0.070 4	0.927 4
CI	306	13.358 7	0.934 0	11.256 9	16.225 3
RE	306	0.033 1	0.059 2	-0.533 0	0.244 6
EA	306	0.137 3	0.344 7	0.000 0	1.000 0

注：因为 Malmquist 指数法计算的是跨期生产效率变动，所以会去除一个基期年份，最后生成的生产率数据只有 255 个，比企业规模等控制变量的数据要少 51 个。

5.4.2 反倾销发起对企业生产率影响的回归结果

如表 5-4 所示，reg1 为未加入控制变量的估计模型，reg2～reg6 为逐一加入各个控制变量企业规模（SIZE）、资产负债率（RATI）、资本密集度（CI）、资产收益率（RE）、企业属性（EA）的估计模型，表 5-5 和表 5-6 中的 reg1～reg6 估计模型与之类似。由于反倾销立案调查当年和第一年的时间虚拟变量的回归系数不显著，所以未在回归结果中予以列示。我们在 reg1 估计模型中，以反倾销立案调查后的第二年和第三年的时间虚拟变量作为解释变量，进行回归，之后在此估计模型的基础上依次加入其他控制变量，回归结果依次在 reg2～reg6 中列出。我们对每个回归结果都进行自相关检验与 Sargan 过度识别检验，用来检验回归方程是否存在自相关以及工具变量选取是否合理。综合分析表 5-4～表 5-6 中反倾销对全要素生产率、技术进步以及技术效率的影响结果可以发现：

表 5-4　　　　　反倾销对企业全要素生产率影响的回归结果（TFPC）

变量	reg1	reg2	reg3	reg4	reg5	reg6
L. TFPC	-0.082 5 ***	-0.116 ***	-0.112 ***	-0.099 1 ***	-0.107 ***	-0.090 2 ***
	(-7.00)	(-18.06)	(-19.21)	(-16.73)	(-18.48)	(-13.58)
T_2	-0.001 54	0.004 89 **	0.004 75 **	0.001 69	0.000 974	-0.001 95
	(-1.15)	(2.90)	(2.81)	(0.88)	(0.54)	(-1.00)
T_3	-0.008 38 ***	-0.001 09	-0.001 5	-0.002 05	-0.002 01	-0.004 04 *
	(-5.60)	(-0.66)	(-0.85)	(-1.25)	(-1.34)	(-2.50)

注：*、**、***分别代表对应系数在 10%、5% 和 1% 的水平上显著。L. TFPC 代表企业全要素生产率的一阶滞后项。

表 5-5　　　　　　　反倾销对企业技术进步影响的回归结果（TC）

变量	reg1	reg2	reg3	reg4	reg5	reg6
L. TC	$-0.081\ 6$ ***	-0.137 ***	-0.137 ***	-0.113 ***	-0.113 ***	-0.105 ***
	(-9.56)	(-30.89)	(-30.74)	(-22.10)	(-21.03)	(-20.40)
T_2	$-0.000\ 716$	$0.009\ 02$ ***	$0.007\ 27$ ***	$0.003\ 31$	$0.003\ 35$	$0.001\ 52$
	(-0.61)	(6.33)	(4.78)	(1.56)	(1.60)	(0.79)
T_3	$-0.004\ 30$ **	$-0.000\ 324$	$-0.000\ 254$	$-0.001\ 74$	$-0.001\ 66$	$-0.004\ 55$ ***
	(-3.09)	(-0.24)	(-0.18)	(-1.34)	(-1.30)	(-4.03)

注：*、**、***分别代表对应系数在 10%、5% 和 1% 的水平上显著。L. TC 代表企业技术进步的一阶滞后项。

表 5-6　　　　　　　反倾销对企业技术效率影响的回归结果（EC）

变量	reg1	reg2	reg3	reg4	reg5	reg6
L. EC	$-0.078\ 6$	-0.202 ***	-0.204 ***	-0.229 ***	-0.219 ***	-0.255 ***
	(-1.26)	(-5.97)	(-5.88)	(-6.03)	(-5.93)	(-6.09)
T_2	$0.001\ 86$ *	$0.000\ 272$	$0.000\ 248$	$0.000\ 76$	$-0.000\ 491$	$0.001\ 47$
	(2.02)	(0.33)	(0.30)	(0.86)	(-0.59)	(1.43)
T_3	$0.000\ 0843$	$-0.000\ 4$	$-0.000\ 288$	$-0.000\ 554$	$-0.001\ 33$ **	$-0.000\ 159$
	(0.09)	(-0.72)	(-0.51)	(-0.87)	(-2.92)	(-0.29)

注：*、**、***分别代表对应系数在 10%、5% 和 1% 的水平上显著。L. EC 代表企业技术效率的一阶滞后项。

①依据 Abond 检验分析随机扰动项的序列相关性，结果显示表 5-5 中 reg2 估计模型中，Sargan 检验的 P 值为 0.0284，小于 0.05，工具变量无效；其余估计模型中，AR（2）和 Sargan 检验的 P 值均高于 0.05，说明扰动项不呈现二阶序列相关，且工具变量有效。

②反倾销立案调查，在短期对企业生产率产生显著的正向激励作用，即美国对华反倾销促进国内上市公司生产率提高，具体从估计结果看，反倾销的生产率促进效应具有时滞，当年和一年后没有影响，但两年后的影响明显。这说明对华反倾销的负向影响大约在二年后显现出来，不但全要素生产率提升，技术进步和技术效率指数也提高。美国对华反倾销所带来的压力会促使企业"苦

练内功",提高员工素质、提升产品质量、改善经营管理,这些措施在短期内促进企业生产率的提高。

③反倾销立案调查从长期看对企业生产率产生显著的负向效应,即美国对华反倾销阻碍国内上市公司发展,使其生产率下降。从表5-4至表5-6的估计结果可以看出,反倾销立案调查三年后,存在显著的负向效应,企业全要素生产率、技术进步指数和技术效率指数均下降。这说明即便在短期内企业通过一些改进措施提升了全要素生产率,但长期持续反倾销制裁政策还是会对我国企业的技术进步和生产效率造成负面影响,因此单纯依靠企业自身力量难以克服反倾销造成的经营困境,需要政府、行业协会和企业协同应对,尤其是需要政府部门通过制定扶持政策,支持企业开展研发创新,推进转型升级。

综上所述,实证分析的结果验证了前面理论分析得出的假设。

5.4.3　控制变量回归结果分析

表5-7中TFPC,TC,EC三列分别代表被解释变量为企业全要素生产率、技术进步和技术效率这三个回归方程,根据表5-7的回归结果,可得出如下结论。

表5-7　　　　　　　　　完整方程(reg6)的回归结果

变量	TFPC	TC	EC
L. TFPC	-0.090 2 *** (-13.58)		
L. TC		-0.105 *** (-20.40)	
L. EC			-0.255 *** (-6.09)
T_2	-0.001 95 (-1.00)	0.001 52 (0.79)	0.001 47 (1.43)
T_3	-0.004 04 * (-2.50)	-0.004 55 *** (-4.03)	-0.000 159 (-0.29)
SIZE	0.004 93 * (2.36)	0.003 98 * (2.12)	0.006 01 ** (2.66)

续表

变量	TFPC	TC	EC
RATI	0.001 65	−0.042 7	0.021 9**
	(0.08)	(−1.92)	(3.17)
CI	−0.005 89	0.005 4	−0.010 3***
	(−1.78)	(1.29)	(−4.91)
RE	0.053 7***	−0.002 29	0.042 5***
	(5.05)	(−0.34)	(11.82)
EA	0.078 2**	0.157***	−0.020 3**
	(2.90)	(6.55)	(−2.62)
cons	1.053***	0.948***	1.252***
	(17.77)	(16.61)	(23.11)

注：*、**、***分别代表对应系数在10%、5%和1%的水平上显著。

①企业规模（SIZE）越大，企业生产率越高。如表5-7所示，被解释变量为全要素生产率、技术进步和技术效率的三个方程中，企业规模变量的估计系数均为正，且分别通过了10%、10%和5%水平上的显著性检验，表明生产率与企业规模之间呈正相关关系，企业规模越大，应对反倾销制裁的能力越强，在提升创新能力，改善经营管理方面做得更好，全要素生产率提升越明显。

②资产负债率（RATI）越高，企业的技术效率提升越快。三个回归方程中仅有技术效率（EC）回归方程，其资产负债率变量通过了显著性检验，系数为正，表明负债比重越高的企业，在反倾销制裁下，技术效率提升越明显。这类企业由于大量使用银行贷款等外部资金，经营压力大，因而更有动力改善经营管理状况，通过提升自身经营绩效来抵御外来冲击。

③资本密集度（CI）越高的企业，反倾销对其技术效率负向效应越强。三个回归方程中只有技术效率（EC）回归方程，其资本密集度变量通过了显著性检验，系数为负，说明人均固定资产占比越高的企业，技术效率提升越差，这印证了大型国有企业的运营效率较低的现状。

④被反倾销调查后，资产收益率（RE）高的企业更能提升全要素生产率和技术效率。在企业全要素生产率（TFPC）和技术效率（EC）回归方程中，资产收益率变量通过了显著性检验，系数为正，说明盈利能力强的企业，在被反

倾销后，更有能力加强研发投入，提高技术效率，改善全要素生产率。

⑤在反倾销的压力下，相比国有企业而言，民营企业技术效率提升更快，而国有企业技术进步优于民营企业。三个方程中，企业性质虚拟变量都通过了显著性检验，但系数方向不同。企业生产率（TFPC）和技术进步（TC）方程中回归系数为正，技术效率（EC）方程中回归系数为负，说明国有企业技术效率提升不如民营企业，但技术进步优于民营企业。其原因可能是国有企业更容易从银行获得贷款，在外贸环境恶化时，会考虑贷款购置先进设备，提高生产效率，而民营企业在面对反倾销压力时，更注重改善经营管理，优化生产流程，进而提升生产效率。

5.4.4 稳健性检验

①剔除异常样本点的检验。我们剔除生产率异常高或者异常低的企业，看对之前的结论是否产生影响。首先计算样本期间所有企业全要素生产率的均值，然后计算 10% 与 90% 分位数，最后剔除生产率低于 10% 与高于 90% 的企业。发现在剔除了异常样本点之后，反倾销发起对生产率的影响与我们之前的结论相同①。

②采用不同生产率计算方法的检验。我们采用 C－D 生产函数计算出全要素生产率，以代替 Malmquist 指数法计算的生产率，看是否影响之前的结论。回归结果显示，反倾销立案调查对全要素生产率的影响仍是第二年为正效应，第三年为负效应，只是影响程度略微偏大了一些。

5.5 结论与建议

5.5.1 主要结论

通过回归分析发现，在短期内，国外对华反倾销对技术进步指数和技术效率指数都产生正向影响，这可能是由于企业在遭到反倾销以后采取积极的应对措施，包括：改善经营管理，调整产品结构，转销国内市场，出口到别的国家，在国外设厂等，从而促使我国出口企业生产率的提升。但在长期来看，持续性

---

① 限于篇幅，我们省略列示稳健性检验的结果，备索。

的反倾销措施会给我国出口企业带来负面影响，阻碍了企业生产率的提高，并且在长期被征收反倾销税的背景下，企业逐渐丧失改变环境的信心和希望，继续改善经营管理的动力不足，最终导致全要素生产率的下滑。实证分析的结果与我们理论分析相符。

5.5.2 建议

第一，单靠企业自身难以应对国家层面发起的反倾销，需要政府、行业协会和企业协同应对。政府需营造有利于应对反倾销的宏观环境，基于合作共赢、利益共享的原则协调与主要贸易伙伴之间的关系；行业协会需整合产业资源，协调行业内外企业间的竞争行为，组织企业进行反倾销应诉工作；企业应与政府、行业协会相互配合，共同努力，争取有利的竞争地位。

第二，企业应从经营管理和研发投入两方面着手，提高生产效率。企业生产率可分解为技术效率和技术进步，改善经营管理可提升技术效率，加强研发投入能提高技术进步水平。企业既应改善经营管理，也需加大研发投入，从而提高公司生产效率，制造具有核心竞争力的产品，优化出口结构，走内涵式增长道路，在激烈的国际竞争中谋求生存和发展。

6　中美贸易摩擦下异质性企业创新行为的演化博弈研究

为遏制中国发展，美国除使用反倾销阻止中国特定目标产品出口之外，还采取了反补贴等贸易保护措施，尤其是特朗普政府，直接对中国产品加征关税，以全面阻碍中国对美产品出口。那么，此种行为会对中国企业创新活动，以及企业生产率产生何种影响。下面，本章运用演化博弈分析美对华加征关税下企业的创新行为抉择。

6.1　引言

为对中国实施战略遏制，引导制造业回流本国，美国政府于2018年对中国发起贸易战，并于2019年5月将中国出口美国的2 000亿美元商品加征关税25%。关税加征给中国企业带来沉重压力的同时，也在倒逼中国企业进行技术创新。

创新是企业实现可持续发展的重要因素，是提高企业核心竞争力的有效途径，是企业生存发展的关键所在。研究美国对华加征关税下企业选择技术创新的内在机理，对于制定有效的贸易应对策略，促进企业自主创新，具有重要的现实意义。

根据新新贸易理论，只有较高生产率的企业能够得到足够利润，用来负担出口所需要的高额固定成本。而加征关税提高了产品出口所需的成本，企业需要通过研发创新，提高生产率，产生更多的利润，才能消化关税加征带来的成本增加。在对美国出口的企业中，有高生产率企业和低生产率企业两种类型，不同类型的企业由于研发创新的成本投入和收益获取的差异，导致其在面临关税加征时，会采取不同的研发创新策略。高生产率企业相对于低生产率企业而

101

言，能更有效地对员工开展协调、组织、激励、考核，从而能以更低的研发创新成本，获得更高的研发创新收益。在加征关税的压力下，高生产率企业更倾向于投入研发创新，提高生产率，提升核心竞争力，产生更多利润，以跨越关税壁垒。

迪菲和拉娅（Difei and Raja，2021）总结得出贸易主要通过市场扩大，市场竞争和外部采购这三种途径影响企业创新。据此，我们构建演化博弈模型，分析企业在加征关税下的创新行为抉择，研究发现，加征关税主要从三个方面影响企业创新行为。第一，关税加征提高了进入出口市场的固定成本，低生产率企业会选择退出出口市场，而高生产率企业则可获得退出企业的市场份额，扩大销量，摊薄研发创新成本，从而促进其开展研发创新；第二，由于关税壁垒提高美国市场的进入成本，加剧出口国企业之间的市场竞争，该情况对企业创新有促进和阻碍双重作用。一方面市场竞争加剧会倒逼企业加强研发创新，提升自身竞争力；另一方面市场竞争会降低企业收益，削弱研发创新的投入能力，阻碍其开展研发创新。企业最终是否投入研发创新，取决于其对研发成本和收益的衡量，当研发创新产生的收益大于成本时，企业将开展研发创新，否则会放弃研发创新。第三，美国对华加征关税，并禁止高科技产品对华出口，使中国企业通过外部采购获取先进技术难度加大，提高了研发创新成本，阻碍企业开展研发创新。因此，企业是否选择研发创新，是基于自身利益权衡的理性抉择，而加征关税在某种程度上促进了企业间的优胜劣汰，最终会提升仍留在出口市场上企业的生产率，本研究是对新新贸易理论的拓展。

现有关于关税对国内企业创新行为影响的研究，主要分为两类：一类分析国内产品出口被加征关税时，对国内企业创新的影响；另一类分析国外产品进口关税的变化，对国内企业创新的影响。关于产品出口被加征关税对创新的影响，主要有两种观点。第一种观点认为出口关税提高抑制企业创新行为。徐保昌等（2018）认为出口关税对企业创新投入和创新绩效的影响具有企业规模异质性，相较规模较大企业，出口关税更倾向于抑制规模较小企业创新投入的增加和创新绩效的提升。李平等（2014）认为关税壁垒对企业创新具有负向作用，而非关税壁垒则形成倒逼机制。他们的研究均基于实证分析，本书运用演化博弈，推导美国加征关税对企业创新行为的影响，是方法运用上的创新尝试。第二种观点认为加征关税有助于企业加强创新研发。持有该观点的学者认为虽然贸易壁垒在短期内限制贸易，但从长期来看，会对出口国企业产生倒逼机制，从而促使其提高技术水平和产品质量（Allen and Sriram，2000）。

关于国外产品进口关税变化对创新的影响主要从两个方面展开研究。第一个方面从进口关税减少来展开分析，主要有两种观点。第一种观点认为进口关税降低促进企业创新，韩先锋等（2015）认为关税减让水平只有小于一定的门槛值时，才会促进两阶段创新效率的提高。部分学者从关税降低激发国内市场竞争，进而促进国内企业创新这一路径展开研究（Marcia Millon Cornett et al.，2019；Hyun Joong Im et al.，2015；简泽，2017）。第二种观点认为进口关税降低阻碍企业创新（Pavlo Buryi et al.，2019；Qing Liu et al.，2016），林薛栋等（2017）研究得出最终品进口自由化对企业创新有抑制作用。第二个方面的研究从进口关税增加展开分析，拉贾特·阿查亚等（Rajat Acharyya et al.，2012）认为进口关税增加对于低质量产品生产企业的创新活动具有促进作用。

张杰等（2017）研究发现与发达国家开展的进出口贸易均对中国本土企业的创新活动造成了显著的抑制效应，这种抑制效应在民营企业进出口行为中表现得更为突出。上述发现在一定程度上验证了中国本土企业所遭受的全球价值链俘获效应假说。科斯塔斯·阿克洛基斯等（Costas Arkolakis et al.，2019）的研究支持这一观点。因此，亟须推动企业自主创新，分析企业创新选择的内在规律，设计有效的引导和扶持政策机制。

已有的研究大多是从实证分析的角度来考察关税对创新的影响，而演化博弈适用于分析重复博弈下的企业行为选择（殷辉，2014；商淑秀等，2015；许民利等，2018；Xuesong Liu，2019；姚明月和胡麦秀，2016），由于企业存在信息不对称，决策非理性等限制，其决策行为是根据客观环境和经营结果不断调整的，为客观反映企业的真实决策过程，我们运用演化博弈来分析关税加征下出口企业的创新行为。

本章的主要贡献：①丰富了出口关税影响中国企业创新行为的研究。已有研究多是通过实证分析进口关税对国内竞争和企业创新的影响。但构建数理模型，分析出口关税提高对国内企业创新行为影响的相关文献十分缺乏，本章运用演化博弈，研究美国加征关税对中国企业创新行为的影响，为应对美国政府的关税施压，提供了企业微观层面的决策依据。②分析确定了影响企业创新选择的关税"阈值"。本章分析得出当关税低于企业的单位产品边际贡献与创新收益之和时，两类企业都会选择创新，而当关税大于企业实施创新后的单位产品边际贡献与创新收益之和时，两类企业都不选择创新，有助于制定精准的企业扶持方案。③明确了异质性企业研发投入策略选择的内在机理。指出由于可夺取退出企业的市场份额，获得规模效益，研发能力强的企业，其创新的概率随着关税增加呈现先减少，在达到极小值后再上升的变化规律，其收益也会随着研发投入增加呈现先减少，达到极小值后再增加的变化。因此，企业选择研发创新的概率与自身的创新成本成反比，与竞争企业的创新成本成正比。当研发创新成本一旦超过创新所带来的成本节约和能获得的竞争企业市场份额收益之和，企业将放弃创新，适度创新才是合理的选择。这为我们确定有意愿创新的企业，提升创新支持成效提供了新思路。

本章剩余部分安排如下：第二部分提出研究假设，构建博弈模型；第三部分分析企业创新的决策过程和关税、创新成本等因素的作用机制；第四部分进行演化仿真分析；最后提出本书主要结论和政策启示。

6.2 基本假设和企业创新演化博弈模型构建

6.2.1 基本假设

假设有两家国内企业 1 和企业 2，他们在差异化的细分市场上进行垄断竞争，都向美国出口产品 A，美国对该产品征收关税 T，两家企业在美国的市场份额，自身资金储备，研发能力，生产技术，成本控制等方面存在差异，所以在关税提高时，企业会基于自身情况，做出是否投入资源开展研发创新的决策。

假设 1. 企业 1 在市场开拓、制造工艺、成本控制等方面具有优势，其为较高生产率企业，在美国市场的销量为 α，企业 2 为较低生产率企业，在美国市场的销量为 β，企业 1 的市场占有率大于企业 2，即 $\alpha > \beta$。美国市场需求量 $Q = \alpha + \beta$，假定市场销量是价格的线性需求函数，即 $Q = a - bp$，p 指产品 A 在美国市场的售价。

假设 2. 在美国加征关税时，如果企业选择不进行研发创新，企业 1 的产品单位生产成本为 c_1，单位产品利润为 $\pi_1 = p - T - c_1$，企业 2 的产品单位生产成本为 c_2，单位产品利润为 $\pi_2 = p - T - c_2$。企业 1 相对企业 2 具有成本优势，即 $c_1 < c_2$，$\pi_1 > \pi_2$。

假设 3. 由于产品售价取决于美国市场需求，而美国市场需求又受美国消费者的收入水平约束，相对于中国企业而言，其可视为外生给定变量，所以企业

只能接受市场价格 p ，即企业为应对关税增加，需通过研发投入、流程重组，资源配置优化，以更低的成本制造性能更优的产品，从而实现价格不变，性能更强，以消化关税增加带来的成本上升[①]。

假设4. 企业1投入资源，开展研发创新之后，其产品单位生产成本降低为 $\bar{c}_1$[②]，单位产品利润为 $\bar{\pi}_1 = p - T - \bar{c}_1$，企业2进行研发创新之后，其产品单位生产成本降低为 $\bar{c}_2$，单位产品利润为 $\bar{\pi}_2 = p - T - \bar{c}_2$。由于企业1的产品制造工艺、公司组织运营，以及成本管控能力相比企业2具有优势，其实施研发创新后产品的制造成本低于企业2，即 $\bar{c}_1 < \bar{c}_2$。

假设5. 企业的创新投入主要包括：①研发投入，对关键基础技术投入资金和人员开展研发，形成专利、研发成果等；②管理投入，重新组织调整资源，优化工作流程，实现减员增效，成本节约。创新投入会增加成本，由于企业研发能力不同，企业1的创新活动需增加成本为 c_1^{Δ}，企业2创新活动需增加成本为 c_2^{Δ}。企业1具有竞争优势，创新投入转化效率高，即 $c_1^{\Delta} < c_2^{\Delta}$[③]。

研发创新投入的成本由知识价格和知识投入决定，即 $c_1^{\Delta} = v_1 k_1$，$c_2^{\Delta} = v_2 k_2$。其中 v_i 为研发创新所需知识的价格，k_i 为研发创新所需的知识投入量，$i \in [1, 2]$，分别代表企业1和企业2。知识的价格等于研发投入的边际成本 $v_i [w, \vec{a}, n]$，其中 w 指研发人员工资，$\vec{a}$ 指研发中各投入要素的参数，n 指研发产生的新技术的数量。k_x 指企业为降低产品单位生产成本，克服关税壁垒，在美国销售产品所需的研发创新知识投入边界值，企业的研发知识投入需大于 k_x，才能消化关税成本，在美国市场继续销售产品。

假设6. 如果一家企业实施创新，改进产品，降低成本，而另一家企业不创新，那么实施创新的企业能够夺取不创新企业的市场份额为 θ。

---

① 企业技术创新是企业家对生产要素、生产条件、生产组织进行重新组合，以建立效能更好、效率更高的新生产体系，获得更大利润的过程。熊彼特将创新分为过程创新和产品创新，过程创新指生产工艺获得改进，当新的技术、设备与管理模式引入到产品生产中，会降低生产成本，产生规模经济效应，提高劳动生产率，最终促进出口产品质量的提高；产品创新是指新产品的发明，在新产品发明并投入生产后，由于其生产、出口的垄断特性，新产品本身的专业化程度得到提高，从而促进出口产品质量的提升。产品创新对原创性研发能力要求较高，而我国在原创性研发所需的工业基础上较为薄弱，因此过程创新是我国企业面对美国加征关税的现实选择，所以本书主要考察企业通过过程创新降低成本，消化关税成本。

② 企业包括研发、生产两个部门，在研发部门投入成本，开展研发创新可以降低生产部门的单位产品生产成本。

③ 企业1能更有效地激励、管理科研人员开展研发工作，从而提高单位研发投入的产出，即开发同等水平技术，需投入研发的设备、人工、材料等资源更少。

6.2.2　企业创新演化博弈模型构建

根据以上假设建立企业 1 和企业 2 的博弈支付矩阵，如表 6 - 1 所示。

表 6 - 1　　　　企业 1 和企业 2 创新行为选择的演化博弈支付矩阵

项目		出口企业 2	
		创新	不创新
出口企业 1	创新	$\overline{\pi}_1\alpha - c_1^{\Delta}$, $\overline{\pi}_2\beta - c_2^{\Delta}$	$\overline{\pi}_1(\alpha + \beta\theta) - c_1^{\Delta}$, $\pi_2(1 - \theta)\beta$
	不创新	$\pi_1(1 - \theta)\alpha$, $\overline{\pi}_2(\beta + \alpha\theta) - c_2^{\Delta}$	$\pi_1\alpha$, $\pi_2\beta$

企业是否选择投入创新活动，取决于其在博弈支付矩阵中选择不同策略的相对净支付。当出口企业 1 选择创新时，出口企业 2 选择创新的相对净支付为 $\overline{\pi}_2\beta - c_2^{\Delta} - \pi_2(1 - \theta)\beta$，以 M_1 表示。当出口企业 1 选择不创新时，出口企业 2 选择创新的相对净支付为 $\overline{\pi}_2(\beta + \alpha\theta) - c_2^{\Delta} - \pi_2\beta$，以 M_2 表示。当出口企业 2 选择创新时，出口企业 1 选择创新的相对净支付为 $\overline{\pi}_1\alpha - c_1^{\Delta} - \pi_1(1 - \theta)\alpha$，以 M_3 表示，当出口企业 2 选择不创新时，出口企业 1 选择创新的相对净支付为 $\overline{\pi}_1(\alpha + \beta\theta) - c_1^{\Delta} - \pi_1\alpha$，以 M_4 表示。

由于企业是有限理性，无法一次性选中最优策略，企业会通过重复博弈，分析在给定竞争对手策略选择下，自身的相对占优策略，不断调整优化，实现效益最大化。因此，我们运用演化博弈分析其在重复博弈中学习的速度和方向，进而推导其进化稳定策略。假设企业 1 选择创新的概率为 x，不创新的概率为 $1 - x$，企业 2 选择创新的概率为 y，不创新的概率为 $1 - y$。推导得出演化博弈的复制动态方程，即：

$$\begin{cases} \dfrac{dx}{dt} = x(1 - x)\left[\overline{\pi}_1(\alpha + \beta\theta) - c_1^{\Delta} - \pi_1\alpha - (\overline{\pi}_1\beta\theta - \pi_1\alpha\theta)y\right] \\ \dfrac{dy}{dt} = y(1 - y)\left[\overline{\pi}_2(\beta + \alpha\theta) - c_2^{\Delta} - \pi_2\beta - (\overline{\pi}_2\alpha\theta - \pi_2\beta\theta)x\right] \end{cases} \quad (6-1)$$

在复制动态公式（6 - 1）中，令 $\dfrac{dx}{dt} = 0$，$\dfrac{dy}{dt} = 0$，求解得出五个均衡点，分别为

$A(1,0)$，$B(1,1)$，$C(0,1)$，$D(0,0)$，$E(x_E, y_E)$。其中，$x_E = \dfrac{\overline{\pi}_2(\beta + \alpha\theta) - c_2^{\Delta} - \pi_2\beta}{\overline{\pi}_2\alpha\theta - \pi_2\beta\theta}$，

$y_E = \dfrac{\overline{\pi}_1(\alpha+\beta\theta)-c_1^\Delta-\pi_1\alpha}{\overline{\pi}_1\beta\theta-\pi_1\alpha\theta}$。将复制动态系统均衡点代入复制动态方程的 Jacob

矩阵 J 的迹和行列式，整理得到表 $6-2$。根据 Jacob 矩阵的性质，当 $trJ<0$，且 $\det J>0$，均衡点为决策双方的演化稳定策略。

表 6 – 2　　　　　　　　复制动态系统均衡点对应的迹和行列式的表达式

均衡点		迹和行列式的表达式
$(0,0)$	trJ	$\overline{\pi}_1(\alpha+\beta\theta)-c_1^\Delta-\pi_1\alpha+\overline{\pi}_2(\beta+\alpha\theta)-c_2^\Delta-\pi_2\beta$
	$\det J$	$[\overline{\pi}_1(\alpha+\beta\theta)-c_1^\Delta-\pi_1\alpha][\overline{\pi}_2(\beta+\alpha\theta)-c_2^\Delta-\pi_2\beta]$
$(0,1)$	trJ	$\overline{\pi}_1\alpha-c_1^\Delta-\pi_1(1-\theta)\alpha-[\overline{\pi}_2(\beta+\alpha\theta)-c_2^\Delta-\pi_2\beta]$
	$\det J$	$-[\overline{\pi}_1\alpha-c_1^\Delta-\pi_1(1-\theta)\alpha][\overline{\pi}_2(\beta+\alpha\theta)-c_2^\Delta-\pi_2\beta]$
$(1,0)$	trJ	$-[\overline{\pi}_1(\alpha+\beta\theta)-c_1^\Delta-\pi_1\alpha]+[\overline{\pi}_2\beta-c_2^\Delta-\pi_2(1-\theta)\beta]$
	$\det J$	$-[\overline{\pi}_1(\alpha+\beta\theta-c_1^\Delta-\pi_1\alpha][\overline{\pi}_2\beta-c_2^\Delta-\pi_2(1-\theta)\beta]$
$(1,1)$	trJ	$-[\overline{\pi}_1\alpha-c_1^\Delta-\pi_1(1-\theta)\alpha]-[\overline{\pi}_2\beta-c_2^\Delta-\pi_2(1-\theta)\beta]$
	$\det J$	$[\overline{\pi}_1\alpha-c_1^\Delta-\pi_1(1-\theta)\alpha][\overline{\pi}_2\beta-c_2^\Delta-\pi_2(1-\theta)\beta]$
(x_E,y_E)	trJ	0
	$\det J$	H

注: $H=\dfrac{(c_1^\Delta+\alpha\pi_1-\alpha\overline{\pi}_1-\alpha\theta\pi_1)(c_1^\Delta+\alpha\pi_1-\alpha\overline{\pi}_1-\beta\theta\overline{\pi}_1)(c_2^\Delta+\beta\pi_2-\beta\overline{\pi}_2-\beta\theta\pi_2)(c_2^\Delta+\beta\pi_2-\beta\overline{\pi}_2-\beta\theta\pi_2)}{\theta^2(\alpha\pi_1-\beta\overline{\pi}_1)(\alpha\overline{\pi}_2-\beta\pi_2)}$。

6.3　创新的演化稳定策略和关税等因素的作用机理分析

6.3.1　创新的演化稳定策略

给定对方企业的策略选择，企业 1 和企业 2 选择创新策略的相对净支付有正和负两种可能性，根据前面分析，有 M_1，M_2，M_3，M_4 四项相对净支付，按照每项相对净支付有正负两种可能性，可以形成 16 种组合。由于当某一企业选择创新，如果另一个企业不创新时，它可以夺取另一个企业 θ 市场份额，但如果另一个企业也选择创新，它将无法夺取对方企业市场份额。因此，当企业选择创新，它更希望另一个企业选择不创新，此时它的相对净支付更高，即 $M_2 > M_1$，$M_3 > M_4$。据此，可去除 7 种不符合理性约束的组合。由于企业 1 创新投入的转换效率高，即 $c_1^\Delta < c_2^\Delta$，可进一步去除不满足此条件约束的 3 项组合。最终，得到 6 种组合，与这些组合对应的 6 种情形，其演化博弈均衡点的局部稳定性如表 6-3 所示。下面针对这 6 种情形下的演化博弈稳定策略及决策过程进行分析。

表 6-3　　　　　　　　不同情形下演化博弈均衡点的局部稳定性

均衡点		(0,0)	(0,1)	(1,0)	(1,1)	(x_E, y_E)
情形 1 $M_1>0$，$M_2>0$， $M_3>0$，$M_4>0$	trJ	+	不确定	不确定	−	0
	detJ	+	−	−	+	−
	稳定性	不稳定	鞍点	鞍点	ESS	鞍点
情形 2 $M_1<0$，$M_2>0$， $M_3>0$，$M_4>0$	trJ	+	不确定	−	不确定	0
	detJ	+	−	+	−	+
	稳定性	不稳定	鞍点	ESS	鞍点	鞍点
情形 3 $M_1<0$，$M_2<0$， $M_3>0$，$M_4>0$	trJ	不确定	+	−	不确定	0
	detJ	+	+	+	−	−
	稳定性	鞍点	不稳定	ESS	鞍点	鞍点
情形 4 $M_1<0$，$M_2>0$， $M_3<0$，$M_4>0$	trJ	+	−	−	+	0
	detJ	+	+	+	+	−
	稳定性	不稳定	ESS	ESS	不稳定	鞍点
情形 5 $M_1<0$，$M_2<0$， $M_3<0$，$M_4>0$	trJ	不确定	不确定	−	+	0
	detJ	−	−	+	+	+
	稳定性	鞍点	鞍点	ESS	不稳定	鞍点
情形 6 $M_1<0$，$M_2<0$， $M_3<0$，$M_4<0$	trJ	−	不确定	不确定	+	0
	detJ	+	−	−	+	−
	稳定性	ESS	鞍点	鞍点	不稳定	鞍点

表6-3所示的六种情形，决策双方的演化博弈复制动态关系可分别用图6-1所示的六种相位图表示。

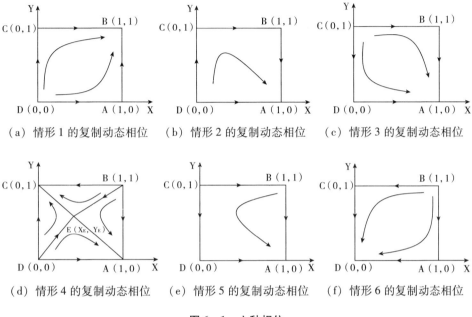

（a）情形1的复制动态相位　（b）情形2的复制动态相位　（c）情形3的复制动态相位

（d）情形4的复制动态相位　（e）情形5的复制动态相位　（f）情形6的复制动态相位

图6-1　六种相位

如图6-1所示，决策双方的演化稳定策略可分为四种类型。第一种类型，演化稳定策略为$B(1,1)$点，即长期演化的结果为企业1和企业2都创新，为图6-1（a）的情形；第二种类型，演化稳定策略为$A(1,0)$点，即长期演化的结果为企业1创新，企业2不创新，为图6-1（b）、图6-1（c）、图6-1（e）所示的情形；第三种类型，演化稳定策略为$A(1,0)$点和$C(0,1)$点，即长期演化的结果为企业1创新，企业2不创新，或企业2创新，企业1不创新，为图6-1（d）所示的情形；第四种类型，演化稳定策略为$D(0,0)$点，即长期演化的结果为企业1和企业2都不创新，为图6-1（f）所示的情形。

6.3.2　关税等因素的作用机理分析

根据企业创新策略选择演化博弈的复制动态相位分析，系统演化的长期博弈均衡可能是A点、B点、C点、D点中的某一点。最终的均衡点取决于关税T，企业1和企业2的产品销量α和β，所能获取的对方企业市场份额θ，以及企业 1 和企业 2 的创新投入成本 c_1^Δ 和 c_2^Δ 等因素。下面，分别按照：两个企业都创新；两个企业一个选择创新，另一个不创新；两个企业都不创新这三种情况，分析各因素变化对企业创新策略选择的影响。

情况 1：长期博弈均衡点为 B 点，即两个企业都选择创新，有 $M_1 > 0$，且 $M_3 > 0$。该情况的复制动态相位图如图 6-1（a）所示，首先我们分析创新投入的影响，假定其他因素不变，对 $M_1 > 0$，$M_3 > 0$ 化简可得：

$$\begin{cases} c_1^\Delta < (c_1 - \bar{c}_1)\alpha + \pi_1\alpha\theta \\ c_2^\Delta < (c_2 - \bar{c}_2)\beta + \pi_2\beta\theta \end{cases} \quad (6-2)$$

根据公式（6-2）可知，当企业 2 创新时，如果企业 1 的研发创新成本较少，低于创新所带来的成本节约 $(c_1 - \bar{c}_1)\alpha$ 和不创新时的收益 $\pi_1\alpha$ 乘以 θ 之和，企业 1 将选择研发创新，同理，当企业 1 创新时，如果企业 2 的研发创新成本较少，低于其创新所带来的成本节约 $(c_2 - \bar{c}_2)\beta$ 和不创新时的收益 $\pi_2\beta$ 乘以 θ 之和，企业 2 也将选择创新。此时的稳定策略是两家企业都创新。

接着我们分析关税对创新演化的影响，假定除关税之外的其他因素不变，对公式（6-2）化简可得

$$T < p - c_2 + (c_2 - \bar{c}_2 - \frac{c_2^\Delta}{\beta}) \frac{1}{\theta} \quad (6-3)$$

公式中右边第一个式子 $p - c_2$ 代表企业 2 出口产品的单价减去单位制造成本，即单位产品的边际贡献，而第二个式子 $(c_2 - \bar{c}_2 - \frac{c_2^\Delta}{\beta}) \frac{1}{\theta}$ 代表企业 2 创新后单位制造成本节约额减去单位产品分摊的创新投入成本之后的余额，再除以 θ，反映创新对企业收益的影响，我们设其为单位产品的创新收益。由于企业 2 的综合盈利能力低于企业 1，因此，当关税低于企业 2 的单位产品边际贡献与单位产品创新收益之和时，企业 1 和企业 2 都会选择创新。

情况 2：长期博弈均衡点为 A 点或 C 点，即两个企业的策略选择为（创新，不创新），或（不创新，创新）。该情况的复制动态相位图如图 6-1（b）至图 6-1（e）所示，鉴于图 6-1（b）、图 6-1（c）、图 6-1（e）中的情形可以视为图 6-1（d）所示的情形 4 的演化扩展，下面我们针对图 6-1（d）中的情形展开研究。如图 6-1（d）所示，存在两个均衡点：A（1，0）和 C（0，1），为分析得出企业创新行为选择的规律，我们聚焦研究企业 1 创新，企业 2 不创新的均衡状态的形成受哪些因素影响。

从图 6 – 1 （d） 可以看出，当四边形 ABED 的面积越大，博弈双方初始状态落在此区域的概率越大，进而向点 A （1, 0） 收敛，即最终稳定策略为企业 1 创新，企业 2 不创新的概率越大。通过分析关税 T 和创新成本 c^Δ 变化对四边形面积 S_{ABED} 的影响，可得出博弈模型中影响企业创新的因素。经计算可得：

$$S_{ABED} = \frac{1}{2} - \frac{\overline{\pi}_2(\beta + \alpha\theta) - c_2^\Delta - \pi_2\beta}{2\theta(\overline{\pi}_2\alpha - \pi_2\beta)} + \frac{\overline{\pi}_1(\alpha + \beta\theta) - c_1^\Delta - \pi_1\alpha}{2\theta(\overline{\pi}_1\beta - \pi_1\alpha)} \quad (6-4)$$

命题 6 – 1：当情形 4 条件成立时，即 $M_1 < 0$，$M_2 > 0$，$M_3 < 0$，$M_4 > 0$ 时，企业 1 选择创新的概率随着关税的增加，呈现先减少，在达到最小值后再增加的变化。而当关税超过企业可承受范围时，企业 1 会放弃创新。

具体证明见附录 A。

企业 1 在关税增加时会降低创新的意愿，但因为通过研发创新使制造成本下降，并可获取退出企业 2 的市场份额，这又会使其创新的意愿提升，所以企业 1 创新的概率会有一个先降低，达到最小值之后，再提升的过程。可见，企业 1 在关税壁垒下愿意投入研发创新的重要原因在于，可以获得企业 2 退出后的市场份额。下面进一步分析可获取退出企业市场份额比例 θ 的变化对企业 1 创新概率的影响。

设 $f(T) = \dfrac{\partial S_{ABED}}{\partial T}$，对其按 θ 求导，可得：

$$\frac{\partial f(T)}{\partial \theta} = -\frac{1}{2\theta^2}\left\{ \frac{(\alpha - \beta)[c_2^\Delta - \beta(c_2 - \overline{c}_2)]}{[(p - T - \overline{c}_2)\alpha - (p - T - c_2)\beta]^2} \right.$$
$$\left. + \frac{(\alpha - \beta)[c_1^\Delta - \alpha(c_1 - \overline{c}_1)]}{[(p - T - \overline{c}_1)\beta - (p - T - c_1)\alpha]^2} \right\} \quad (6-5)$$

根据 $M_1 < 0$，变换可得 $\beta(c_2 - \overline{c}_2) - c_2^\Delta + (p - T - c_2)\theta\beta < 0$，可推导得出：

$$c_2^\Delta - \beta(c_2 - \overline{c}_2) > 0 \quad (6-6)$$

同理，根据 $M_3 < 0$，推导得出：

$$c_1^\Delta - \alpha(c_1 - \overline{c}_1) > 0 \quad (6-7)$$

结合公式 （6 – 6） 和公式 （6 – 7），可知 $\dfrac{\partial f(T)}{\partial \theta} < 0$，即随着 θ 增加，$f(T)$ 会先增加，在达到极大值之后，再逐渐减少。说明随着可获取的市场份额比例增大，企业 1 创新的意愿会增强，但当 θ 值超过临界点时，企业需要付出过高的研发成本来获取新增的市场份额，企业 1 创新的意愿将下降。

命题 6 – 2：当企业 1 研发创新成本越低，企业 2 研发创新成本越高，博弈的稳定策略是（企业 1 创新，企业 2 不创新）的概率越大。

具体证明见附录 B。

企业的研发成本 $v_i k_i$ 是投入的知识价格和知识数量的乘积，而知识价格 $v_i[w, \vec{a}, n]$ 取决于研发人员工资 w，研发中各投入要素的参数 $\vec{a}$，以及研发产生的新技术的数量 n。下面分析美国对华加征关税下这些因素对知识价格的影响。在美国对华加征关税环境下，由于存在关税壁垒，贸易成本提高，物资流动阻力增大，人员流动减缓，进而导致研发人员工资上涨，从而使知识价格上升；研发中各投入要素的参数主要受社会知识结构影响，美国相对中国而言，现阶段技术水平更先进，研发能力更强，社会知识结构处于一个更高的水平，关税壁垒阻碍中国向美国获取先进技术知识，迟滞中国企业研发投入要素的参数结构向更高水平攀升，致使知识价格维持在较高的水平；由于知识具有相互激发的作用，研发中产生的新技术数量越多，越有利于企业研发出更先进的产品，而关税壁垒不利于企业间知识的传播交流，研发中产生的新技术数量少，产品研发进度慢，致使知识价格上升。

综上所述，加征关税会导致知识价格上升，对于企业 1 而言，其创新成本上升，选择不创新的概率增大，但由于可以获得企业 2 退出后的市场份额，其仍有动力继续投入研发创新。尤其是当企业 2 自身的创新研发能力较弱，$vk_2 > vk_1$，即企业 1 和企业 2 都面临知识价格上升时，但企业 2 需付出更高的研发投入，当该投入超出企业 2 的承受范围，企业 2 只能退出美国市场。这促使企业 1 持续开展研发投入，以获得企业 2 退出后的市场份额。

进一步分析研发创新成本增加对企业收益的影响可得推论 6 - 1。

推论 6 - 1：当情形 4 条件成立时，企业 1 的收益随着研发投入的增加会先出现减少，然后增加的变化，企业 1 的收益存在极小值。

具体证明见附录 C。

因此，企业 1 开展研发创新的意愿随着研发投入的增加呈现先降低，再提升的变化，其根本原因在于企业的收益随着研发投入的增加也具有该变化趋势。

情况 3：长期博弈均衡点为 D 点，即两个企业都选择不创新，有 $M_2 < 0$，且 $M_4 < 0$。该情况的复制动态相位图如图 6 - 1（f）所示，假定其他因素不变，分析创新投入对创新行为演化的影响，对 $M_2 < 0, M_4 < 0$ 化简可得：

$$\begin{cases} c_1^\Delta > (c_1 - \bar{c}_1)\alpha + \bar{\pi}_1 \beta\theta \\ c_2^\Delta > (c_2 - \bar{c}_2)\beta + \bar{\pi}_2 \alpha\theta \end{cases} \quad (6-8)$$

根据公式（6-8）可知，当企业2不创新时，如果企业1投入研发创新的成本过高，超过创新所带来的成本节约和能获得的企业2的市场份额的收益之和，那么企业1将放弃研发创新，同理，当企业1不创新时，企业2如果研发创新的成本也超过创新能带来的成本节约与赢取企业1市场份额收益之和，企业2也会放弃创新。此时的稳定策略是两家企业都不创新。

下面我们分析关税对创新演化的影响，假定除关税之外的其他因素不变，对公式（6-8）化简可得

$$T > p - \bar{c}_1 + \frac{(c_1 - \bar{c}_1)\alpha - c_1^\Delta}{\beta\theta} \qquad (6-9)$$

其中，公式（6-9）右边第一个式子 $p - \bar{c}_1$ 表示企业1创新后的单位产品边际贡献，第二个式子 $\dfrac{(c_1 - \bar{c}_1)\alpha - c_1^\Delta}{\beta\theta}$ 表示创新对企业收益的影响。由于企业1的综合创新收益高于企业2，所以当关税大于企业1创新后的单位产品边际贡献与创新收益之和时，企业1和企业2都不创新。

6.4 演化仿真分析

6.4.1 创新决策的四种演化类型仿真

我们运用 MATLAB2017b 对图6-1（a）至图6-1（f）的四种演化类型进行仿真。x 和 y 代表企业1和企业2选择创新的概率，取值范围为 [0, 1]，间隔设置为0.1，综合考虑实际市场环境和企业的特征属性，设 $p = 10$，$c_1 = 5.1$，$\bar{c}_1 = 4$，$c_1^\Delta = 13\,500$，$c_2 = 5.5$，$\bar{c}_2 = 4.3$，$c_2^\Delta = 14\,000$，$\alpha = 8\,500$，$\beta = 8\,000$，$\theta = 0.3$。分别设关税 T 的从价税率为24%，31%，36%，45%，对应的关税值分别为2.4，3.1，3.6，4.5，得到分别符合四种演化类型的相对净支付值。具体如表6-4所示。

表6-4　　　　　不同关税下企业创新策略的相对净支付及对应演化类型

T	M_1	M_2	M_3	M_4	对应的具体类型	演化图形
2.4	640	4 015	2 225	4 490	类型1：$M_1 > 0, M_2 > 0, M_3 > 0, M_4 > 0$	图6-2（a）
3.1	-1 040	2 230	440	2 810	类型2：$M_1 < 0, M_2 > 0, M_3 > 0, M_4 > 0$	图6-2（b）
3.6	-2 240	955	-835	1 610	类型3：$M_1 < 0, M_2 > 0, M_3 < 0, M_4 > 0$	图6-2（c）
4.5	-4 400	-1 340	-3 130	-550	类型4：$M_1 < 0, M_2 < 0, M_3 < 0, M_4 < 0$	图6-2（d）

当关税为24%时，企业选择创新的相对净支付均为正，符合第一种类型，企业1和企业2的策略选择最终稳定在点 B（创新，创新），如图6-2（a）所示；当关税提高到31%时，选择创新策略的相对净支付 $M_1 < 0$，而 M_2，M_3，M_4 均大于零，符合第二种类型，企业1和企业2的策略选择稳定在点 A（创新，不创新），如图6-2（b）所示；当关税增加到36%时，选择创新策略的相对净支付 $M_1 < 0$，$M_3 < 0$，且 $M_2 > 0$，$M_4 > 0$，符合第三种类型，企业1和企业2的策略选择有两个稳定点，为点 A（创新，不创新），或点 C（不创新，创新），如图6-2（c）所示；当关税达到45%时，选择创新的相对净支付均为负，企业1和企业2都不会选择创新，稳定点为 D（不创新，不创新），如图6-2（d）所示。显然，关税增加对企业的创新行为产生较大的负面影响。

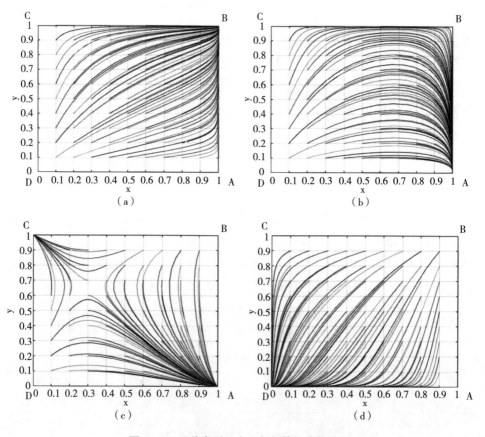

图6-2 四种类型下企业创新策略演化路径

6.4.2　关税、创新投入成本对企业创新决策的作用仿真

（1）关税对企业创新决策的作用仿真

根据我们在 6.3.2 中的分析，企业是否都选择创新，还是都不创新，取决于关税是否超过阈值，依据 6.4.1 设定的单价、单位制造成本等变量参数，根据公式（6–3），计算得到 $T = 2.67$，即当 $T < 2.67$，企业都会选择创新，同理根据公式（6–9），计算得到 $T = 4.27$，即当 $T > 4.27$，企业都不创新。

我们分别设关税为 2.6 和 2.7，其他变量参数不变，得到企业创新选择的演化如图 6–3 所示。图 6–3（a）显示当关税为 2.6 时（以虚线表示），企业 1 和企业 2 的创新策略稳定点为 B（创新，创新），而当关税为 2.7 时（以实线表示），企业 1 和企业 2 的创新策略稳定点变为 A（创新，不创新），即随着关税超过阈值 2.67，企业 1 和企业 2 不再是都创新，而是企业 2 放弃创新。图 6–3（b）显示当关税为 2.6 时，企业 2 选择创新的概率逐渐趋近于 1（以虚线表示），而当关税为 2.7，超过阈值 2.67 时，企业 2 选择创新的概率逐渐趋近于 0（以实线表示）。

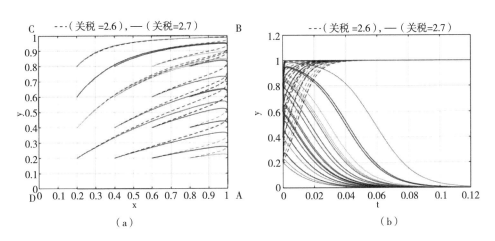

图 6–3　关税小于 2.67 与大于 2.67 时企业的创新选择

同理，分别设关税为 4.2 和 4.3，可得关税超过阈值 4.27 时，企业 1 和企业 2 的创新策略稳定点变为 D（不创新，不创新），如图 6–4 所示。

从上面的仿真分析可以看出，随着关税的增加，企业选择创新的概率逐渐由 1 演变为 0。下面分析随着关税的增加，企业 1 选择创新的概率变化，设单价

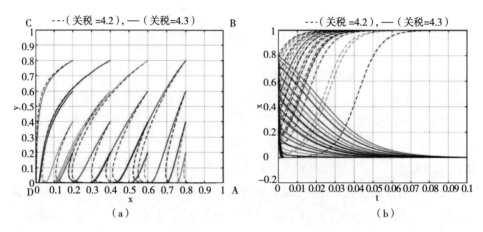

（a）　　　　　　　　　　　　　（b）

图 6 - 4　关税小于 4. 27 与大于 4. 27 时企业的创新选择

等变量参数不变，我们分别设关税为 29. 5%，30%，30. 5%，31%，31. 5%，用实线，点线，星形线，虚线和空心圆线分别表示其概率密度分布线，得到企业 1 在关税递增时选择创新的概率密度分布图，如图 6 - 5 所示。可以看出，随着关税的增加，企业 1 选择创新的概率会呈现先减少，再增加，最后又减少的变化趋势，验证了命题 6 - 1①。

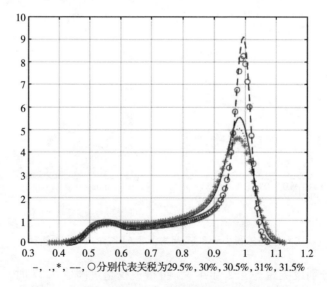

—，. . ，* ，--，〇分别代表关税为29. 5%，30%，30. 5%，31%，31. 5%

图 6 - 5　关税增加时企业 1 选择创新的概率密度分布

---

① 同理，我们验证了随着可获得市场份额的增加，企业 1 选择创新的概率会出现先增加，再减少的变化，并对推论 1 予以验证，限于篇幅，未列出分析结果，可向笔者索取。

（2）创新投入成本对企业创新决策的作用仿真

设 $p=10$，$T=3$，$c_1=5.1$，$\bar{c}_1=4$，$c_2=5.5$，$\bar{c}_2=4.3$，$\alpha=8\,500$，$\beta=8\,000$，$\theta=0.3$，根据公式（6-3），计算得到阈值 14 195，13 200，即当 $c_1^\Delta<14\,195$，且 $c_2^\Delta<13\,200$ 时，企业 1 和企业 2 的都选择创新，同理根据公式（6-8），计算得到阈值 16 550，16 485，即当 $c_1^\Delta>16\,550$，且 $c_2^\Delta>16\,485$ 时，企业 1 和企业 2 都不创新。

鉴于此，我们分别设两组参数对照观察，一组 $c_1^\Delta=13\,000$，$c_2^\Delta=13\,100$，另一组 $c_1^\Delta=14\,300$，$c_2^\Delta=14\,400$，其他参数，如单价、关税等变量不变，得到企业创新策略的演化如图 6-6 所示。图 6-6（a）显示当 $c_1^\Delta>14\,195$，且 $c_2^\Delta>13\,200$ 时（以虚线表示），企业 1 和企业 2 的创新策略稳定点为点 A（创新，不创新），点 C（不创新，创新），当 $c_1^\Delta<141\,95$，且 $c_2^\Delta<13\,200$ 时（以实线表示），企业 1 和企业 2 的创新策略稳定点为 B（创新，创新）。图 6-6（b）显示当 $c_1^\Delta>14\,195$，且 $c_2^\Delta>13\,200$ 时（以虚线表示），企业 1 选择创新的可能性产生分化，有 1 和 0 两种可能性，而当 $c_1^\Delta<14\,195$，且 $c_2^\Delta<13\,200$ 时（以实线表示），企业 1 选择创新的概率逐渐趋近于 1，说明随着创新投入成本的下降，企业将更倾向于选择创新。

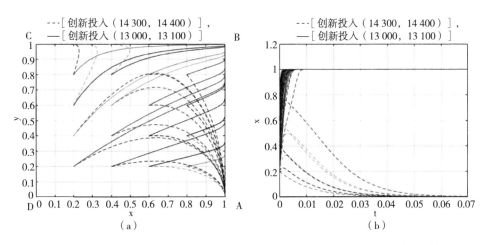

图 6-6　创新投入成本分别大于和小于阈值（**14 195，13 200**）的企业创新选择

同理，分别设创新投入成本一组为 $c_1^\Delta=16\,350$，$c_2^\Delta=16\,450$（以实线表示），另一组为 $c_1^\Delta=16\,650$，$c_2^\Delta=16\,750$（以虚线表示），仿真结果如图 6-7 所示，可见

研发投入超过阈值（16 550，16 485）时，企业 1 和企业 2 的选择为都不创新。

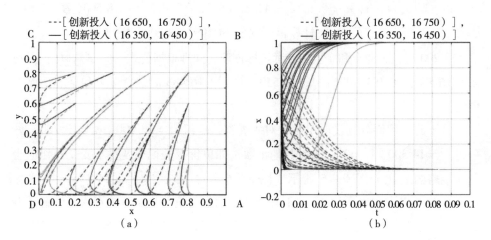

（a）   （b）

图 6 - 7　创新投入成本分别大于和小于阈值（16 550，16 485）的企业创新选择

进一步分别设两组创新投入成本，一组为 $c_1^{\Delta} = 14\ 300$，$c_2^{\Delta} = 14\ 400$（以虚线表示），另一组为 $c_2^{\Delta} = 13\ 300$，$c_2^{\Delta} = 15\ 400$（以实线表示），仿真结果如图 6 - 8 所示，可见，随着企业 1 创新投入成本的下降，企业 2 创新投入成本的增加，企业 1 选择创新的概率更快地趋近于 1。所以，命题 6 - 2 得到验证。

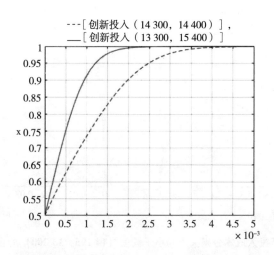

图 6 - 8　创新投入成本分别为（14 300，14 400）和（13 300，15 400）的企业 1 创新选择

6.5　结论和政策启示

6.5.1　主要结论

①当关税低于企业的单位产品边际贡献与创新收益之和时，企业为应对关税带来的成本压力，均会进行研发创新活动。而当关税大于企业实施创新后的单位产品边际贡献与创新收益之和时，企业将会放弃创新活动。所以，中美贸易摩擦应控制在适度范围，避免关税大幅提升。通过与美国开展对话协商，争取达成互利方案，实现双边贸易互利共赢，并适当采取对应的报复征税策略，战略制衡其加征关税的行为，尽可能将关税控制在合理范围之内。如 2019 年 9 月，中国向美国采购猪肉、大豆等农产品，缓解国内农产品价格上涨的压力，作为对应，美国也取消对 437 种中国商品加征关税。2020 年 1 月，中美签署第一阶段经贸协议，对加征关税商品启动排除程序，从而缓和贸易摩擦局面。

②加征关税导致企业研发投入的知识价格上升，企业需要依靠美国市场销量的扩大来分摊增加的研发成本，当市场份额扩大产生的规模效应足以弥补增加的研发投入成本，企业愿意开展研发创新。而企业销量的增加往往是通过获得退出企业的市场份额来实现，所以关税增加在某种程度上激化市场竞争，促进了企业间的优胜劣汰。

③研发创新能力强的企业相对于能力弱的企业更愿意从事研发创新，以应对关税加征。研发能力强的企业，随着关税增加其创新概率会出现先减少，在达到极小值后再增加的变化。随着可获得的退出企业市场份额增加，其创新的意愿会增加，在超过临界点后，由于需付出过高的成本来获得市场，其创新意愿将下降。

④企业选择研发创新的概率与自身的创新成本成反比，与竞争企业的创新成本成正比。当研发创新成本在可行区间内，企业能坚持研发创新，但当研发创新成本超过创新所带来的成本节约，以及能获得的竞争企业市场份额收益之和时，企业将放弃创新。且竞争力强的企业的收益随着研发投入的增加会先出现减少，在达到极小值再增加的变化，其开展研发创新的意愿也随着研发投入的增加呈现先降低，再增加的变化。

6.5.2 政策启示

①应鼓励企业开展研发创新，提高产品技术含量，以应对美国通过贸易摩擦阻碍中国发展的遏制战略。美国通过加征关税，限制技术出口，打压制裁中国科技企业，阻碍中国崛起，我国应为企业开展研发创新提供支持。一方面，应警惕美国政府联合欧盟、日本等国共同限制中国发展，阻止其结盟，积极与欧盟、日本等国达成自贸协定，实行"零关税"，以克服技术知识壁垒，降低知识价格，为中国企业开展研发创新创造有利环境。另外，对美国采取"打拉"结合的策略，"打"指积极反击，战略制衡美国的极限施压，"拉"指与美国开展对话协商，在不放弃自身核心利益的前提下进行合作，互利共赢；另一方面，在国内大力发展科研教育事业，推进知识产权保护，实施产业扶持政策，设立产业发展基金，支持企业依托产业集群开展技术创新，推动产业升级。

②我国应大力发展"双循环"经济，促进企业提升竞争实力。一方面，加强对外开放，对标高标准的贸易投资规则，放宽市场准入，吸收国外先进知识技术，促进企业创新发展；另一方面深化内部改革，破解体制、机制束缚，激发国内市场活力。根据前面分析，由于可获得退出企业的市场份额，即使在加征关税等不利因素下，先进企业仍会开展研发创新，市场规模扩大所带来的规模效应是激发企业开展研发投入的内在动力，所以，应利用关税加征这一外部压力，倒逼企业开展研发创新，同时激发国内 14 亿人口统一大市场的活力，帮助企业实现规模效应，构建垂直产业链，增强企业竞争力。

7 反倾销环境下 MT 公司的财务战略研究[①]

本章以 MT 公司为研究对象，分析在美国对华反倾销下，MT 公司财务战略状况及存在的问题，构建其财务战略优化策略。

7.1 MT 公司遭受反倾销的案例介绍及财务战略实施的环境分析

7.1.1 MT 公司遭受反倾销的案例介绍

MT 公司主要从事铝板带箔的生产和销售，公司产品涵盖铝板带箔及铝型材两大门类，广泛应用于新能源电池、轨道车体、汽车制造、印刷制版、电子家电、交通运输、食品和医药包装等众多领域。2018 年 11 月，美国商务部宣布对进口自中国的铝合金薄板作出反倾销终裁，强制向 MT 公司征收高额反倾销税，公司对美国铝板带箔的出口贸易受到了严重的影响。

7.1.2 MT 公司财务战略实施的外部环境分析

2001～2017 年，我国铝材产量增长了大约 25 倍。铝行业属于周期性行业，是国家重要的基础产业，与交通、建筑、电力、机械制造、航空航天、电子电器、包装等行业密切相关，其产品价格随国内外宏观经济波动呈周期性变化。

2018 年度，中美贸易战硝烟弥漫。美国对中国进口铝加征 23.6% 的关税，主要涉及原铝、铝板带、铝箔、铝棒、铝型材等未锻造铝及初级铝加工品；2018 年 3 月 15 日美国公布 332 调查报告，对中国铝箔继续加征反倾销税和反补贴税，其中加征的反倾销税最高达到了 176.41%；2018 年 6 月 18 日，美国再

---

① 王刚参与笔者的反倾销系列课题研究，对本章的写作有主要贡献。

次对中国向其出口的铝合金薄板征收167.16%的初步反倾销税。受贸易摩擦影响，2018年电解铝价格总体呈现宽幅震荡走势，价格低迷。2018年，SHFE现货铝和三月期铝平均价格分别为14 254元/吨和14 375元/吨，相对于2017年分别下跌2.11%和2.42%。此外，因美国2018年实施的加征关税政策以及反倾销和反补贴措施的制裁，我国铝产品出口企业对美国的出口收入亦急剧下降。因此，2018年国内经济下行压力增加，基建投资、地产、汽车产销等经济数据指标不及市场预期，宏观经济走弱均对于铝下游消费造成不利影响，铝材产量增速有所下滑。

总体而言，在国内供给侧结构性改革，国际中美贸易战的全面爆发以及行业自身发展等诸多因素共同作用下，新增铝产能得到有效抑制，扩张速度明显放缓，行业进入了低速增长期，国内原铝产量出现10年来的首次负增长；消费方面，随着全球经济增长放缓、国内经济发展阻碍不断增加，国内铝消费增长放缓，供需总体相对均衡。

7.1.3　MT公司财务战略实施的内部环境分析

下面分析MT公司的内部环境，主要从盈利能力、偿债能力、资产管理能力和成长能力这四个方面展开分析研究。

（1）盈利能力分析

盈利能力指公司对外获取利润的能力，即企业的资金或资本增值能力，它与公司的发展和经营密切相关，是公司管理层和股东们密切关注的核心问题。

本书选取了MT公司2014~2018年净资产收益率、总资产报酬率、销售毛利率以及销售净利率四个指标（见表7-1），详细分析其盈利能力。

表7-1　　　　　　　　　　盈利能力分析　　　　　　　　　单位:%

财务指标	2014年	2015年	2016年	2017年	2018年
净资产收益率	5.71	3.31	6.45	5.95	4.82
总资产报酬率	5.47	3.12	6.23	6.34	4.36
销售毛利率	7.14	6.04	8.30	8.86	5.66
销售净利率	3.04	2.57	4.32	4.26	2.53

从图 7-1 可以看出，MT 公司近年来向高端装备制造企业转型升级初见成效，其 2015~2017 年盈利能力持续上升，但在 2018 年盈利能力各项指标都呈现了下降趋势，主要原因是公司受中美贸易战的影响，被强制征收反倾销税和加征关税的同时还丢失了在美国的外贸业务，可见公司管理层未能做好针对反倾销的应对措施；此外销售净利率、销售毛利率以及净资产收益率的标准值分别为 10%、15% 和 8%，公司的这几项关键指标都远未达到行业标准值，盈利能力需有待提高。

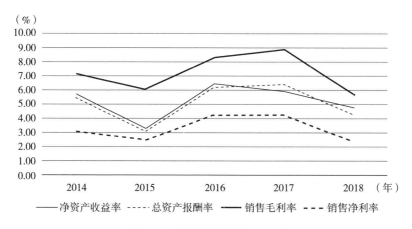

图 7-1　MT 公司盈利能力分析

（2）偿债能力分析

偿债能力是衡量企业用其资产偿还长期债务与短期债务本金及利息的能力。通过分析偿债能力，既可以评价 MT 公司是否存在财务风险，又可以帮助投资者判断遭受反倾销的 MT 公司可否给予投资。

如图 7-2 所示，我们可以清楚地看到，MT 公司近年来的流动比率除了2015 年是 2.05，2017 年和 2018 年分别为 1.66 和 1.95，一般来说，企业的流动比率保持在 2.0 是理想状态，其流动比率指标说明该公司流动资产占比相对较小，资金周转压力较大。速动比率的最佳状态是 1.0，然而 MT 公司在流动比率低于正常值的情况下，速动比率却高于正常值，说明企业可能存在过多的现金和应收账款。另外，公司的资产负债率基本低于 40%，说明企业的长期偿债能力较优。综上可知，MT 公司整体偿债能力较强，财务风险较低，经营较为稳健，也从侧面反映企业管理层采取了相对稳健的经营投资策略。

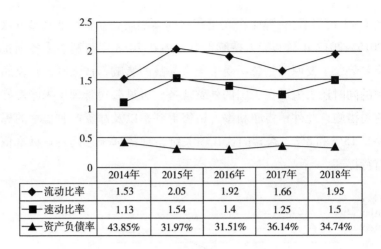

	2014年	2015年	2016年	2017年	2018年
◆流动比率	1.53	2.05	1.92	1.66	1.95
■速动比率	1.13	1.54	1.4	1.25	1.5
▲资产负债率	43.85%	31.97%	31.51%	36.14%	34.74%

图 7 – 2　MT 公司偿债能力分析

（3）资产管理能力分析

企业能否高效快速的运转取决于管理层是否可以有效地管理企业各项资产，即资产的周转周期越短、周转速度越快，表明企业的资产管理能力越强。也就是说，通过对企业主要资产的周转速度进行分析，能够清晰地看出企业管理层对资产的管理能力。而在财务分析中，通常采用资产周转率来表示企业资产的周转速度，即企业资产的周转率越高，表明其资产的周转速度也就越快，相应的资产投入所带来的利益也就越高。以下将从 MT 公司的应收账款、存货、固定资产、流动资产以及总资产这几个主要资产的周转率，来分析企业的资产管理能力，如表 7 – 2 所示。

表 7 – 2　　　　　　　　　　　MT 公司资产周转率　　　　　　　　　单位：次

财务指标	2014 年	2015 年	2016 年	2017 年	2018 年
应收账款周转率	13.01	15.79	23.82	17.03	14.56
存货周转率	7.29	5.91	6.56	7.68	11.54
固定资产周转率	8.07	5.55	5.42	6.29	8.56
流动资产周转率	1.35	0.99	1.15	1.16	1.35
总资产周转率	1.14	0.97	1.11	0.98	1.28

从图 7-3 可以看出 MT 公司的资产管理能力较好，存货周转率、固定资产周转率、流动资产周转率和总资产周转率近年来都略微上升，但应收账款周转率近年来有所下降，主要是因为公司致力于转型升级，向一些大型车企供货商用车铝合金板，向中车批量供货铝合金轨交车体，使得应收账款大幅增加，此外公司受反倾销的影响，对外出口产品尤其是对美国的出口业务收入大幅下降。

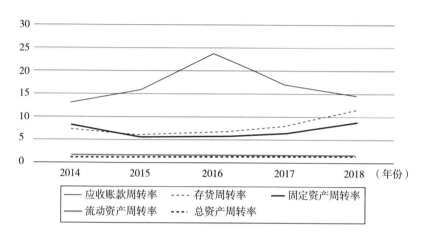

图 7-3　MT 公司资产管理能力分析

（4）成长能力分析

成长能力分析是在市场环境的变化中，对企业未来发展趋势和发展速度的前景预测，包括企业规模的扩大，利润和所有者权益的增加。以下主要通过销售收入增长率、净利润增长率和总资产增长率分析 MT 公司的成长能力（见表 7-3）。

表 7-3 　　　　　　　　　　　　MT 公司增长率　　　　　　　　　　单位:%

财务指标	2014 年	2015 年	2016 年	2017 年	2018 年
销售收入增长率	21.46	−10.05	23.77	29.94	46.46
净利润增长率	254	−24.14	108	28.23	−13.17
总资产增长率	45.59	5.83	8.62	47.28	11.63

从图 7-4 可以看出，近两年 MT 公司在销售收入增长率连年递增的情况下，2018 年总资产增长率略微放缓，而净利润增长率却为负增长，其主要原因是公司实施的"高精度交通用铝板带项目"和"年产 12.5 万吨车用铝合金板

项目"等竣工投产,并逐步向比亚迪、中集、中车等央企供货,保证了销售收入的增长。另外,由于受中美贸易战的影响,公司不但在对美贸易上损失严重,还被强制征收反倾销税及加征关税,使得净利润相对于 2017 年有所回落。

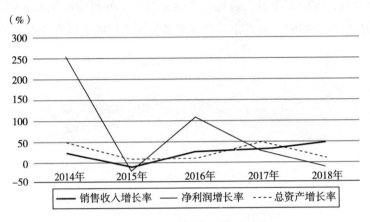

图 7 – 4 MT 公司资产增长率折线

7.2 反倾销环境下 MT 公司的财务战略状况及存在的问题分析

通过对反倾销环境下 MT 公司财务战略实施的环境进行剖析,我们发现公司在遭受美国反倾销制裁后出现了盈利能力下降,出口业务收入大幅减少和坏账增多等问题。接下来将对 MT 公司 2014 ~ 2018 年的财务数据进行提炼,并基于价值创造和资金状况两个维度对其财务数据进行分析和计算,构建出反倾销环境下 MT 公司的财务战略矩阵,并分析反倾销对其在财务战略矩阵中位置变化的影响。同时,基于财务战略矩阵,从投资战略、筹资战略、运营战略和股利分配战略四个方面分析反倾销环境下 MT 公司的财务战略状况及存在的问题。

7.2.1 反倾销环境下 MT 公司的财务战略状况评价

7.2.1.1 反倾销环境下 MT 公司财务战略矩阵的构建

（1）企业资金状况的分析

企业的资金状况是由销售增长率和可持续增长率决定的,两者之间的差额能够反映企业当前的资金状况。当销售增长率高于可持续增长率，则资金短缺；销售增长率低于可持续增长率，则资金剩余。

销售增长率是指企业当年与上年销售收入之间的差额除以上年销售收入的值。该指标是用来衡量企业当年与上年销售收入变动的幅度，销售增长率越高，表明企业的产品或者提供的服务更受用户的认可，其创造价值的能力越强。

因此，根据其计算公式，MT 公司 2014～2018 年每年的销售收入增长率结果如表 7-4 所示。

对于可持续增长率的计算，本书拟选取大众较为认可的范霍恩静态均衡模型来计算 MT 公司 2014～2018 年的可持续增长率。最终，MT 公司 2014～2018 年的可持续增长率以及其与销售收入增长率的差的计算结果统计于表 7-4 中。

表 7-4   MT 公司销售增长率与可持续增长率计算

财务指标	2014 年	2015 年	2016 年	2017 年	2018 年
销售净利率（%）	3.04	2.57	4.32	4.26	2.53
留存收益率（%）	4.36	6.37	3.82	3.8	5.15
总资产周转率（次）	1.14	0.97	1.11	0.98	1.28
权益乘数	1.79	1.74	1.44	1.99	1.59
销售增长率（%）	21.46	-10.05	23.77	29.94	46.46
可持续增长率（%）	36.99	38.89	35.14	47.06	36.99
销售增长率—可持续增长率	-0.16	-0.49	-0.11	-0.17	0.09
资金状况	现金剩余	现金剩余	现金剩余	现金剩余	现金短缺

（2）企业价值创造的分析

经济增加值（EVA）作为当前企业评价价值创造的指标，它剔除了企业管理者可能存在人为的会计政策与会计估计的影响，并且出于对企业风险和机会成本的权衡，将权益资本成本纳入考虑范围，能够更真实全面地评价企业的价值创造。由于本书的案例企业 MT 公司是民营企业，所以笔者拟采用理论法计算其 EVA。

①税收调整及税后净营业利润。EVA 指标的计算需要进行调整的项目主要

包括资本化费用、财务费用、营业外收入、营业外支出、资产减值准备，递延所得税和在建工程等项目。其中，资本化费用包括企业用于科研的研发费用和用于广告宣传的销售费用；财务费用包括利息支出和汇兑损益；营业外收入和支出主要包括各级政府补贴、非流动资产处置损益、罚款等。笔者依据之前介绍的相关计算公式，并结合 MT 公司 2014～2018 年的有关财务数据计算出公司的 EVA 以构建出财务战略矩阵的纵轴。

根据调整公式，MT 公司的 EVA 税收调整以及税后净营业利润分别为：2014 年：5 972.89 万元，19 153.85 万元；2015 年：3 285.96 万元，13 700.77 万元；2016 年：7 042.58 万元，27 018.86 万元；2017 年：9 772.41 万元，35 674.98 万元；2018 年：9 788.28 万元，37 124.69 万元。

②投入资本的会计核算。EVA 的计算中，投入资本（TC）是权益资本与债务资本的总和，再扣除与当期经营业绩无关的在建工程的差额。根据调整公式，MT 公司的投入资本的计算见表 7-5。

表 7-5　　　　　　　　　　　资本投入调整计算　　　　　　　　单位：万元

财务指标	2014 年	2015 年	2016 年	2017 年	2018 年
股东权益	250 700.66	328 424.32	351 025.32	487 977.67	523 112.95
短期借款	14 000	13 000	3 000	58 546.87	38 469.44
长期借款	0	0	0	0	30 000
应付债券	0	0	0	0	0
在建工程	12 099.41	10 416.27	5 661.94	18 034.21	38 058.47
调整后投入资本	252 601.25	331 008.05	348 363.38	528 490.33	553 523.92

③平均资本成本的计算。

A. 债务成本的计算。

因为 MT 公司在 2014～2018 年未曾发行债券，长期负债主要是 2018 年的 3 亿元长期借款，本文拟采用 2018 年末，1～5 年的贷款利率作为其长期借款利率，同时采用 6 个月至 1 年的贷款利率作为其短期借款利率。按照长期借款和短期借款分别占有息负债总和的比例计算加权平均债务成本，其结果见表 7-6。

表 7 - 6 债务成本计算 单位：万元

财务指标	2014 年	2015 年	2016 年	2017 年	2018 年
短期借款	14 000	13 000	3 000	58 546.87	38 469.44
长期借款	0	0	0	0	30 000
有息负债总额	14 000	13 000	3 000	58 546.87	68 469.44
6 个月至 1 年贷款利率（%）	5.6	4.35	4.35	4.35	4.35
1～5 年贷款利率（%）	0	0	0	0	4.75
加权平均债务成本（%）	5.6	4.35	4.35	4.35	4.52

B. 权益成本计算。

MT 公司是民营上市公司，可以按照资本资产定价模型计算其权益成本，即 $k_e = R_f + \beta \times (R_m - R_f)$。但是一方面国内股票、期货市场相对于外国市场尚不成熟，受政策以及人为操控的影响较大；另一方面 2014～2018 年中美贸易关系暗流涌动，从"337 调查""232"调查到"301 调查"再到 2018 年 3 月的中美贸易战全面展开，这五年间股票的指数波动极大，例如 MT 公司五年间的 β 值分别为 0.856 5、1.147 9、1.428 6、1.631 7、0.709 8，可见其投资风险受市场变化影响极大，而从 2015 年上证指数最高点 5 178.19 点到 2018 年上证指数最低点 2 440 点，如此大幅度的波动使得企业的风险水平与真实价值无法得到确切反映。鉴于此，经过笔者的慎重考虑，为能够更客观地反映受反倾销影响的 MT 公司的权益成本，拟采用国资委在《中央企业经营业绩考核办法》中规定的股权成本 5.5% 作为其机会成本。

C. 加权平均资本成本计算。

经过笔者详细的计算和分析已经得出了 MT 公司的债务成本和权益成本，接下来结合其适用的企业所得税税率 25%，计算出公司的加权平均资本成本结果见表 7 - 7。

表 7 - 7 MT 公司 WACC 计算 单位：万元

财务指标	2014 年	2015 年	2016 年	2017 年	2018 年
债务资本	14 000	13 000	3 000	58 546.87	68 469.44
股东权益资本	250 700.66	328 424.32	351 025.32	487 977.67	523 112.95

续表

财务指标	2014 年	2015 年	2016 年	2017 年	2018 年
总资本	264 700.66	341 424.32	354 025.32	546 524.54	591 582.39
债务成本率（%）	5.60	4.35	4.35	4.35	4.52
权益成本率（%）	5.50	5.50	5.50	5.50	5.50
加权平均资本成本（%）	5.43	5.41	5.48	5.26	5.25

D. 经济增加值的计算。

根据各项指标的计算结果以及计算公式，MT 公司的经济增加值的计算结果见表 7-8。

表 7-8　　　　　　　　MT 公司 EVA 计算结果　　　　　单位：万元

财务指标	2014 年	2015 年	2016 年	2017 年	2018 年
税后净营业利润	19 153.85	13 700.77	27 018.86	35 674.98	37 124.69
资本投入	252 601.25	331 008.05	348 363.38	528 490.33	553 523.92
加权平均资本成本（%）	5.43	5.41	5.48	5.26	5.25
经济增加值	5 437.60	-4 206.77	7 928.55	7 876.39	8 064.68

（3）财务战略矩阵的构建

根据表 7-4 和表 7-8 分别计算出 MT 公司 2014~2018 年的资金状况（销售增长率-可持续增长率）和经济增加值（见表 7-9），以此构成财务战略矩阵的纵轴与横轴，从而构造出矩阵（见图 7-5）。

表 7-9　　　　　　　　财务战略矩阵横纵轴数据

财务指标	2014 年	2015 年	2016 年	2017 年	2018 年
销售增长率—可持续增长率	-0.16	-0.49	-0.11	-0.17	0.09
EVA（亿元）	0.54	-0.42	0.79	0.79	0.81

从图 7-5 中，我们可以看到 MT 公司在 2014 年、2016 年和 2017 年处于财务战略矩阵的第二象限，属于增值型现金剩余企业；2015 年处于财务战略矩阵的第三象限，属于减损型现金剩余企业；而 2018 年处于财务战略矩阵的第一象

限，属于增值型现金短缺企业。

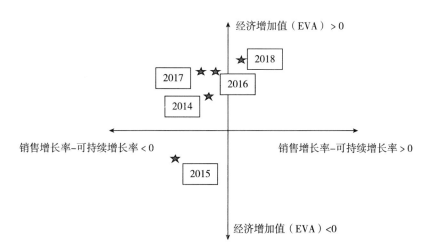

图 7 - 5 MT 公司 2014 ~ 2018 年财务战略矩阵

其中，从纵轴来看，除了 2015 年因世界经济疲弱态势依旧，铝行业严重供过于求的格局未得到根本缓解，铝价持续低迷，整个铝行业亏损严重，MT 公司出现了价值减损；其余年份公司均处于坐标横轴的上方，表明这几年公司属于价值增值状态，近年来公司致力于向高端制造装备企业升级转型，与一些国企签订供货合同，极大地优化了公司的产品结构，产销量和销售收入也迈上了新台阶。但从财务战略矩阵图中，我们可以看到 2018 年的经济增加值相比于前两年只提高了 2.5%，主要原因是公司国内销售收入平稳增长的同时，受美国反倾销的影响，其对外出口业务尤其是对美国铝板带箔的销售损失严重；此外被美国征收额外的高额反倾销税和关税亦限制了其经济增加值的增长。

从横轴来看，2014 ~ 2017 年公司的销售增长率与可持续增长率的差额均小于 0，表明这几年企业正确的转型升级策略使其自身不断发展的同时获得了持续增长的现金净流量；同时公司内部不断成熟的新技术、新产品逐渐被市场接受，帮助其成功与国内大型国企签订合同订单，在一定程度上保证了可观的利润来源。但 2018 年因反倾销因素导致其出口业务受挫，公司产生了现金短缺的问题，虽然当前销售增长率与可持续增长率的差额仅为 0.09，但若不及时解决其现金短缺的问题，MT 公司很可能会因为现金流量的不足从而限制了公司业务的良性发展。

综上所述，通过对 MT 公司财务战略矩阵的分析，公司在积极开拓销售市场，布局新的铝板带项目，促进企业转型升级上取得了一系列进步，但在当前错综复杂的国际环境中，及时准确地找到公司当前仍存在的问题，并且能够有效地应对反倾销给企业生产经营带来的影响是公司管理层的当务之急。为此，笔者将结合财务战略矩阵，从投资战略、筹资战略、运营战略和股利分配战略对 MT 公司的财务战略现状及问题作更进一步的分析。

7.2.1.2 基于财务战略矩阵的 MT 公司财务战略状况分析

（1）2014～2018 年投资战略情况分析

MT 公司的总体资产规模均呈现出上升的趋势，2014～2018 年，总资产规模上涨了将近一倍。

按照不同的投资方向，MT 公司依靠内部投资与外部投资扩展总体规模。内部投资主要用于扩大企业的经营规模和生产规模，逐步由传统铝板带箔应用领域向高端行业转型，并辅以品牌运营、资源整合、物流配送等方面的投资，从而推动企业各类资产的形成，有助于企业获得更丰厚的利润。外部投资主要是投资与主营铝板带箔业务相关的领域，包括印刷铝版基、合金板类、电子箔等，为了顺应有色金属行业的发展趋势，企业还加强了与国企和外企之间的合作，并进军轨交市场。在内部投资上，MT 公司倾向于对非流动资产投资，因此笔者首先剖析公司的非流动资产结构。

在投资规模和结构方面，固定资产占总资产的比例相对较大，固定资产总额逐年递增，总额从 2014 年的 9.962 亿元增长为 2018 年的 22.77 亿元，除了 2016 年部分生产管理系统完工转入无形资产导致在建工程相比往年有所下降外，在建工程总额从 2014 年的 2.365 亿元增长为 2018 年的 7.77 亿元，可见在建工程虽然占总资产的比例不高，但是公司每年都会加大对在建工程的投资。MT 公司的固定资产的增长除了在建工程完工转入引起增加外，公司每年还会购入机器设备，运输工具以及其他设备，用来进一步加大投资和研发。在建工程的投资主要集中在房屋建筑物、机器设备以及生产管理系统。2017 年，公司重要的在建工程项目包括高精度交通用铝板带项目、12.5 万吨车用铝合金板项目、电子材料产业园项目，以及年产 2 万吨交通用铝型材项目等。由此可见，MT 公司为提高企业竞争力，多元化发展，不断推进投资项目的建设，然而由于投资项目种类繁多、周期较长，投资金额巨大等问题，公司短期无法获得丰厚的投资收益。在长期股权投资方面，公司的长期股权投资所占的比重越来越大，除 2018 年 6 月公司所持义瑞小贷公司的部分股权转让引起的长期股权投资比例下降外，比率基本呈现逐年递增趋势，从 4.15% 增长到 11.56%，可见 MT 公司在对内投资的同时，逐渐增加对外投资的比重。此外，无形资产占总资产投入的比例始终处于较低水平，甚至近三年来还呈现下降趋势，可见企业管理层缺乏对无形资产的足够重视，而无形资产恰恰是企业的核心竞争力，包括企业的核心技术，优质的人才储备以及公司的品牌形象。因此在未来的发展中，一方面企业管理层需重视精英人才的培养，另一方面企业技术人员要提高产品创新能力，只有这样才能在国内外市场提升企业的品牌影响力，并给企业创造更多的收益。

对于外部投资而言，从行业角度分析，MT 公司属于国内铝加工行业的领先企业，其主营业务收入的构成主要来自工业用品的收入，即向此车企提供商用车铝合金板，以及向 ZC 公司批量提供铝合金轨交车体等。通过表 7 - 10，我们发现工业用品的收入在公司总营业收入中占据着绝对比重，且同比增长不断增加，2017 年更是增长了 37.9%。尽管 2018 年公司受美国反倾销的影响导致收入增长幅度降低，但因为国内业务伙伴关系相对稳定，工业用品的收入仍可以保持稳定增长。由此可见，正因为工业用品的收入支撑企业整体的运转和发展，所以企业对其投入也是逐年增加。此外，通过表 7 - 11 可知，MT 公司的主要营业成本投入也是以工业用品为主，自公司成立以来一直占据相当的比重，亦是今后的投资重点。与此同时，公司商业用品的收入从 2014 ~ 2017 年逐年递增，即主要是面向长三角，珠三角地区铝材经销商的销售业务，以及出口销售业务的增长。从表 7 - 10 和表 7 - 11 可以看到，2014 ~ 2017 年，商业收入和商业成本占各自的比重总体呈上升趋势，尤其是 2017 年商业收入同比增长了近 4.5 倍；商业成本同比更是增长 4.5 倍。但因为 2018 年中美贸易摩擦不断升级，致使公司对美出口业务受到阻碍，商业用品营业收入同比降低 45.17%，由于公司实行的是"以销定产"的生产模式，其 2018 年商业用品的营业成本同比降低了 47.93%。由此可见，除了重视对工业用品的投资外，公司也在逐步增加对商业用品的投资，即在保证产销量不断增大的同时，不断开拓新兴市场。

表 7 - 10   MT 公司按行业划分营业收入情况

年份	行业	营业收入（亿元）	占总营业收入比重（%）	同比增减（%）
2014	工业	64.21	99..52	14.37
	商业	0.31	0.48	128.82
2015	工业	61.93	99.09	-3.55
	商业	0.57	0.91	81.77
2016	工业	72.87	99.32	17.66
	商业	0.5	0.68	-12.33
2017	工业	100.48	97.35	37.90
	商业	2.73	2.65	449.86
2018	工业	121.63	98.79	21.05
	商业	1.49	1.21	-45.17

表 7 - 11   MT 公司按行业划分营业成本情况

年份	行业	营业成本（亿元）	占总营业成本比重（%）	同比增减（%）
2014	工业	59.82	99.50	11.67
	商业	0.3	0.50	137.09
2015	工业	57.77	99.07	-3.42
	商业	0.54	0.93	80.17
2016	工业	66.88	99.30	15.77
	商业	0.47	0.70	-13.07
2017	工业	91.64	97.24	37.03
	商业	2.6	2.76	453.11
2018	工业	110.59	98.79	20.68
	商业	1.36	1.21	-47.93

总体来看，MT 公司实行的是扩张型的投资战略。一方面，公司积极对内投资，并采取纵向一体化战略，不断开拓上下游业务范围和国际市场；另一方面，公司致力于转型升级，与中车、中集、比亚迪等大型企业实施战略合作，向交通运输用铝，轨道交通市场等领域进军，加大投资，实行一系列多元化的扩张型投资战略。但由于重点投资项目建设周期长，短期无法带来收益，导致公司

的营业收入增长速度减缓，同时在其财务战略矩阵中发现，因受美国反倾销制裁，2018 年公司出口产品的收入急剧下降，企业资金出现短缺，致使企业利润的上涨幅度远远落后于企业投资的增加幅度。此外，公司作为一个出口型企业却缺少应有的财务风险预警体系，这既给了外国对其出口产品实施反倾销调查的机会，也为企业的产品在未来市场开展竞争埋下了隐患。

（2）2014～2018 年筹资战略情况分析

近年来，MT 公司致力于转型升级，进一步优化产品结构，向多领域发展，这一系列举措势必需要大量的资金作支撑，笔者通过查阅公司年报，发现公司自 2011 年上市以来，除了在 2015 年和 2017 年两次通过增发股票的形式进行股权筹资，其主要的资金来源是企业每年的留存收益和不断增加的债务筹资。

通过对 MT 公司的资本结构及其比重进行分析，可以看到，公司资本结构近年来相对稳定，总资产的数额呈现逐年上涨的趋势，股权筹资比重均大于债务筹资，而债务筹资基本上以流动负债为主，2014～2017 年，流动负债甚至达到了负债总额的 99% 左右，2018 年因为受中美贸易争端的影响，公司被迫增加了非流动负债的金额，同比增长高达 1728%。由此可见 MT 公司在其债务筹资结构中，管理层倾向于选择成本较低但是风险却更大的短期负债进行筹资，此外也显示出公司的非流动负债维持在一个很低的水平，即使 2018 年非流动负债大幅增长，也只占负债总额的 11.37%。可知 MT 公司很少依靠非流动负债进行筹资，反而对短期流动负债情有独钟，这样会使得企业短期内要偿还的负债处于高水平，既增加了企业的财务风险又为其未来的各项经营活动埋下隐患。近年来，一方面公司因致力于向高端装备制造转型实施较多的长期投资项目，这些项目的短期盈利能力较差；另一方面受中美贸易战的影响，公司在国外的投资收益，尤其在美国的经营收益遭受了严重的损失，所以不断增加的流动负债会给企业带来较高的利息负担和较大的还款压力。

通过对 MT 公司筹资战略的详细分析，可以看到 MT 公司管理层为了实现投资战略的目标，通过债务筹资不断提高公司的财务杠杆，最终使其对外负债逐年增加。但根据财务战略矩阵，企业当前已经出现资金短缺，企业创造价值的能力减弱，逐年增加的负债不断增加企业的财务风险。此外，公司融资战略中的内部融资即股东权益的比重偏高，尽管近两年有所下降，但仍占总融资的65.27%，不同类型的企业根据自己的所处环境以及发展的总体战略，其适合的所有者权益比例的大小也不一样，虽然 MT 公司近年来重点布局交通运输轻量化领域，需要抢占交通领域市场，但是在遭受反倾销的负面影响下，公司需要对该项比例作适当调整，以便更好地应对外部环境对企业发展的不利影响。

(3) 2014～2018 年运营战略情况分析

MT 公司是一家处于成熟期的企业，市场风险防范和控制能力较强，公司在运营战略上一直坚持做好主业，增产提效，同时积极开拓企业主营业务，以防因业务单一或者潜在风险致使企业过早进入衰退期。

MT 公司通过建立统一的网络管理数据中心，统一的采购平台和协同办公平台，对公司的采购模式、生产模式以及销售模式进行一体化管理，以便于实施监督。首先，对于主要原材料铝锭的采购，企业按照客户订单决定产品的生产数量，进而决定原材料的采购数量，即实施"以销定产、以产订购"的策略。此外，为了确保企业原材料的及时供应，公司对主要的合作伙伴进行了详细的筛选，并和其中的一些规模较大、实力较强的铝锭厂商签署了长期购货合同。其次，对于企业产品的生产，因为公司已经和国内数家大型国企签订了长期合作协议，保证了企业每年的产品销量，因此企业可以将更多的精力放在对产品的改良和研发上。一方面为了降低生产成本，提高企业生产率，MT 公司对于通用的半成品和一些常用产品进行批量生产；另一方面由于不同客户的实际需求不同，企业采用的是小规模、多品种的分类分批生产。最后，在企业产品的销售方面，对于签订长期合同的国企或者大型客户，公司采取直销的方式以便于进一步巩固客户渠道；对于零散客户的销售，公司则是充分利用其在各地的经销商进行转销，从而使企业的利润最大化。

在 2014～2018 年，公司的主要经营收入来自铝板带的销售，主要包括包装用铝、印刷用铝、电子电器、飞机用铝、船用铝板以及汽车用铝。其中 2014～2017 年，铝板带的营收占比维持在 85% 左右，2018 年下降为 77.91%，一方面由于 2018 年受中美贸易战的深度影响，企业被美国强制征收反倾销税，导致公司在美国的业务活动严重受阻；另一方面，由于公司 2017 年非公开发行募投项目"年产 12.5 万吨车用铝合金板项目"主要设备安装完成投入生产，以及其旗下全资子公司从德国和奥地利进口的工业机器人满负荷运载，生产的铝合金轨道车体批量生产供应郑州中车，使得公司在铝合金轨道车体的营收占比上升，由 2017 年的不足 0.3% 增加到 2018 年的 1%，2018 年公司在铝合金轨道车体的营业收入比上年增长了 304.35%，大大提高了企业的营业收入。2014～2018年，国内经济增速减缓，尤其是过去两年，中美贸易战进入白热化阶段，企业在遭受美国"双反"调查以及被强制征收高额的反倾销税的严峻形势下依然稳步发展,可见 MT 公司作为一家成熟企业,善于把握市场发展方向,不断开拓新的市场业务,在一定程度上减轻了公司受外在风险导致的不利影响。

近年来,MT 公司不断学习国内外先进的运营管理战略,公司的各项运营业务也是稳步增长。从表 7 - 12 可知 MT 公司实行的是扩张型的运营战略,其现金回收期基本呈现递减趋势。从 2014 ~ 2016 年的三四十天到 2018 年的不到二十天,意味着 MT 公司的运营资金的使用效率在不断提高,有助于对公司盈利能力的提高。但是从财务战略矩阵中,2018 年 MT 公司仍出现了资金短缺的现象,表明美国的反倾销制裁对其造成了严重经济损失,公司被强制加征关税和反倾销税的同时其在美国的各项业务亦损失惨重,可见企业管理层缺乏有效应对反倾销的措施。此外,尽管公司整体运营战略稳中向好,但面对国家间的贸易纠纷而引起的反倾销调查时,其缺乏重要的反倾销会计人才,也是导致企业不能有效应对反倾销,造成严重损失的重要原因。

表 7 - 12　　　　　　　MT 公司 2014 ~ 2018 年现金周转期　　　　单位:天

财务指标	2014 年	2015 年	2016 年	2017 年	2018 年
存货周转期	50	58	48	41	38
应收款项周转期	17	18	14	16	17
应付款项周转期	218	172	137	103	86
现金周期	34	45	35	16	17

(4) 2014 ~ 2018 年股利分配情况分析

MT 公司 2014 ~ 2018 年的股利分配情况统计如表 7 - 13 所示,公司自 2011 年上市以来,为切实维护中小投资者的合法权益,每年以公司的总股本为基数,除 2015 年每 10 股派发现金红利 1.1 (含税) 元,以及 2018 年每 10 股派发现金红利 2 (含税) 元,其余各年均是每 10 股派发现金红利 1 (含税) 元。由此可见,MT 公司自入市以来主要采取的是连续稳定的股利政策,虽然每年的股利政策没有太大变化,但随着公司总股本基数的不断增大,现金分红的数额也是逐年增加。

表7-13　　　　　　　MT 公司 2014～2018 年股利分配情况　　　　　　单位：元

分红年度	现金分红数额（元）	占净利润比率（%）	股利政策
2014	41 775 600	23.54	每 10 股派发现金红利 1 元（含税）
2015	53 103 160	30.70	每 10 股派发现金红利 1.1 元（含税）
2016	51 079 600	18.98	每 10 股派发现金红利 1 元（含税）
2017	58 987 641.5	16.76	每 10 股派发现金红利 1 元（含税）
2018	114 924 283	23.19	每 10 股派发现金红利 2 元（含税）

从 MT 公司的股利分配战略可以看出，公司正处于一个稳定运行、日益发展的阶段，其保持一个持续稳定的以坚持现金分红优先的股利分配政策，尤其是去年还将每股派发的金额从 1 元提升到 2 元，以此来向投资者传递了公司经营的业绩整体稳定，受中美贸易战所引起的反倾销调查等宏观因素的影响仍在可控范围之内，经营风险小等信息。

7.2.2　反倾销环境下 MT 公司财务战略存在的问题分析

7.2.2.1　投资战略存在的问题

（1）投资项目增多但效益偏低

通过对 MT 公司在财务战略矩阵中位置的分析，可以看到 2018 年 MT 公司已经处于资金短缺的状态，结合其投资战略的现状，可知近年来 MT 公司在转型升级的同时，不断加大投资，实施了一系列项目投资。

但从投资效益上看，MT 公司 2014～2018 年的总资产规模（已对在建工程等项目进行剔除）逐年上涨，其中 2017 年上涨幅度尤为明显。不过息税前利润（EBIT）虽然总量上逐年增加，但是其上涨幅度在近两年相对减少，2015 年更是呈现出负增长的态势，笔者查阅了公司的年度财务报表，发现息税前利润上涨幅度减少，甚至负增长一方面是因为当年的贷款发放数额比上年减少，导致利息收入降低；另一方面是因为中美贸易战带来外汇风险的增加同时，企业对外出口产品的限制也越来越多。从 MT 公司的资产收益率（ROA）来看，其 2015 年及 2017 年的 ROA 相比上年呈现下降趋势。ROA 是用来衡量每单位资产创造多少净利润的指标，2015 年和 2017 年 ROA 的下降，表明这两年公司在总资产和总利润同时增长的前提下，利润额的增长率却低于总资产的增长率，意味着 MT 公司这两年的资产投资并没有创造出等值的收益。在财务战略矩阵中，由 2015 年公司的经济增加值（EVA）小于零，2017 年公司在大幅增加投入的同时，其 EVA 相对于上一年却没有变化，亦表明近年来 MT 公司利润的上涨幅度远远落后于企业投资的增加幅度。这可能是由于公司近年来致力于转型升级，逐渐加大在交通运输用铝、汽车轻量化用铝以及航空航天用铝等领域的投资，但这些投资对公司来说仍属于探索阶段，前期投入过大又恰逢美国对其采取反倾销措施，国外出口尤其是对美出口贸易受到了严重的影响，致使营业利润相应减少。

（2）财务信息反馈不及时，缺乏预警防范体系

众所周知，世界各国一直不承认中国的市场经济地位，这也是其他各国不断对我国企业发起反倾销诉讼的重要原因。自 2001 年加入世界贸易组织，虽然我国在政治、经济、文化、科技等各个领域都取得了举世瞩目的成就，但以美国为首的个别西方国家出于政治的目的，不断向我国发起贸易战，以"非市场经济地位"为由向我国出口企业强制征收额外关税和反倾销税。

其次，企业管理层未重视企业财务信息，也为对手成功地发起反倾销提供了条件。MT 公司之所以被美国强制征收反倾销税，一方面是因为其缺乏完善的预警防范体系，即内部控制不完善，相关财务信息不能及时地反馈给管理层；另一方面在于其财务人员不能从全局的角度关注其竞争对手的财务状况，进而无法在反倾销诉讼中做到据理力争、从容应对，最终只能接受被强制征税的结果。

因此，MT 公司近年来虽不断加大投资资本，但若不能在企业财务部门加大投入，建立预警防范体系，那么再次面对反倾销时将依然无法积极应诉，蒙受不必要的损失。

7.2.2.2 筹资战略存在的问题

（1）流动负债比例偏高，增加企业潜在风险

根据对 MT 公司筹资战略的分析可知，MT 公司的债务筹资以流动负债为主，即使 2018 年因中美贸易战而被迫大幅增加了非流动负债，其流动负债占负债总额的比例仍高达 88.62%，尤其从 2017 年开始，为了加快企业转型升级，公司与比亚迪、中集等国内大型企业签订供货合同，不断加大项目投入，2017 年公司的流动负债同比增长 67.73%，而 2018 年流动负债相比 2017 年稍有减少。

此外，从 MT 公司的财务战略矩阵中，可以看到因为受美国反倾销的影响，2018 年公司对美出口贸易损失严重，资金无法及时回流，所以出现了资金短缺的困境，而较高的流动负债更是让企业短期的资金运转雪上加霜。如果中美贸易战短期不能得到有效缓解，将给全球市场带来不确定性，偏高的流动负债将会给企业经营活动带来潜在风险。

（2）资本结构不佳，筹资成本偏高

根据 EVA 的计算公式，经济增加值是企业税后净营业利润与加权平均资本总额的差额，从 MT 公司的财务战略矩阵可以看出，2015 年企业的 EVA 为负值，而 2017 年在企业税后净营业利润额大幅增长后，其 EVA 却与 2016 年相当，2018 年因为企业前两年投入建设的项目逐步完工，已经开始向比亚迪、中车等企业供货，保证了企业利润的稳步增长，但是其 EVA 相比于前两年只是小幅增加，其根本原因是 MT 公司的企业管理层在筹资战略的选择上未能充分考虑到市场环境的变化，尤其是 2015 年全球铝市低迷和 2018 年公司被美国强制征收反倾销税的背景下，管理层为实现其投资战略的目标未能及时有效地调整公司的资本结构，2017 年和 2018 年更是大幅提升了流动负债的金额，从而增加了企业的筹资成本。

MT 公司以股权筹资为主，而股权筹资中主要来源是企业每年的留存收益，尽管企业提高内部资金的利用率能够一定程度上缓解整体偿债压力，但管理层还需考虑投资者对企业投资回报率的满意程度。此外，MT 公司在融资战略中股东权益的比重偏高，即现有的资本结构使得其筹资成本偏高，进而导致其加权平均资本成本总额一直维持在较高的数额，最终影响了企业的经济增加值。

7.2.2.3 运营战略存在的问题

（1）缺乏正面应对美国反倾销的积极态度

近年来，MT 公司坚持以市场需求为导向，不断进行产品的升级换代；同时公司瞄准行业发展方向，不断寻求新的合作伙伴，进军新的技术领域，并积极拓展新的海外市场，进一步提高市场占有率。这一系列措施，表明了 MT 公司的管理层面对反倾销，采用的是增加其他地区的销售收入，来抵销在美国市场的损失的策略。

这一对策确实可以巧妙地缓解反倾销引发的损失，同时也可以趁机打通其他地区的销售市场，但毕竟这是一个被动的策略，始终治标不治本。对此，为探寻更好的应对反倾销策略，笔者建立一个"囚徒困境"的矩阵模型（见

表 7 – 14），研究反倾销博弈双方在面对反倾销时的最佳选择。对于出口国被反倾销制裁的企业和进口国"受损害"的企业而言，他们之间的博弈就如同被困在监狱中的两个囚徒，在无法知晓对方选择的前提下为求自保只能做出有利于自身的最佳选择。基于此，笔者将进口国"受损害"的企业（外国企业）与出口国被反倾销制裁的企业（中国企业）设定为反倾销博弈的主动方和被动方，此时，双方能否在第一时间做出准确判断，把握机会及时出击，是保护自身利益，获取博弈胜利的重中之重。

表 7 – 14   "囚徒困境"矩阵模型

		外国企业	
		积极应诉	不应诉
中国企业	积极应诉	0，0	1，-2
	不应诉	-2，1	-1，-1

鉴于此，假设中国企业和外国企业积极应诉的收益均为 1，但是不应诉的收益则为 -1。如果中国企业和外国企业都积极应诉，则两方的收益均为 0；若一方积极应诉，另一方不应诉，则积极应诉的一方收益为 1，不应诉的一方收益为 -2；若两方都不应诉，则收益都为 -1，显而易见双方都采取积极应诉的方案是最好的选择。因为这样的话虽然不会得到收益，但至少可以保证自己不会受到损害，这也是双方最理性的选择。当前，MT 公司已经被强制征收反倾销税，说明企业在之前的博弈中已经处于劣势，但此时管理层应该考虑的是如何避免不再被美国启动"双反"调查，或者是在下次可能的反倾销诉讼中如何从容应对，而不是选择回避正面冲突，放弃美国市场。

（2）缺乏反倾销会计人才参与企业运营管理

MT 公司的无形资产占总资产的比重始终处于较低水平，可见公司管理层未能对无形资产予以足够重视。会计上的无形资产主要包括专利权、非专利技术、商标权等没有实物形态的可辨认非货币性资产。虽然公司在 2008 年就被认定为省企业技术中心、省铝板带箔工程技术研究中心，并已开发出 2 系、7 系合金板生产技术，公司商标也被冠以省名牌产品称号，但这些难以支撑起企业的长远竞争力，远不能满足公司成为国内铝加工龙头企业的规划目标。

　　此外，无形资产的比重偏低也从侧面反映了企业在人才资源上的匮乏。笔者统计了 MT 公司 2018 年全部员工的教育文化程度（见图 7 - 6），可见公司高学历人才匮乏，大学本科及以上的员工只占总员工人数的 4%，剔除科研人员，公司配备于其他部门的人才更是屈指可数。当前，企业惨遭美国的反倾销制裁，而同时兼具反倾销理论和会计专业知识的人才十分匮乏，此类人才能够为企业提供反倾销应诉所需的关键财务信息，帮助企业在反倾销博弈中力挽狂澜，从而避免因反倾销导致的损失。人才是第一生产力，MT 公司之所以会被征收高额的倾销税，其缺少反倾销会计人才参与应诉也是一个重要的原因。

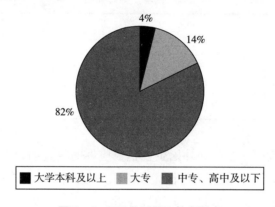

图 7 - 6　MT 公司员工教育程度

7.2.2.4　股利分配战略存在的问题

（1）现金股利支付率较低，打击投资者信心

　　近年来，MT 公司的现金股利支付率呈现下降趋势，除了 2018 年公司股利分配政策增加了现金股利的金额，2015 ~ 2017 年，公司每年分派的现金股利占当年可分配利润的比例从 30.7% 下降到了 16.76%，这在企业每年的净利润持续增长的情况下，显然无法满足广大投资者希望获得更高股利分配的心理预期。

（2）股利分配政策未对员工起到激励作用

　　MT 公司的员工薪酬中，股利分配所得的比例很少，这样很难获得员工对企业的认同感、使命感以及责任意识。我们知道，只有当个人的利益与集体的利益息息相关，荣辱与共的时候，个人才会更加地努力，全身心地奉献于集体。尤其是在企业遭受诸如反倾销制裁的不利条件下，管理层只有及时采取措施将企业各级员工紧紧地凝聚在一起，才能有助于企业渡过难关，稳步前行。

因此，要想凝聚人心同时激发起公司员工的积极性，就要适时地完善已有的股利分配政策，提高员工的股利分配金额，让员工充分地融入企业，更好地服务企业。

7.3 反倾销环境下 MT 公司的财务战略优化建议

7.3.1 MT 公司财务战略优化思路

通过对反倾销环境下的 MT 公司的财务战略环境和财务战略的状况进行分析，并结合其财务战略矩阵总结出公司当前的财务战略所存在的一些问题。我们发现，MT 公司在 2018 年位于财务战略矩阵的第一象限，为增值型现金短缺类型的企业，其主要原因在于受当年中美贸易战全面爆发的影响，公司被美国强制加征反倾销税和关税，同时其在美国的业务也损失惨重，最终导致公司在 2018 年出现现金短缺的情况。因此，当前 MT 公司管理层的当务之急是解决反倾销对企业造成的负面影响，及时调整财务战略避免其再次被美国启动"双反"调查，从而造成无谓的损失。而对于增值型现金短缺的企业，依据前面对财务战略矩阵的应用研究，其优化思路如图 7-7 所示。

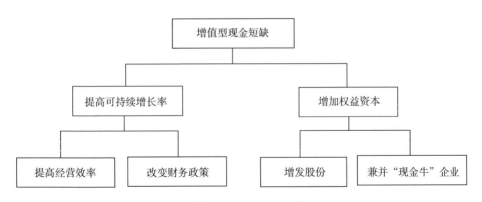

图 7-7 增值型现金短缺企业优化思路

此外，我们看到除了 2015 年，MT 公司在 2014~2017 年均处于第二象限，依据于财务战略矩阵具有一定的预测性，笔者推断除去反倾销的影响，一方面 MT 公司依靠其国内市场业务合作伙伴的稳定性；另一方面通过不断拓展业务和开辟新的市场，企业能够获得持续增长的现金净流量。所以笔者认为，只要企业管理层及时有效地缓解反倾销造成的损失或者中美贸易战有所缓和，经过一段时间的调整，MT 公司还将回归于第二象限，彼时企业将属于增值型现金剩余类型的企业，那么依据前文的理论研究，其主要的优化思路如图 7 - 8 所示。

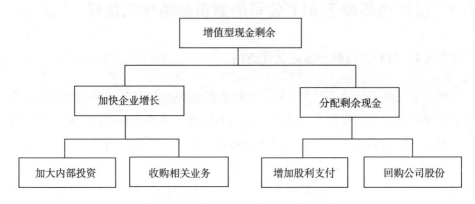

图 7 - 8　增值型现金剩余企业优化思路

最后，对 MT 公司财务战略进行优化，还需遵循行业经济周期、企业生命周期等要求以确保企业能够可持续发展。近阶段，中美贸易关系错综复杂，受美国执政当局对华态度反复无常的影响，我国出口企业对美出口产品依旧困难重重。加之受贸易战和全球经济增长放缓等因素的影响，国内、国外铝产品行业的发展都不容乐观。可见，MT 公司当前的经营风险系数较高，为保证企业的整体风险在可控范围内，企业需要降低其财务风险。基于以上优化思路，经过笔者多方权衡考量，对 MT 公司的财务战略提出以下优化建议。

7.3.2　投资战略优化建议

7.3.2.1 转移投资方向以减少企业损失

由于受中美贸易战的影响，公司对美国出口铝材的数量受到明显限制，再加上美国政府一直对我国出口产品加征关税，如今又强制征收反倾销税，导致公司对美国出口的成本提高，同时公司对美国出口的渠道基本被封锁了，因此 MT 公司出口业务的营业收入和营业利润都受到了严重的损失。为缓解这一困境，笔者认为 MT 公司应该迅速采取投资转移策略，可以将原计划对美国的投资，以及出口美国的铝材转销到欧洲、南美洲以及东南亚等地区。

2018 年 10 月，MT 公司在韩国全罗南道省光阳市设立了子公司光阳铝业股份公司，这一举措为企业在反倾销制裁下缓解压力，拓展新的海外市场，提高市场占有率占得了先机，可见 MT 公司的管理层在企业遭受损失时，能够及时认清当前局势，并采取了相应的弥补措施。此外，笔者认为企业还可以"一带一路"倡议为契机，把握发展机遇，将目光转向欧洲市场和东南亚市场，寻求更好的合作伙伴和商业市场，并借机巧妙地利用全球避税港，在推动公司全球化品牌战略的同时，减少中美贸易战下对华反倾销造成的损失。

7.3.2.2　建立反倾销财务预警体系

当下，MT 公司仍需要从自身实际出发，明确自身发展条件，遵循投资规模与市场容量一致的理念，严控或适当缩减建设周期偏长的投资项目，减少投资活动带来的巨额现金流出。当前企业受到美国反倾销的影响，要想继续健康稳定的发展就必须要树立危机意识，结合企业当下的发展阶段，投资建立反倾销财务预警体系。

如图 7-9 所示，一方面建立国内和国际信息平台。通过设计恰当有效的宏观指标和微观指标，其中宏观指标比如中美双方贸易差额的大小、美国各个银行的借贷利率等；微观指标比如企业的生产率、企业出口产品的利润率等，并以此为基础对企业产品的产销量及价格波动进行动态分析并设定预警值，在可能遭受国外反倾销调查时发出预警信号，便于企业管理层迅速采取应对措施。在应对措施上，企业管理层首先要对本企业相关设备的运行效率和经营投资进行检查和管理；其次，适时增加企业的人力资本和研发投入，即加大对各级员工的教育和培训支出，并对企业产品再研发以提高产品的生产率；再次，企业要主动寻求与行业和政府的三方协调，企业既要在政府的政策引导下制定合理有效的应对及防范措施、也要与其所属行业相关部门沟通协调，对其合规游说指出若被认定存在倾销行为不仅会损害企业的合法权益，也会对国内相关行业产生连锁效应，造成严重的不利影响；最后，政府也需根据相关行业的反馈信息及时对其指导规范，争取避免或降低国外反倾销制裁所引起的损失。

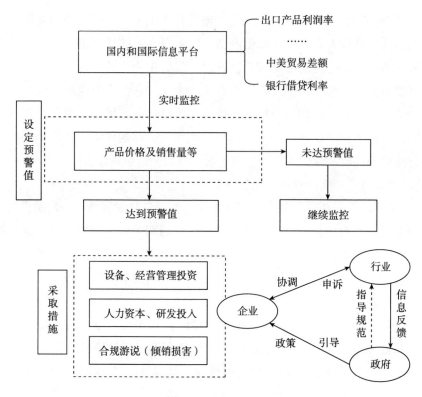

图 7-9　反倾销财务预警体系示意图

　　另一方面，再完美的体系也要有与之相匹配的人才实施才能更好地发挥其效能。所以，管理人员要充分利用公司财务人员的专业素养，从财务分析的角度衡量企业的发展思路，并不断地调整完善财务战略，尽可能地将潜在危机扼杀在萌芽之中。

7.3.3　筹资战略优化建议

7.3.3.1　降低流动负债比例优化资本结构

　　企业流动负债的比例越高，意味着其短期面临的潜在风险也就越高。通过对 MT 公司的筹资战略分析，公司为了配合财务扩张战略，不断增加企业负债金额，其中流动负债的比例远远高于非流动负债，但是近年来美国对公司实施的反倾销制裁使得企业海外业务损失惨重，同时高额的流动负债也增加了企业的短期还款压力，在这双重因素下企业经营利润无法达到预期，从而导致了企业经营风险增加。因此，公司必须适时地降低其流动负债比例，减少财务风险。

对于反倾销环境下 MT 公司的最优资本结构，笔者拟采用孟建波与罗林（1998）构建的最优资本结构模型来计算。

该模型的表达式为：

$$\mathrm{Ln}E = \frac{Z + I}{E} + \frac{E + I + Z}{V} \times \frac{100b}{1 - b}$$

该模型中，E 是税前利润总额，Z 是累计折旧与摊销，I 是利息支出，V 是企业的总资产，b 是企业的最优资产负债率。

笔者对 MT 公司 2014~2018 年母公司年报中的相关财务数据进行精准提炼，计算出的企业最优资本结构如表 7-15 所示。

表 7-15 MT 公司最优资本结构计算

年份	累计折旧与摊销（万元）	利息支出（万元）	税前利润总额（万元）	总资产（万元）	最优资本结构（%）	实际资产负债率（%）
2014	25 865.1	784	18 999	411 735.23	43.44	43.85
2015	14 114.22	565.5	13 229.81	435 739.52	58.28	31.97
2016	16 192.44	130.5	28 319.49	473 285.96	51.97	31.51
2017	15 551.06	2 546.79	37 078.55	697 079.2	55.63	36.14
2018	24 884.57	3 098.42	32 167.29	778 121.55	54.31	34.74

从表 7-15 中，我们发现 MT 公司的实际资产负债率只有 2014 年达到了最优资本结构，其余年份的资产负债率均远低于最优资本结构，因此无法实现企业价值的最大化。企业选择筹资的方式应该与企业的投资战略紧密结合，依据分析，MT 公司倾向于使用内部资金积累的权益性筹资，忽视了投资者对企业投资回报率的满意程度。虽然 2017 年和 2018 年提高了债务筹资的金额，但却以流动负债为主，导致其短期内无法有效地应对反倾销产生的负面影响，一方面由于企业受反倾销制裁出现了资金短缺的情况，高额的流动负债更增加了企业短期的资金压力；另一方面公司越来越侧重于长期投资，短期内很难获得可观的收益。

综上所述，为了保证 MT 公司的资本结构达到最优，在尽快实现企业价值最大化的同时，缓解其短期偿债负担，保证企业各项经营活动有序推进，笔者认为 MT 公司应当更多地采用长期负债的方式筹集资金。同时，企业还需调整内部融资和外部融资的比例，可以考虑将权益性筹资中的部分留存收益筹资改为股票筹资，既可以满足投资者对公司投资回报率的期望，又能够将企业经营中可能因为外部环境的变化所引起的潜在财务风险置于可控的范围内。

7.3.3.2 完善资金预算管理系统

为转型升级，MT 公司进军交通运输用铝、汽车轻量化用铝等高技术、高附加值领域。随着企业投资数额的不断加大，企业的负债数额也是逐年增加，尤其是短期流动负债的比率较大，这样增加了企业的短期经营风险，尤其在中美贸易战的影响下，公司在美国的经营利润受到严重的损失，增加了潜在的债务偿还风险。

根据 MT 公司的财务战略矩阵，公司在 2018 年因受美国反倾销制裁的影响，出现了资金短缺的情况，由此可知，企业管理层未能有效地做好资金预算管理，同时也缺乏完善的资金预算管理系统。基于此，MT 公司当务之急是要完善资金预算管理系统，只有完善的预算管理系统才能让企业管理层及时了解企业的资金状况，为其筹资决策提供依据，避免企业资金再次出现短缺的风险。对于企业的资金预算管理系统，笔者认为应达到以下要求：首先要确保公司各部门的财务数据和非财务数据准确无误地纳入预算系统中，增强系统运行结果的有效性；其次充分利用计算机管理系统对企业各项资金预算进行分析和审批，防止内部人为因素导致的主观风险；最后对资金预算管理系统进行实时监管和维护，按时对其更新升级，确保其能及时根据内外部环境的变化为企业各项经营活动有序推进提供保障。

此外，MT 公司还需建立长效债务风险预防机制。一方面，依托 5G、区块链、数字货币等信息技术建立风险预防机制，对短期债务风险进行评估，在风险发生前做好充分的应对策略；另一方面，必须加强企业员工的风险管理意识，特别是对于企业管理人员，要定期对其进行风险管理教育培训，强化其识别、防范潜在风险的意识。

7.3.4 运营战略优化建议

7.3.4.1 迎难而上建立境外生产基地

虽然 MT 公司近年来也尝试通过设立境外子公司拓展新的海外市场，但并不能彻底解决美国反倾销的影响，也不能避免公司再次被美国启动反倾销调查。

众所周知，我国出口企业在进行海外扩张时往往会面临一个关键的问题，那就是因为企业刚出国门，在出口国当地市场缺乏知名度，同时国外的消费者对于本国市场领先企业品牌的忠诚度较高，这就造成了我国企业很难在当地获得足够的市场份额，也就无法继续发展。此时，我们可以学习国内家电行业的海外扩张策略，就是尝试收购一些当地已经破产但是具有一定知名度企业和工厂，利用其品牌所尚存的影响力快速占领市场，同时依靠本国企业优良的产品获得当地消费者的进一步的认可。

7.3.4.2　增加无形资产投入并培养反倾销会计人才

根据西方国家的反倾销标准，如果我国出口企业能够有效地改进出口产品的结构，并在产品的各个方面实现其与被控诉反倾销的出口产品有显而易见的区别，就能够降低被反倾销调查的风险。因此，MT 公司应该积极主动地适应市场环境的变化，将更多的精力放在本企业出口产品的研发与创新上，提高无形资产的投入比重，全面改良本企业的各类产品，从而提高企业产品的生产率，增强企业产品的竞争力。

此外，MT 公司应该全力培养反倾销会计人才，选取公司优秀的财务人员，定期对其进行培训与考核，督促他们及时更新与反倾销相关的知识储备、熟识国际反倾销法并全面了解国际环境的变化趋势。这样即使公司遭受反倾销制裁，反倾销会计人员也能利用会计信息协助企业聘请的律师应对反倾销调查，进行规避、应诉与抗辩，最大限度降低反倾销带来的损失，或者避免再次被其他国家征收反倾销税；同时鼓励反倾销会计人员参与企业的运营管理，让他们能在了解公司当前采取的财务战略基础上，依据国际环境的变化及时向管理层提出更加完善的建议。对于新招入的员工，公司应对他们进行入职培训，一方面可以帮助他们更快地适应工作，进而减少差错、节省时间；另一方面能够展现清晰的职位晋升路径，及组织对他们的期望，帮助新员工更快地胜任本职工作，融入企业文化。只有引进更多有创新力的高学历和高技术人才，培养反倾销会计人才，才能减少在财务战略选择和决策上的短视和功利行为。

最后，公司的财务人员需要重视财务资料中所隐藏的各类信息，尤其要做到能够及时根据成本的变化和反倾销形势，为公司产品的价格制定提出专业建议，供企业管理层采用，并及时完善企业反倾销财务战略。这样，如果再遭受反倾销调查的时候，企业管理层也能依靠完备的财务资料，从容应对，在反倾销应诉中成功胜诉。

7.3.5 股利分配战略优化建议

7.3.5.1 增加现金分红数额

虽然 MT 公司每年都进行现金分红的股利分配政策，但是股利政策近几年几乎没有太大改变，除了 2018 年每 10 股派发现金红利增加为 2 元（含税），之前几年不论公司盈利多少，都是每 10 股派发现金红利 1 元（含税）。这样的股利分配政策不利于培养中小投资者的信心和热情，一旦中美贸易战短时间内无法缓解，中小投资者必然会优先考虑自身的利益，纷纷减少或者退出对 MT 公司的投资。所以，笔者认为公司在利润连年增长的情况下，可以适当增加现金分红的金额，提升中小投资者对企业管理层的信心。这样即使企业遭到美国反倾销征税，投资者也会和企业站在一起，共同面对风险和压力。

7.3.5.2 实施员工股权激励政策

股权激励是指让企业员工获得公司股票，使其享有一定的经济权利，能够以股东身份参与企业决策、分享利润、承担风险，从而让员工尽心尽力地为公司的长期发展服务。这一政策可以增强员工对企业的归属感和责任感。如果中美贸易战无法缓和，势必对企业的发展带来不利的影响，增加更多的潜在风险。此时如果可以有条件地让公司员工获取一部分股权，这样既可以平衡公司所有者和管理者的利益冲突；又可以通过股权激励来募集企业员工的资金，将其利益与公司绑定，让员工和企业共同承担风险，激发其为公司努力工作，可谓是一举多得。

8 反倾销对企业财务绩效的影响分析
——以 DX 公司为例①

本章针对 DX 公司展开研究，剖析我国光伏产业在遭受反倾销下，具体反映企业生产率的微观指标——财务绩效的变化，并给出相应的应对策略。从 DX 公司的发展过程可以看出，反倾销仅是影响企业绩效的外部因素，而能否在反倾销的压力下，保持战略定力，做好企业经营管理，不去做盲目的并购扩张，才能提升企业生产率，在市场竞争中立于不败之地。DX 公司正是由于过度扩张，大规模并购，却未能对各项收购的业务做好的整合管理，致使陷入连年亏损，无力偿债的困境。

8.1 DX 公司反倾销案件分析

DX 公司成立于 1992 年，1996 年在深圳证券交易所挂牌上市，是世界排名第四的液晶玻璃基板生产商，也是全球领先的光电显示材料供应商。该公司拥有光伏电站开发、光电显示材料、高端装备制造与系统集成等完整的光伏发电体系，是国内领先的环保新能源综合服务商。

2014 年 1 月 23 日，DOC 宣布对从我国进口的晶体硅光伏产品开展反倾销立案调查。2014 年 12 月 16 日，DOC 对原产于大陆和台湾地区的晶体硅光伏产品作出反倾销终裁，对源于大陆的产品征 26.33% ~ 165.04% 的反倾销税，DX 公司的出口贸易受到严重影响。

---

① 梁宵参与笔者的反倾销系列课题研究，为本章写作做出主要贡献。

8.2 反倾销对 DX 公司绩效影响分析

本章运用事件研究法、财务指标分析法、杜邦分析法和功效系数法综合分析反倾销如何影响企业绩效。首先使用风险调整法模式下应用最为广泛的市场模型，分别分析 DX 公司在遭受反倾销立案调查前后的短期和长期市场绩效；其次运用财务报表分析，辅以行业数据对比以排除共有因素的影响，横向和纵向对比分析反倾销前后共 6 年的财务绩效，并以杜邦分析法和功效系数法定量评价公司的财务绩效及能力，目的是从长期财务绩效角度分析反倾销如何影响光伏产业上市公司绩效。

8.2.1 市场绩效分析

事件研究法是一种常用于衡量某一事件影响程度的统计方法，它通过计算特定事件发生后投资者对该事件所持态度的变化对公司股价波动的影响——超额收益率，来确定该事件对公司股价的相互关系，进而检验市场是否有效。本章采用事件研究法对 DX 公司进行市场绩效分析，选择了美国对华晶体硅光伏产品反倾销的首次立案公告日为事件期，研究事件期前后的超额收益率（abnormal returns，AR）和累积超额收益率（cumulative abnormal returns，CAR）的变化情况，从而判断此次反倾销对 DX 公司的影响。具体步骤如图 8 - 1 所示。

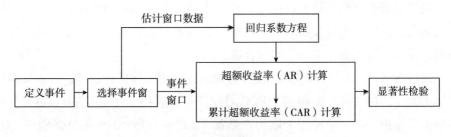

图 8 - 1 事件研究法步骤

8.2.1.1 短期市场绩效分析

（1）事件研究法

本书选用事件研究法来研究企业遭受反倾销立案调查的短期市场反应。事件研究法的研究目标，即分析某一事件的发生是否会引起股票交易价格的异常反应，也就是超额收益率的产生与否，然后分析其累计超额收益率的变化，由此判断这一事件对企业短期市场绩效的影响。

本章通过对 DX 公司遭受反倾销立案调查前后，其股票超额收益率的变动情况的分析，探讨遭受反倾销立案调查这一事件是否影响了企业绩效以及其影响程度。如若股票超额收益率上升，则表明市场投资者对公司反倾销立案的预期良好，反倾销案具有积极的财富效应；反之，若股票超额收益率下降，则表明市场对反倾销立案有消极反应，市场投资者视之为坏消息，导致股价下跌，反倾销立案的公告效应为负。

（2）确定研究事件及事件日期

事件研究法的第一个步骤是确定研究的事件，由于本案例研究的是 DX 公司反倾销立案后的市场绩效，那么我们研究的事件就是公司反倾销立案对股价的影响，进一步我们就要确定市场知道该事件或信息的时点，即确定事件日。事件日不是事件实际的发生日期，而是市场接收到该事件相关信息的时间点。在本案例中，2014 年 1 月 24 日是市场首次接收到关于 DX 公司反倾销立案的信号的日期，本书以该日作为事件日，而不以美国反倾销立案日为事件日，是因为若将反倾销立案实际发生日为事件日，由于美国反倾销立案消息不如国内消息更为大家所知，因此将国内发布反倾销立案的日期为事件日，能更好地体现市场绩效的波动。本案例中的事件日定为国内发布美国对华晶体硅光伏产品反倾销立案公告日，即 2014 年 1 月 24 日，将此时间记作第 0 个交易日，案件公告发布日前一个交易日记为 -1，案件公告发布日后一个交易日记为 1，以此类推。

（3）确定事件期和清洁期

事件研究法的第二个步骤是确定事件期，也就是对事件的观察期，为了研究发布反倾销立案公告前后 DX 公司股票交易价格的变动情况，本书定义事件期为事件日前 15 个交易日、事件日以及事件日后 15 个交易日，即事件窗口为（-15，15），总共 31 个交易日。

要计算反倾销立案预案公告日后上市公司股票的超额收益率，首先要计算出事件期内股票的预期收益率，然后将实际收益率减去预期收益率，以衡量反倾销立案公告对 DX 公司股票收益的影响如何。预期收益率指反倾销立案事件不曾发生时，上市公司股票应该存在的收益率，本书选取反倾销立案发布日前 135 个到前 16 个交易日，事件窗口为（-135，-16），共 120 个交易日为清洁期，以估计其预期收益率。反倾销立案短期市场绩效的事件期和清洁期如图 8 - 2 所示。

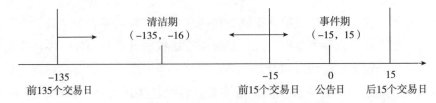

图 8 - 2　反倾销立案短期市场绩效研究时间轴

（4）计算超额收益率和累计超额收益率

本书选择风险调整法模式（Risk - Adjusted Returns Model）下，最为广泛应用的市场模型（Market Model）计算股票的预期收益率。依据清洁期的数据资料，以清洁期内市场收益率、公司股票的实际收益率分别作为解释变量、被解释变量，根据最小二乘法（OLS）建立以下回归模型：

$$R_t = \alpha + \beta \times R_{mt} + \varepsilon_t \qquad (8-1)$$

其中，R_t 表示 DX 公司股票在清洁期内 t 日的实际收益率，收益率的计算使用连续复利的方法，$R_t = \ln(\dfrac{p_t}{p_{t-1}})$，其中，$p_t$、$p_{t-1}$ 分别为 t 日、$t-1$ 日上市公司股票的收盘价；R_{mt} 为清洁期内 t 交易日的市场收益率，DX 公司在深圳证券交易所上市，所以本章使用深证成指的日收益率作为市场收益率。连续复利收益率计算公式如下：$R_{mt} = \ln(\dfrac{Ml_t}{Ml_{t-1}})$，式中 Ml_t、Ml_{t-1} 分别为 t、$t-1$ 期的深证成指收盘指数；式（8 -1）中 β 表示上市公司股票的系统性风险，此外假设 α、β 在事件期内保持稳定数值。

在估计出上述模型中的 $\hat{\alpha}$、$\hat{\beta}$ 值后，将事件期内市场的实际收益率 R_{mt} 代入公式，即可计算出事件期内股票的预期收益率：

$$E(\hat{R}_t) = \hat{\alpha} + \hat{\beta} \times R_{mt}, t = -15, \cdots, 15 \qquad (8-2)$$

在计算出事件期内的预期收益率后，用事件期内股票的实际收益率减去其预期收益率，就可以计算事件期内股票每日的超额收益率（AR）以及事件期内的累计超额收益率（CAR）。

$$AR_t = R_t - E(\hat{R}_t) = R_t - (\hat{\alpha} + \hat{\beta} \times R_{mt}), t = -15, \cdots, 15 \qquad (8-3)$$

$$CAR = \sum_{t=-15}^{15} AR_t \qquad (8-4)$$

其中，R_t 表示 DX 公司股票在事件期内 t 交易日的实际收益率，CAR 表示上市公司事件期内所有交易日的超额收益率之和，用来衡量反倾销立案公告的发布对 DX 公司股价收益率产生的影响。

（5）短期市场绩效的度量

综上所述，本书选择事件研究法对 DX 公司反倾销立案产生的短期市场效应进行分析，首先确定事件主体和事件日期，本书以美国对华晶体硅光伏产品反倾销国内立案公告日当天即 2014 年 1 月 24 作为事件日。所以，本案例中的事件日为 2014 年 1 月 24 日，然后以反倾销立案发布日前后各 15 个交易日为事件期，以事件日前 16 个交易日至事件日前 135 个交易日为估计窗口，以市场模型对 DX 公司的预期收益率进行估计，最后以超额收益率和累计超额收益率为指标，来衡量反倾销立案公告给市场带来的影响。

DX 公司股票日收盘价和深证成指日收盘指数通过 Wind 与国泰安数据库下载，并经计算得到股票及市场日收益率，数据演算使用 Excel 和 Stata。经过回归分析，得到市场模型中参数的估计值：$\hat{\alpha} = 0.002\,6\%$，$\hat{\beta} = 0.467\,2$。所以，事件期内 DX 公司股票的预期日收益率计算公式如下：

$$E(\hat{R}_t) = 0.002\,6\% + 0.467\,2 \times R_{mt}, t = -15, \cdots, 15 \qquad (8-5)$$

接下来，通过计算得到超额收益率和累计超额收益率。对反倾销立案调查公告日前后 15 天 DX 公司的市场绩效进行检验的结果见表 8 – 1。

表 8 – 1　　　反倾销立案公告前后股东的超额收益率和累计超额收益率　　　单位:%

交易日期	实际收益率	预期收益率	超额收益率	累计超额收益率
2014 年 1 月 3 日	3.41	− 1.24	3.72	3.72
2014 年 1 月 6 日	− 0.74	− 1.80	− 0.16	3.56
2014 年 1 月 7 日	2.23	0.08	1.93	5.49
2014 年 1 月 8 日	5.15	− 0.15	4.95	10.44
2014 年 1 月 9 日	− 2.61	− 0.82	− 2.49	7.95
2014 年 1 月 10 日	− 1.15	− 0.71	− 1.08	6.87
2014 年 1 月 13 日	− 2.10	− 0.19	− 2.28	4.60

续表

交易日期	实际收益率	预期收益率	超额收益率	累计超额收益率
2014 年 1 月 14 日	2.77	0.86	2.10	6.70
2014 年 1 月 15 日	1.37	-0.17	1.19	7.89
2014 年 1 月 16 日	2.44	0.02	2.17	10.05
2014 年 1 月 17 日	2.01	-0.93	2.18	12.23
2014 年 1 月 20 日	2.54	-0.68	2.60	14.83
2014 年 1 月 21 日	1.16	0.86	0.50	15.33
2014 年 1 月 22 日	-0.20	2.16	-1.47	13.85
2014 年 1 月 23 日	0.50	-0.47	0.46	14.31
2014 年 1 月 24 日	9.17	0.60	8.63	22.94
2014 年 1 月 27 日	3.88	-1.03	4.10	27.03
2014 年 1 月 28 日	-1.49	0.26	-1.88	25.15
2014 年 1 月 29 日	0.36	0.56	-0.17	24.99
2014 年 1 月 30 日	2.22	-0.82	2.34	27.33
2014 年 2 月 7 日	-1.35	0.56	-1.87	25.45
2014 年 2 月 10 日	-0.13	2.03	-1.35	24.11
2014 年 2 月 11 日	-1.72	0.84	-2.38	21.73
2014 年 2 月 12 日	-3.77	0.30	-4.18	17.55
2014 年 2 月 13 日	-0.70	-0.55	-0.71	16.85
2014 年 2 月 14 日	4.00	0.83	3.34	20.19
2014 年 2 月 17 日	3.93	0.92	3.24	23.43
2014 年 2 月 18 日	-0.83	-0.77	-0.73	22.69
2014 年 2 月 19 日	-5.44	1.11	-6.22	16.47
2014 年 2 月 20 日	-4.22	-0.18	-4.40	12.07
2014 年 2 月 21 日	0.48	-1.17	0.77	12.84

最后，对 CAR 进行独立样本 t 检验，检验其是否显著等于 0 并判断其运动方向。若检验结果显著不等于 0，则说明时间窗内股价变化并不受随机因素影响。检验结果如图 8 - 3 所示。

Variable	Obs	Mean	Std. Err.	Std. Dev.	[95% Conf. Interval]
car	31	.1544	.0136131	.0757943	.1265984　.1822016

```
     mean = mean(car)                                          t =  11.3420
Ho: mean = 0                               degrees of freedom =        30

    Ha: mean < 0               Ha: mean != 0                 Ha: mean > 0
 Pr(T < t) = 1.0000       Pr(|T| > |t|) = 0.0000          Pr(T > t) = 0.0000
```

图 8 – 3　t 检验结果

在前后 31 个交易日的窗口期内，超额累计收益率的均值为 15.44%，t 值为 11.342，双侧检验在 1% 的水平上显著大于 0，说明回归关系具有统计学意义，市场对该事件具有积极的反应。

短期事件研究中的超额收益率（AR）的趋势如图 8 – 4 所示。

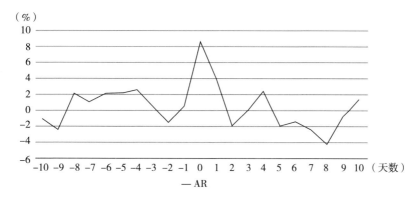

图 8 – 4　反倾销立案公告短期超额收益率走势

从表 8 – 1 和图 8 – 4 可见，在我国商务部发布反倾销立案消息前，DX 公司的超额收益率处于正常波动范围，案件公布前 10 天，有 7 天超额收益率为正，有 3 天超额收益率为负，整体在小范围内持续震荡。在我国商务部发布反倾销立案公告当天，其超额收益率突然提高至 8.63%，事件日后接连三个交易日的超额收益率分别为 4.10%、– 1.88% 和 – 0.17%，超额收益率连续急速下降。在事件日后第 8 个交易日，其超额收益率下降到 – 4.18%，又急速反弹至 3.34%，13 日又创新低，在反倾销立案公告发布后，其异常报酬围绕横坐标轴大范围上下波动，总体呈现向下趋势。

综上所述，在整个事件期内超额收益率表现出上下反复的波动趋势，反映了市场强烈关注导致的高换手率和投资者对于事件的不稳定反应。反倾销之初投资者对于事件未来的发展趋势分析和预判存在差异,上述数据特征的出现,可能是因为遭受反倾销调查在如光伏这类高出口、高科技的行业中并不多见,这一情况也符合投资者"有限理性"的特征。总体而言,反倾销立案信息的公布这一事件对公司股价存在一定的短期影响。

反倾销立案预案公告日前后15天累计超额收益率的走势如图8-5所示。

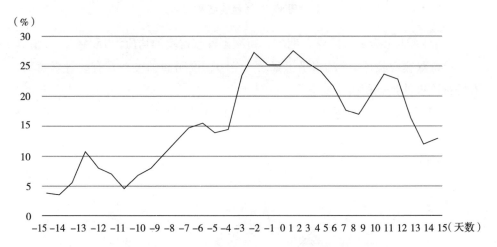

图8-5 反倾销立案公告长期超额收益率走势

从图8-5能看出,在事件日之前的事件期内,公司的累计超额收益率是波段性持续上涨的,在公告日及公告日后一日,累计超额收益率直线攀升至27.03%,并持续到第四日在之后几个交易日内累计超额收益率出现向下走的趋势,并在11日上升至23.43%之后几个交易日累计超额收益率持续下降。反倾销立案预案的公告使股东获得的累计超额收益率下降,造成了短期内的负面效应。

综上所述,反倾销立案事件日前后公司累计超额收益率的变化说明股票市场对公告反倾销立案这一事件持消极态度,公告日后短期股票市场表现出负的财富效应,可以初步证实反倾销立案能给公司带来负的绩效。

根据以上进行分析,可以发现反倾销立案信息发布后DX公司市场收益率产生了很大的波动。这不仅表明市场高度关注这一事件,也表示投资者之间对此有着不同的看法。事件公布日当天到第四日公司股票产生了最高的平均累计超额收益率26.13%,远超于其余日期,事件信号对于投资行为有着显著影响。结合事件本身我们可以看到,本次事件对市场的影响来自反倾销程序的推进,由我国商务部立案公告的发布到正式开始反倾销调查，影响来自反倾销程序本身。而公布前由于市场投资者对于信号反应速度不及时等因素，造成了对事件势态判断的差异，导致收益持续波动。

8.2.1.2 长期市场绩效分析

（1）长期事件研究法

本书选取 2014 年 1 月为事件日，也就是 DX 公司反倾销立案调查信息发布月，记为 t = 0。为分析反倾销立案调查的长期市场效应，本书定义事件窗口为（-12，36），为公告日前 12 个月及公告日后 36 个月。通过计算事件期内上市公司的月度超额收益率以及累计超额收益率，分析反倾销在长期中是否仍存在负的市场效应。本书选择累计月度超额收益率为衡量反倾销对 DX 公司绩效影响的指标。计算公式如下：

$$AR_t = R_t - E(\hat{R}_t), t = -12, \cdots, 36 \qquad (8-6)$$

$$CAR = \sum_{t=-12}^{36} AR_t \qquad (8-7)$$

其中，AR_t 为 DX 公司在第 t 月的异常收益率；R_t 为 DX 公司在第 t 个月的实际收益率，数据由国泰安数据库中的考虑现金红利的个股月度回报率经转换计算得出，国泰安数据库中的个股月度回报率为百分比收益率 r，在此通过公式 $R_t = \ln(1 + r)$ 转换为连续复利收益率；$E(\hat{R}_t)$ 为上市公司在第 t 月的期望收益率，本书采用深证成指的月连续复利收益率作为公司在该月的期望收益率；CAR 为公司在（-12，36）期间的累计超额收益率。

（2）长期市场绩效的度量

对长期 CAR 进行独立样本 t 检验，检验其是否显著等于 0 并判断其运动方向。若检验结果显著不等于 0，则说明时间窗内股价变化并不受随机因素影响。检验结果如图 8-6 所示。

Variable	Obs	Mean	Std. Err.	Std. Dev.	[95% Conf. Interval]	
car	49	.5178653	.038321	.2682472	.4408157	.5949149

mean = mean(car)		t = 13.5139
Ho: mean = 0		degrees of freedom = 48

Ha: mean < 0	Ha: mean != 0	Ha: mean > 0
Pr(T < t) = 1.0000	Pr(|T| > |t|) = 0.0000	Pr(T > t) = 0.0000

图 8-6 t 检验结果

在前后 49 个交易月的窗口期内，超额累计收益率的均值为 51.78%，t 值为 13.514，检验在 1% 的水平上显著大于 0，说明市场对该事件积极反应。长期事件研究中的超额收益率（AR）和累计超额收益率（CAR）的折线图如图 8 - 7 所示。

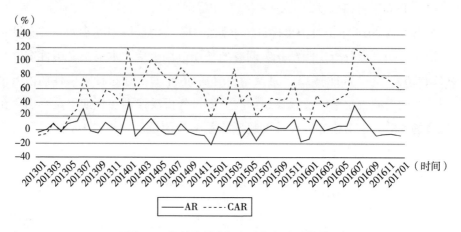

图 8 - 7　超额收益率和累计超额收益率变动

由图 8 - 7 可以看到，在美国对华晶体硅光伏产品反倾销立案公告前一年时间里，公司的超额收益率呈现一个小幅波动状态，累计超额收益率则是波段性上涨，累计超额收益率从 2013 年 1 月的 - 4.31% 持续涨至 2014 年 1 月的 80.8%，此后公司的累计异常收益继续波动，一直到 2014 年 12 月，都呈现波动下降趋势，直到 2016 年 1 月累计超额收益率才开始走高。这反映在事件结果尚未明朗之前，投资市场对该事件强烈关注及持看跌情绪，而事件落地后影响则缓慢消化，超额收益率在一定时间内得到回归。从图 8 - 7 公司的异常收益波动曲线可以发现，反倾销立案前一年以来公司的市场反应为正，获得了较高的股东财富，在反倾销立案当年以及反倾销立案公告后两年，公司市场表现不佳，而反倾销立案后的第 3 年开始，公司的业绩出现改善，绩效出现了上升趋势。

但同时需要注意的是，DX 公司在立案后，股价不断上升，是由于 DX 公司进行了大量的并购、重组，而股票市场热衷于题材炒作，因此 DX 公司获得了资金追捧，从而股价节节攀升。但是，其对收购的大量业务未能有效整合，导致运营效率低下，利润下滑，从 2019 年开始，公司陷入连年持续亏损，导致股价大幅下滑。这说明，股票市场并非完全有效市场，参与者的非理性行为，会造成股价暴涨暴跌，而反倾销仅为影响企业业绩的外部因素，而企业管理层的努力经营，正确决策，才是决定企业绩效的根本内因。

8.2.2 财务绩效分析

盈利能力、偿债能力、资产运营效率以及可成长性是评价企业财务绩效的四个主要维度。因此本节将通过比较反倾销立案前 2 年、反倾销立案当年及后 3 年上述财务指标的变动情况，探析反倾销立案如何影响了 DX 公司的财务绩效。同时，本章在纵向分析上市公司财务绩效变化的同时，也将上述各指标与光伏行业均值进行了横向对比分析。数据来源于 DX 公司 2012 ~ 2017 年年度报告。

8.2.2.1 盈利能力分析

盈利能力是企业财务绩效的重要衡量指标，本书选取了净资产收益率、成本费用利润率、主营业务利润率、总资产净利率对 DX 公司盈利能力进行分析。

（1）纵向对比分析

2012 ~ 2017 年 DX 公司各年盈利能力指标如表 8 - 2 所示。

表 8 - 2 公司盈利能力指标变动趋势 单位:%

指标	2012 年	2013 年	2014 年	2015 年	2016 年	2017 年
净资产收益率	36.4	6.35	13.68	9.26	5.58	5.64
主营业务利润率	49.8	54.78	43.74	39.02	29.39	20.31
总资产净利润率	19.79	7.38	8.46	6.75	3.47	3.39
成本费用利润率	69.44	102.73	72.75	45.32	26.76	14.79

从表 8 - 2 中可以看出，在 2014 年美国对华晶体硅光伏产品反倾销立案调查后，DX 公司的盈利能力有所下降，各盈利能力指标都呈下降趋势。在 2014 年美国对华晶体硅光伏产品反倾销立案调查前，DX 公司的主营业务利润率和成本费用利润率都在迅速增加，而 2014 ~ 2017 年大幅下降，且变化趋势逐渐平缓，反倾销带来的负面效应被逐渐消化。从盈利角度看，DX 公司还是面临着比较大的困难，不能及时地扭转下降趋势。

（2）横向对比分析

2012～2017年DX公司成本费用利润率与光伏行业均值对比如表8-3所示。

表8-3　　　　　　DX公司成本费用利润率与光伏行业平均水平对比　　　　单位:%

成本费用利润率	2012年	2013年	2014年	2015年	2016年	2017年
DX公司	69.44	102.73	72.75	45.32	26.76	14.79
光伏行业均值	0.418 9	2.838 4	4.869 8	4.450 1	6.442 0	6.692 4
差异	69.02	99.89	67.88	40.87	20.32	8.10

由表8-3可以看出，DX公司成本费用利润率无论在反倾销调查前还是之后都远高于行业均值，然而变动趋势却截然不同。光伏行业成本费用利润率呈现稳步上涨的趋势，在2012～2013年，DX公司成本费用利润率同行业均值变化趋同，而2014年受反倾销影响，由于反倾销调查及其惩罚措施的出台，提高了产品成本，挤压了公司利润。DX公司成本费用利润率持续降低。

DX公司2012～2017年净资产收益率与光伏行业平均水平对比如表8-4所示。

表8-4　　　　　　DX公司净资产收益率与光伏行业平均水平对比　　　　单位:%

净资产收益率	2012年	2013年	2014年	2015年	2016年	2017年
DX公司	36.4	6.35	13.68	9.26	5.58	5.64
光伏行业均值	0.287 6	1.994 4	8.410 4	6.020 6	9.193 0	8.980 3
差异	36.11	4.36	5.27	3.24	-3.61	-3.34

与光伏行业均值缓慢向上增长的趋势不同，DX公司的净资产收益率呈现下降趋势，并在遭受反倾销后的第二年开始低于行业平均水平。净资产收益率可以反映公司管理层的资产管理及财务控制能力，以及企业的盈利能力。一般认为，企业净资产收益率越高，运营效益越好，管理者为股东创造的收益越大，对企业投资人、债权人的保证程度就越高。结合实际分析可知，为应对反倾销影响，DX公司于2015年和2016年分别募集资金80亿元和70亿元，用于石墨烯技术的研发项目，导致了净资产收益率的下降。

DX 公司 2012～2017 年总资产收益率与光伏行业平均水平对比如表 8－5 所示。

表 8－5　　　　　　DX 公司总资产收益率与光伏行业平均水平对比　　　　单位：%

总资产收益率	2012 年	2013 年	2014 年	2015 年	2016 年	2017 年
DX 公司	19.79	7.38	8.46	6.75	3.47	3.39
光伏行业均值	0.347 3	0.893 1	3.366 8	2.424 1	3.908 7	3.853 2
差异	19.44	6.49	5.09	4.33	－ 0.44	－ 0.46

通过表 8－5 可知光伏行业的总资产收益率均值处于一个缓步上升的阶段，而 DX 公司则从 2013 年跳水后逐渐下滑，遭受反倾销调查的长期影响逐年显现，到 2016 年 DX 公司总资产收益率开始低于行业平均水平。总资产收益率代表着企业全部资产的收益水平，综合反映了企业的盈利能力和投入产出状况，总资产收益率的下降表明企业的资本利用率在降低，即企业的总体获利能力下降。

8.2.2.2　偿债能力分析

在偿债能力的分析上，本书选取资产负债率和利息保障倍数来分析公司的长期偿债能力，选取流动比率、速动比率和现金比率来比较分析公司的短期偿债能力。

（1）纵向对比分析

DX 公司 2012～2017 年各年短期和长期偿债能力指标如表 8－6 所示。

表 8－6　　　　　　　　公司偿债能力指标变动趋势　　　　　　　　单位：%

指标	2012 年	2013 年	2014 年	2015 年	2016 年	2017 年
资产负债率	30.55	34.97	48.06	49.44	50.73	52.64
利息支付倍数	－ 124 254.94	18 067.07	1 895.55	653.74	543.27	402.38
流动比率	2.34	8.15	3.39	2.59	3.81	2.25
速动比率	2.1	7.79	3.18	2.27	3.51	2.01
现金比率	15.33	313.51	133.89	185.34	285.97	132.38

表 8 - 6 汇总了反倾销前后各年 DX 公司的短期和长期偿债能力指标，从中可以发现，反倾销后较之前公司的资产负债率有所提高，在 2017 年达到了52.64%。反倾销后，企业由于转型升级、产品创新的需要，大笔注资，导致负债比重进一步增加。而由利息支付倍数我们可以看出，经过反倾销后企业的长期偿债能力大幅降低，2015 年仅为 2014 年反倾销当年的 1/3 左右，而后仍在逐年降低。同时，从表中可以看到公司的短期偿债能力指标均在反倾销发起当年呈现跳水趋势，而后持续波动，涨跌不定。

综上所述，反倾销对于企业的长期偿债能力影响较大，持续时间较长，而短期偿债能力影响较小，且只在当年显著。

（2）横向对比分析

DX 公司 2012～2017 年资产负债率与光伏行业平均水平对比如表 8 - 7 所示。

表 8 - 7 资产负债率与光伏行业均值对比 单位:%

资产负债率	2012 年	2013 年	2014 年	2015 年	2016 年	2017 年
DX 公司	30.55	34.97	48.06	49.44	50.73	52.64
光伏行业均值	58.926 4	60.187 5	58.912 3	60.858 3	58.474 6	58.503 5
差异	-28.38	-25.22	-10.85	-11.42	-7.74	-5.86

资产负债率是评价企业负债及风险的主要指标。通常认为 40%～60% 是资产负债率的适当水平。为有效降低财务风险，经营风险较高的企业应选择相对较低的资产负债率。在遭受反倾销负面影响和公司规模不断扩大的背景下，公司的资产负债率有所上升，不断增加的借款使得利息保障倍数下降，长期偿债压力提高了企业的财务风险。但总体水平仍低于行业平均水平，资产负债率水平较为合理。

DX 公司 2012～2017 年流动比率与光伏行业平均水平对比如表 8 - 8 所示。

表 8 - 8 DX 公司流动比率与光伏行业平均水平对比 单位:%

流动比率	2012 年	2013 年	2014 年	2015 年	2016 年	2017 年
DX 公司	2.34	8.15	3.39	2.59	3.81	2.25
光伏行业均值	1.238 5	1.206 9	1.203 6	1.223 5	1.277 9	1.307 9
差异	1.10	6.94	2.19	1.37	2.53	0.94

光伏行业的流动比率处于一个比较平稳的状态，而 DX 公司则以遭受反倾销的 2014 年为界分为急速上升和波动下降两个阶段。流动比率越高则短期偿债能力越强，而过高会影响获利能力。结合实际可知，DX 公司存在存货积压情况，导致流动比率偏高。

8.2.2.3　营运能力分析

为研究反倾销前后公司营运能力情况，本书选取了 DX 公司 2012～2017 年的存货周转率和应收账款周转率进行比较分析。

（1）纵向对比分析

DX 公司 2012～2017 年各年营运效率指标如表 8－9 所示。

表 8－9　　　　　　　　DX 公司资产运营效率指标变动趋势　　　　　　单位：次

效率指标	2012 年	2013 年	2014 年	2015 年	2016 年	2017 年
应收账款周转率	2.66	1.23	2.71	5.53	5.12	3.62
存货周转率	2.44	1.75	2.91	2.08	1.98	3.62
流动资产周转率	0.8	0.22	0.29	0.37	0.27	0.43
总资产周转率	0.64	0.17	0.2	0.23	0.18	0.3

由表 8－9 可见，应收账款周转率在反倾销第二年开始逐年上升，2017 年开始下降，说明企业的回收款项速度加快，应收账款管理水平得到有效提高。存货周转在 2 附近波动，表明企业拥有相对稳定的销售水准，总资产周转率小于 1，其中非流动资产占用了大量的企业资金，尤其是固定资产，最终引起非流动资产周转率偏低。生产线建设的进展情况是公司需要密切关注的重点。

（2）横向对比分析

DX 公司 2012～2017 年应收账款周转率与光伏行业平均水平对比如表 8－10所示。

表 8－10　　　　DX 公司应收账款周转率与光伏行业平均水平对比　　　单位：次

应收账款周转率	2012 年	2013 年	2014 年	2015 年	2016 年	2017 年
DX 公司	2.66	1.23	2.71	5.53	5.12	3.62
光伏行业均值	6.614 3	5.722 7	5.170 3	3.964 7	4.673 0	4.574 3
差异	－3.95	－4.49	－2.46	1.57	0.45	－0.95

由表 8 – 10 可以看到，在反倾销立案之前，该公司的应收账款周转率远不及行业均值。反倾销立案调查后，公司应收账款周转率大幅上升，高于行业平均周转率。反倾销调查后第二年，公司应收账款周转率开始下降，略高于 2016 年行业平均水平。截至 2017 年，公司应收账款周转率随行业趋势下滑，甚至超过行业跌幅。主要原因是 2017 年市场需求较低，行业内卷化严重致使光伏产业竞争激烈。结合行业和市场情况，公司部分账款回收期延长且增加了分期付款，经营性应收账款明显增加。

DX 公司 2012 ~ 2017 年存货周转率与光伏行业平均水平对比如表 8 – 11 所示。

表 8 – 11　　　　　　DX 公司存货周转率与光伏行业平均水平对比　　　　单位：次

存货周转率	2012 年	2013 年	2014 年	2015 年	2016 年	2017 年
DX 公司	2.44	1.75	2.91	2.08	1.98	3.62
光伏行业均值	6.474 7	5.742 4	5.096 5	4.321 3	5.690 1	6.086 5
差异	– 4.03	– 3.99	– 2.19	– 2.24	– 3.71	– 2.47

由表 8 – 11 可以看到，DX 公司存货周转率远低于行业平均水平。反倾销后 3 年存货周转率的发展势态与业内保持一致，但公司下降的幅度较小，依旧低于行业平均水平。

8.2.2.4　成长性分析

为衡量公司的发展速度，预测其未来的发展趋势，在此分析反倾销前后公司成长能力的变化，本节分析指标选择主营业务增长率、总资产增长率和净利润增长率。

（1）纵向对比分析

DX 公司 2012 ~ 2017 年各年成长性指标如表 8 – 12 所示。

表 8 – 12　　　　　　　　DX 公司成长性指标变动趋势　　　　　　单位：%

指标	2012 年	2013 年	2014 年	2015 年	2016 年	2017 年
总资产增长率	451.09	338.13	38.03	130.98	62.6	44.54
净利润增长率	1 886.12	69.92	121.99	53.16	– 5.89	47.95
主营业务收入增长率	645.92	19.64	130	116.96	48.41	151.2

通过表 8 - 12 可以看到，总资产增长率在反倾销前两年处于较高水平，2014 年反倾销当年迅速跌落至 2012 年的 11%，反倾销第二年反弹至 130.98%，之后又继续回落。净利润增长率与主营业务收入增长率也呈现类似的趋势。反倾销两年后，公司的成长性指标较之前有所降低，到 2016 年甚至有部分指标达到负值。

（2）横向对比分析

DX 公司 2012～2017 年总资产增长率与光伏行业平均水平对比如表 8 - 13 所示。

表 8 - 13　　　　DX 公司总资产增长率与光伏行业平均水平对比　　　　单位：%

总资产增长率	2012 年	2013 年	2014 年	2015 年	2016 年	2017 年
DX 公司	451.09	338.13	38.03	130.98	62.6	44.54
光伏行业均值	18.581 9	8.080 5	17.338 4	31.023 6	37.868 6	20.110 1
差异	432.51	330.05	20.69	99.96	24.73	24.43

DX 公司 2012～2017 年净利润增长率与光伏行业平均水平对比如表 8 - 14 所示。

表 8 - 14　　　　DX 公司净利润增长率与光伏行业平均水平对比　　　　单位：%

净利润增长率	2012 年	2013 年	2014 年	2015 年	2016 年	2017 年
DX 公司	1 886.12	69.92	121.99	53.16	- 5.89	47.95
光伏行业均值	- 97.227 1	392.378 2	387.299 5	- 18.202 9	93.612 3	28.264 4
差异	1 983.35	- 322.46	- 265.31	71.36	- 99.50	19.69

DX 公司 201～2017 年主营业务收入增长率与光伏行业均值对比如表 8 - 15 所示。

表 8 - 15　　　　DX 公司主营业务收入增长率与光伏行业平均水平对比　　　　单位：%

主营业务收入增长率	2012 年	2013 年	2014 年	2015 年	2016 年	2017 年
DX 公司	645.92	19.64	130	116.96	48.41	151.2
光伏行业均值	10.346 6	4.330 5	1.696 3	- 1.980 3	21.429 5	21.959 9
差异	635.57	15.31	128.30	118.94	26.98	129.24

通过表 8 - 13、表 8 - 14、表 8 - 15 可以看出,2012 ~ 2014 年间,DX 公司的成长性指标整体上远高于行业均值,而在反倾销后,两者差距很快拉近,总资产增长率和主营业务收入增长率依旧比行业平均水平值高,而净利润增长率在部分时间低于行业均值。综上所述,在反倾销后,DX 公司的成长性有所降低,发展能力受损,要想减轻反倾销对公司财务绩效的影响,提高研发投入,深化产业协作,发挥规模经济和协同效应,才能使公司更好的经营下去。

结合第 7 章 MT 公司的分析,可以看出,MT 公司在反倾销下虽然业绩有所下滑,但其在再生铝业务上不断加大投入,其生产率大幅提升,利润和营业收入稳步提高。反观 DX 公司,虽然反倾销导致企业的营业收入,利润有一定程度的下滑,但由于 DX 公司快速多元化,又缺乏新进入领域的技术和经验,未能在新进入领域建立起竞争优势,导致企业业务不断萎缩,从 2019 ~ 2023 年连年亏损,陷入无力偿还债务的困境。所以,反倾销只是影响企业效益的外部因素,而企业稳健高效的经营管理,才是提升其生产效率的根本内因。

8.2.3　反倾销财务绩效综合评价

我们对 DX 公司反倾销前后年度的市场绩效和各项财务指标进行了分析,但这种分析不能全面地反映企业的总体财务绩效,为了弥补不足,我们在本节引入了杜邦分析法和功效系数法,对财务绩效进行综合性评价。

8.2.3.1　基于杜邦分析法的财务绩效评价

杜邦财务分析体系主要从财务层面对企业的绩效、股权回报能力和盈利水平开展深入的研究,也是被普遍使用的重要绩效评价方式之一。其主要理念是把某个企业的净资产收益率表示成众多财务重要指标的相乘,进而相对全面地对企业日常运营状况进行分析和探索。接下来本节将运用杜邦分析法对 DX 公司 2013 ~ 2017 年的企业绩效进行分析评价,以探究反倾销对 DX 公司企业绩效的影响。

从表 8 - 16 和图 8 - 8 中可以看出,反倾销后,DX 公司的财务指标有所下滑,权益净利率由上升趋势开始转变为下降趋势。DX 公司 2013 ~ 2014 年是呈现稳定增长趋势的。自 2014 年 1 月遭受反倾销后,企业整体盈利能力呈现大幅下降态势,持续盈利能力较弱。

表 8 – 16 　　　　　　　　　2013 ~ 2017 年 DX 公司杜邦分析指标计算

项目	2013 年	2014 年	2015 年	2016 年	2017 年
销售净利率（%）	43.95	42.42	29.95	18.99	11.18
总资产周转率（次）	0.17	0.2	0.23	0.18	0.3
总资产净利率（%）	7.38	7.46	6.75	3.47	3.39
权益乘数	1.28	1.89	1.95	2.09	2.09
权益净利率（%）	9.43	14.13	13.16	7.31	7.09

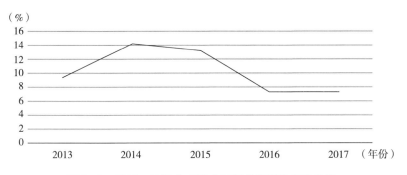

图 8 – 8　2013 ~ 2017 年 DX 公司权益净利率变动趋势

①营业收入的增速慢于营业成本的增速是销售净利率下降的主要原因。结合公司利润表披露的数据，例如 2014 年的营业成本是 280 035 万元，同比增长了 137.42%，2014 年的营业收入是 465 021 万元，同比增长了 116.95%，营业收入的增速相比营业成本的增速慢 20.47%。而在其他影响因素保持相对稳定的情况下，营业成本的增加主要是征收高额反倾销税引起光伏产品成本增加造成的。

②净利润的增幅变缓导致了总资产净利率的下降。DX 公司 2014 ~ 2017 年的财务状况表现不佳，较为明显的就是总资产净利率的持续下滑。虽然在受到反倾销后，总资产周转率受影响不大，但净利润出现的负增长及缓慢增长的情况，与大幅增加的总资产相比（总负债的增加），总资产净利率呈现长期下降态势。

③总负债的提升拉高了权益乘数。总负债逐年的增加，导致了资产负债率的稳定增长，降低了股东投入的资本，使其在总资本所占的份额越来越小，从而提升了权益乘数。权益净利率在总资产净利率及权益乘数的共同影响下，2014 ~ 2017 年呈现长期下降趋势。

8.2.3.2 基于功效系数法的财务绩效评价

功效系数法又名功效函数法，最早于 1965 年由哈林顿提出。该方法是依据多目标规划原理，将一个集合中多个待评价的指标分别对照一定的标准，参照各项指标的权重比例，通过功效系数转化为可以测度的计分值，再加总求出各类指标的总得分，从而求得综合评价分数，在评价企业绩效方面有很重要的作用。

本书根据国务院国资委财务监督与考核评价局制定的《企业绩效评价标准值》（2012～2017 年）中相关财务绩效定量评价指标确定财务绩效评价方法。财务绩效定量评价指标如表 8-17 所示。

表 8-17　　　　　　　　　　财务绩效评价指标及其权重　　　　　单位：%

评价内容及权数		财务绩效			
		基本指标	权数	修正指标	权数
盈利能力状况	34	净资产收益率	20	营业利润率	10
				盈余现金保障倍数	9
		总资产收益率	14	成本费用利润率	8
				资本收益率	7
资产质量状况	22	总资产周转率	10	不良资产比率	9
				流动资产周转率	7
		应收账款周转率	12	资产现金回收率	6
债务风险状况	22	资产负债率	12	速动比率	6
				现金流动负债率	6
		已获利息倍数	10	带息负债比率	5
				长期债务与营运资金比率	5
经营增长状况	22	营业增长率	12	营业利润增长率	10
		资本保值增值率	10	总资产增长率	7
				技术投入比率	5

按照《企业绩效评价标准值》的相关要求，我们将财务绩效定量评价指标划分为五个档次：优秀（A）、良好（B）、平均（C）、较低（D）和较差（E），与之对应的标准系数分别为 1.0、0.8、0.6、0.4 和 0.2，较差（E）以下的为 0，标准系数反映了评价标准的程度，体现了评价指标在评价标准所处的水平档次。

财务绩效评价标准的选用，通常根据企业主营业务对应《企业绩效评价标准值》中的行业基本分类选取。DX 公司属于电气机械和器材制造业，按照行业分类标准可以具体细分为输配电及控制设备制造业，所以本书选取输配电及控制设备制造业的相关数据。因为篇幅限制，未列出，可向笔者索取。

各项基本指标计分公式如表 8 – 18 所示。

表 8 – 18　　　　　　　　　　　基本指标计分公式

基本指标总得分 = ∑ 单项基本指标得分
单项基本指标得分 = 本档基础分 + 调整分
本档基础分 = 指标权数 × 本档标准系数
功效系数 = (实际值 – 本档标准值) ÷ (上档标准值 – 本档标准值)
上档基础分 = 指标权数 × 上档标准系数
调整分 = 功效系数 × (上档基础分 – 本档基础分)

在基本指标计分结果的基础上，分别计算四个方面的综合修正系数，再据此计算出修正后的分数。计算公式如表 8 – 19 所示。

表 8 – 19　　　　　　　　　　　综合修正指标计分公式

修正后总得分 = ∑ 各部分修正后得分
各部分修正后得分 = 各部分基本指标分数 × 该部分综合修正系数
某部分综合修正系数 = ∑ 该部分各修正指标加权修正系数
某指标加权修正系数 = (修正指标权数 ÷ 该部分权数) × 该指标单项修正数
某指标单项修正系数 = 1 + (本档标准系数 + 功效系数 × 0.2 – 该部分基本指标分析系数) 单项修正系数控制修正幅度为 0.7 – 1.3
某部分基本指标分析系数 = 该部分基本指标得分 ÷ 该部分权数
如果修正指标实际值在优秀值的水平以上，其单项修正系数的计算公式如下： 单项修正系数 = 1.2 + 本档标准系数 – 该部分基本指标分析系数
如果修正指标实际值低于较差值，其单项修正系数的计算公式如下： 单项修正系数 = 1.0 – 该部分基本指标分析系数

为清晰反映得分等级，将数值按分数线由高到低划分为五个等级，如表 8 – 20 所示。

表 8 – 20　　　　　　　　　　　指标得分等级

A	指标得分呈 85 分，其中，A + + ≥95 分；95 分 > A + ≥90；90 分 > A≥85 分
B	85 分 > 指标得分≥70 分，其中 85 分 > B + ≥80 分；80 分 > B≥75 分；75 分 > B – ≥7 分
C	70 分 > 指标得分≥50 分，其中，70 分 > C≥60 分；60 分 > C – ≥50 分
D	50 分 > 指标得分≥40 分
E	指标得分 < 40 分

根据前面权重以及功效系数法改进公式，带入 DX 公司财务报表数据，计算得出 2012 年 DX 公司财务绩效指标评价如表 8 – 21 所示。

表 8 – 21　　　　　　　　2012 年 DX 公司财务绩效基本指标评价

项目	指标实际值	本档标准值	上档标准值	本档标准系数	权数	功效系数	基本指标得分		
							基础分	调整分	小计
盈利能力状况									34
净资产收益率	36.40			1	20				20
总资产收益率	21.57			1	14				14
资产质量状况									9.04
总资产周转率	0.64	0.40	0.70	0.20	10	0.80	2.00	1.60	3.60
应收账款周转率	2.66	2.50	3.10	0.40	12	0.27	4.80	0.64	5.44
债务风险状况									4.67
资产负债率	75.59	84.30	75.10	0.20	12	0.95	2.40	2.27	4.67
已获利息倍数	– 1242			0	10				0
经营增长状况									12
营业增长率	645.92			1	12				12
资本保值增值率	193.97			1	10				10
合计					100				69.71

DX 公司 2012 年、2014～2017 年财务绩效指标评价计算结果和 2012～2017 年修正指标评价结果因为篇幅限制，未列出，可向笔者索取。在此不再逐年将计算结果列出。通过计算汇总得到 2012～2017 年 DX 公司财务绩效评分值，结果如表 8－22 所示。

表 8－22 2012～2017 年 DX 公司财务绩效评分

项目	2012 年		2013 年		2014 年		2015 年		2016 年		2017 年	
	分值	等级	分值	等级	分值	等级	分值	等级	分值	等级	分值	等级
盈利能力状况	34		21.29		17.18		17.35		13.49		16.66	
净资产收益率	20	A	10.13	D	9.25	D	9.97	D	7.57	D	8.60	D
总资产收益率	14	A	11.16	B	7.94	C	7.38	D	5.92	D	8.06	C
资产质量状况	9.04		7.52		0		11.11		11.86		12.15	
总资产周转率	3.60	A	0		0		0		0.90	D	2.67	A
应收账款周转率	5.44	B	7.52	A	0		11.11	A	10.96	A	9.48	A
债务风险状况	4.67		22		22		20.82		19.21		17.82	
资产负债率	4.67		12		12		12		11.65		10.73	
已获利息倍数	0	E	10	A	10	A	0.80	E	7.56	B	7.08	A
经营增长状况	12		12		8.73		12		6.58		12	
营业增长率	12	E	12	D	8.73	E	12	E	6.55	C	12	C

项目	2012 年		2013 年		2014 年		2015 年		2016 年		2017 年	
	分值	等级	分值	等级	分值	等级	分值	等级	分值	等级	分值	等级
资本保值增值率	10	A	6.67	C	10	A	10	A	10	A	10	A
基本分合计	69.71		69.48		57.91		63.26		61.12		68.63	
修正分	39.45		48.10		42.09		44.34		40.67		42.46	

由 DX 公司财务绩效评分的计算结果，绘制 DX 公司 2012～2017 年财务绩效评分趋势如图 8-9 所示。

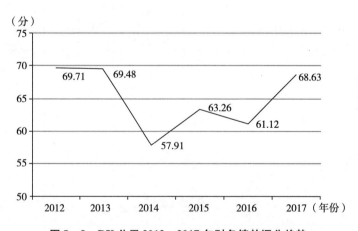

图 8-9　DX 公司 2012～2017 年财务绩效评分趋势

由图 8-9 可知，反倾销立案调查前的 2012～2013 年，公司的财务绩效评分较高；反倾销的当年，DX 公司的急剧下降至 57.91 分，财务绩效降到了计算期内的最低点，当年盈利能力和资产质量状况都出现巨大问题；2015 年开始绩效评分较上年有所上升，但反倾销后三年，财务绩效仍未恢复反倾销前的水平。

总的来说，DX 公司遭受反倾销立案调查后的财务绩效比之前有所下降，公司在经营增长和资产质量状况方面的表现都差强人意。财报中净利润增长率、流动资产周转率、总资产周转率和存货周转率均低于行业平均值，这也说明了公司在这些方面的表现薄弱。

通过上述三种财务绩效的分析，DX 公司在反倾销当年财务绩效下滑最为严重，反倾销带来的负面效应最为显著，反倾销措施的出台导致营业成本升高，市场占有率下降，营业收入提升缓慢。但随着时间推移，反倾销的负面影响逐渐被企业所消化。反倾销促使企业通过增加研发投入，降低成本费用，提升产品竞争力，企业绩效开始逐步走高。

8.3　DX 公司应对反倾销的建议

随着我国外贸的持续大幅增长，对我国商品实施反倾销的国家和地区也从以欧美发达国家为主向发展中国家蔓延；反倾销的商品也从针对我国出口的优势产品延伸至高附加值产品，产品种类逐步扩大。包括光伏产品在内的我国出口产品遭受国外反倾销的情况也接连发生，国外反倾销已成为中国对外贸易发展主要障碍之一。反倾销作为一种贸易救济措施，不仅对我国企业出口造成了严重的影响，对出口企业经营绩效带来了重大伤害，也严重挫伤了外国企业对华投资的积极性，使我国一些新兴工业产业的发展受到阻碍，严重影响了我国经济结构的平衡配置。因此，我国光伏企业如何应对反倾销，积极应诉并抓住国内市场，内向化发展，成为一个亟待解决的问题。本章从不同角度，提出以下对策和建议。

8.3.1　优化产业结构，改善企业盈利能力

通过加快产业结构优化升级，提高企业产品技术含量，优化资源配置和利用。产业结构优化必须依靠科技创新走内生增长，创新驱动之路，优化升级的机制创新主要体现在以下几个方面。

（1）建立产业结构升级战略机制

为有效整合企业资源，达到增强核心竞争力的目的，光伏企业要建立产业优化重组机制，对旗下的子公司、事业部和品牌资源等各种无形或有形资产加以整合，提高采购、生产、销售等各个环节的工作效率，打造拥有核心优势的品牌产品；完善落后产能退出机制，必要时，出售处置连续亏损、且未来盈利无望的子公司，或对其进行重组，以壮士断腕的气魄甩掉拖累企业利润的累赘；

建立战略性新兴产业发展促进机制，要注重企业挖潜改造，合理布局新兴产业，支持重大产业项目建设，降低生产成本，提高企业盈利水平；建立科技创新机制，促进"产学研"结合增强自主创新能力，通过企业、高校和科研院所的合作开发建立良性互动。产业结构优化升级战略思路见图8－10。

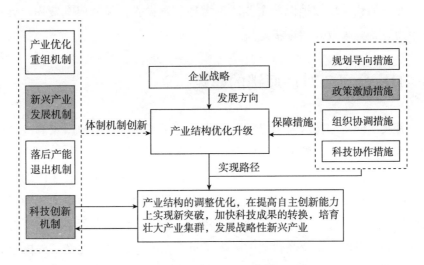

图 8－10　产业结构优化升级战略思路

（2）建立面向海外市场的营销机制

随着企业规模、产能的扩大和产品品质的提升，企业应该要尽力开拓新的市场空间，使出口市场多元化；要深入了解国外消费者的需求，加强对出口市场的调研，并对市场需求进行分析与预测，生产符合国际消费者需求的产品，提供差异化的产品和服务，满足不同的客户需求，使得出口产品更具有针对性；要时刻关注海外市场行情，跟随市场局势及时调整应对策略，确保企业在激烈的国际竞争中立于不败之地。

（3）全力打造企业自己独有的品牌形象

随着科技和技术的发展进步，以低价取胜的商品的竞争策略不是企业的长久生存之计，低附加值低价格的出口竞争必然会遭到世界各国的反倾销指控，低价竞争必然会被品牌竞争所取代。因此，出口企业必须创新发展思路，注重品牌的培养，加强企业的经营与管理，形成独具特色的企业文化，提高顾客的品牌忠诚度。此外，还要提高产品非价格方面的竞争力，比如产品的品质、包装、服务、分销渠道等，创建世界品牌，有效规避反倾销调查，巩固企业的国际竞争力。

8.3.2　科学财务管理，增强企业偿债能力

作为企业管理的核心内容，企业财务管理涉及面广、综合性和制约性强。在现代企业管理当中，企业的财务管理对企业的可持续发展起着举足轻重的作用。企业要想长期可持续发展，就必须顺应时代发展潮流，科学改进财务管理工作，建立起比较完善的财政管理体系，采取针对性措施，切实改进预算管理和收入、支出管理方式，及时查找财务管理中存在的诸多问题，从而更好地促进企业在激烈的竞争环境中生存、发展、壮大。应对反倾销的财务管理系统见图 8－11。

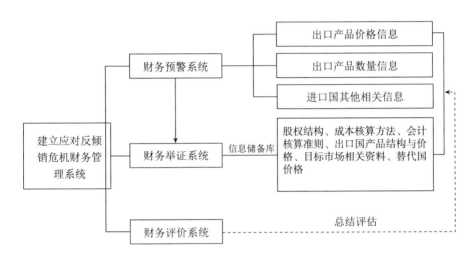

图 8－11　应对反倾销的财务管理系统

（1）强化可持续发展理念，加强财务预算管理

企业管理者要不断更新管理方式以适应市场经济的变化，放眼长远，不追求短期利益，树立可持续发展的理念意识，并将其融入预算管理之中，使企业经受住时间的考验，做到可持续发展。光伏企业尤其要密切关注国内外产业政策的变化，在项目投资上科学编制预算方案，仔细做好财务预算，细化资金费用支出管理，强化内部审计监督，不能因为国家产业政策支持而盲目投资。光伏企业特别是上游多晶硅以及硅片制造企业，在前期建设生产中资金投入量大，货款回收慢，必须充分考虑运作期间资金不足的风险，避免举债投资，盲目扩张。同时，企业应当抓住发展机遇，用足用活国家的优惠政策，争取国家资金

支持，及时解决融资困难和资金不足等问题；此外，要加强企业管理，提高商业信用，充分借助发行企业债、股票和引入战略投资者等市场化手段，多渠道融资，弥补资金缺口。

（2）全方位综合施策，严格应收账款管理

目前，我国出口型光伏产品海外市场不断受到反倾销和新兴厂商低价销售抢占市场的挑战；受经济增速放缓拖累，企业的应收账款存在账款逾期等诸多问题。企业一方面要加强对存货和应收账款的管理，把因人为失误导致的资产损失降至最低；另一方面对存货的总体规模做到心中有数，合理投料，按需生产；同时，要采用多种营销策略，努力削减积压存货，积极创收，以减少存货过期、毁损带来的减值风险；要优化财务结构，使各项财务工作流程简明扼要符合规范，在符合规范的基础上进行有效监督，防范风险。此外要规范合同的签订管理工作，按合同要求催收货款，根据客户的财务、经营情况和信用评级，对客户资金的流动风险做好防范。

（3）树立风险防范意识，有效防范汇率风险

汇率风险包含贸易性汇率风险和金融性汇率风险两个方面，它是指在涉外经济活动中，经济实体或者个人因外汇汇率的变动，其以外汇计价的资产或负债价值发生不确定性的改变，而蒙受经济损失的可能性。各国主要币种的汇率，时刻发生着波动变化，导致贸易性汇率风险时时存在。自2005年起，我国宣布人民币对美元、欧元等世界主要货币汇率随市场浮动，拉开了人民币汇率市场化改革序幕，加大了我国外贸企业在进出口贸易中的贸易性汇率风险。随着我国国际光伏企业产品出口贸易量的不断增加，贸易性汇率风险也在不断增大。在防范汇率风险的过程中，企业要从自己的经营战略出发，可以采用货币保值措施、选择有利的计价货币、采用远期外汇交易法、国际借贷法、提前或延期结汇法等措施应对汇率变化的风险，也可以利用衍生金融工具进行套期保值，来保证经营利润。

8.3.3 健全内控管理，提高企业营运能力

企业内部控制是企业内部组织因经营活动而制定的组织、制约、考核和调节的方法、程序和措施，目的是保证实现经营管理目标。为提高企业应对反倾销的内部控制效果，本书结合 DX 公司自身实际情况，在科学确立控制目标的

基础上，明确部门责任分工，优化企业内部环境，建立健全企业应对反倾销的内部控制体系框架，如图 8 – 12 所示。

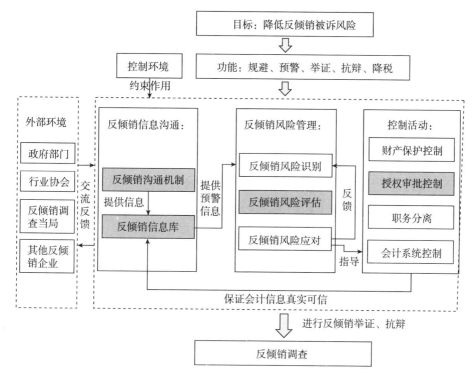

图 8 – 12　基于应对反倾销的企业内部控制模型

应对反倾销的内部控制模型由目标、功能和控制要素三部分组成，控制要素是功能的具体落实。企业内部控制制度的完善主要需注意以下几点。

（1）建立完善反倾销信息沟通机制

信息的沟通作用，在应对反倾销工作中同样不可忽视。首先，企业向反倾销调查，当局提交问卷调查报告和接受实地核查工作本身就是一种信息的沟通过程。其次，反倾销调查涉及各个部门和生产经营环节，范围广覆盖面大，要加强企业各部门之间各生产环节之间各种专业人才之间通力合作，才能高效应对反倾销调查工作。

因此，企业需要建立一个良好的反倾销信息沟通机制，使反倾销应对人员能够及时获取信息，并将信息反馈到各责任部门，反倾销信息沟通机制沟通的对象主要包括企业外部和企业内部两方面，其中企业外部包括政府、行业协会、反倾销调查当局以及其他同类产品出口企业等。具体沟通内容如图 8-13 所示。

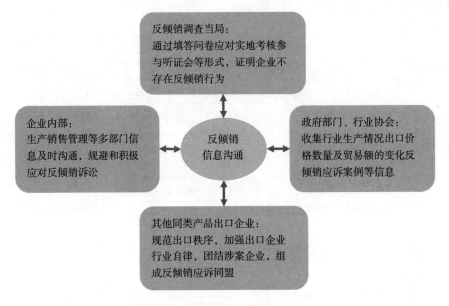

图 8-13 反倾销信息沟通对象及内容

（2）全面开展反倾销风险管理

全球经济一体化导致了企业的经营不确定性和风险增大，加强风险评估，及时有效准确识别风险并控制风险，从某个角度来说成为企业经营成败的关键。

反倾销风险管理必须要围绕降低反倾销被诉风险的首要目标，结合风险管理的基本流程。即收集风险管理初始信息，进行风险评估，客观理性地预测和评估可能因此导致的包括遭受反倾销调查而面临的各种风险，制定风险管理策略。提出风险管理解决方案，在此基础上，积极采取合理有效的措施回避风险和制定对策，以防患于未然。反倾销风险管理流程如图 8-14 所示。

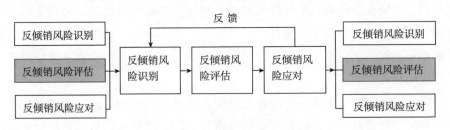

图 8-14 反倾销风险管理流程

光伏行业反倾销风险管理的关键在于建立反倾销信息系统,记录本国和别国同行业内相关公司的经营情况(包括但不限于产品进出口报价和产品规格、数量、批次、交易地点、时间等相关信息),以及本国和别国同行业同类产品的基本信息;进口国宏观经济指标及同行业产品的基本情况等,便于及时识别潜在风险,尽早作出风险评估分析,提前进行风险预警,一旦遭遇反倾销调查也能迅速反应,有效应对。

(3)成立反倾销应诉小组

随着全球经济一体化进程加快,地方贸易保护主义势力抬头,贸易摩擦不断增多,反倾销作为贸易战中抵制外国倾销行为保护本地民族工业的主要手段,被各个国家和地区广泛使用。光伏出口企业建立和完善具备应对反倾销职能的内部控制系统,势在必行,刻不容缓。2014 年,美国对华光伏产业"双反案"还未有结果,欧盟又发起了针对我国光伏产品的反倾销调查申请,我国光伏企业面临欧洲市场灭顶之灾。40 多家中国光伏企业结盟成立反倾销应诉小组,小组包括了法律、贸易、财务、市场等相关人员,应对反倾销调查。

上述案例说明了在反倾销应诉过程中,企业成立反倾销应诉小组的重要性。企业应该进一步完善企业的内部风险控制机制,建立应对反倾销调查的组织机构,增强应对反倾销的能力。

8.3.4　加强技术研发,强化企业成长能力

我国光伏企业大多是国家政策鼓励扶持的小微加工企业,因缺乏生产制造的关键核心技术,其在海外市场处处受制于人。另外,我国光伏企业生产的产品同质化严重,经常进行低价恶性竞争。为避免陷入低价恶性竞争的泥潭,企业应该通过加大自主研发,提高产品的科技含量和附加值,减少价格战的伤害,降低遭受反倾销的风险。对此,光伏企业需要秉承绿色发展理念,加大研发创新投入,打造优势竞争产品,从而获得自身成长的内生动力。

(1)加大科技研发投资力度,开展技术创新

光伏领域正逐步迈向平价时代,科技创新成为行业发展的必经之路。要招募相关技术人才,成立产品研发专项攻关小组,对产品、技术、管理进行创新,促进出口产品升级换代,提高产品的科技含量和附加值,提高产品核心竞争力。在技术难题攻关时,还可以组织在光伏产业价值链中研发人员横向纵向联合、

集体攻关。掌握核心技术才能掌握市场话语权。

（2）抓住体制和政策支持机遇，加快创新成果产业化进程

要拓宽创新成果产业化的融资渠道，紧盯资本市场的发展，争取财政支持和引导，加大外部直接融资力度，加快引入战略投资者，加速科研成果产业化，提升产品竞争力。

9 反倾销下促进企业生产率提升的策略机制研究

9.1 生产率提升机制的总体目标、基本原则和层级结构

9.1.1 总体目标

反倾销作为重要的战略性贸易保护工具，其主要目标是保护培育本国具潜在发展前景的战略性产业，但实际成效则取决于国家自身的要素禀赋结构，即国家在某一产业是否具备比较优势，如廉价劳动力的低成本优势，或产业集群带来的制造成本低，对市场需求反应速度快等竞争优势。同时，还取决于政府是否采取有效的系统性政策与之配合，以及行业协会的正确引导和企业的自主创新。

因此，笔者研究反倾销促进企业生产率提升的策略机制，其总体目标为，在政府、行业协会和企业三个层面，设计能有效促进企业生产率提升的策略机制，从宏观、中观和微观三个层面构建促使企业效率提升的生产率提升系统。我们依据有效市场和有为政府相结合的原则，探索符合中国实际情况的实施路径，寻求能在合法、合理框架下运用反倾销政策等组合手段，确保中国企业依托反倾销保护，沿着模仿、学习、创新的知识吸收路径，不断提升技术水平和管理方法，进而提升生产效率，实现经济增长，人民收入水平提高。

9.1.2 基本原则

（1）有效市场和有为政府相结合

新结构经济学指出，东亚经济奇迹是有效市场和有为政府相结合的产物。

韩国、新加坡、中国台湾和中国香港这些国家和地区之所以能在几十年内,从贫穷落后的地区,发展成为发达经济体,在于本国或地区政府依据自身劳动力成本低的比较优势,采取了"出口导向型"发展模式,而且为本土的出口制造业发展,提供了一系列优惠政策,以及通过促进经济发展的基础设施建设,有力地推动了产业发展进步。中国改革开放以来之所以能保持经济高速增长,正是遵循了尊重市场规律,同时积极发挥政府引导作用这一基本原则,即有效市场和有为政府相结合。这也是"亚洲四小龙"成功的原因。所以,设计反倾销生产率提升机制,也需遵守这一基本原则,研究构建如何使政府政策与市场机制有效衔接,发挥最大效应的策略机制。

(2)政策协同原则

反倾销政策的成效,取决于金融、贸易、产业等多项政策的协同作用,因为企业并非只受一项政策影响,它同时受到多项政策的影响,而且反倾销政策主要是通过反倾销税阻止外国企业的产品进入国内市场,但反倾销会导致投资跨越、贸易转移等规避行为,而且本国企业自身研发创新能力决定其能否持续提升竞争力,所以产业扶持,金融支持等一系列配套政策必须跟进,才能推动企业不断研发创新,改善经营管理,提升生产率。

9.1.3　层级结构

反倾销保护下企业提升生产率的途径主要有:①规模效应。反倾销阻止外国产品进入国内市场,使国内企业销量增加,进而降低单位产品成本,提高利润;②生存效应。依托庞大的中国市场,能够持续经营,并在长期生产实践中,努力学习发达国家先进技术和管理经验,通过"干中学",不断提升生产效率,提高经营绩效;③研发创新。企业在反倾销保护下开展研发创新,提升生产率。

为充分利用这些途径提升生产率,笔者研究设计政府、行业协会和企业三个层面的生产率提升策略机制,以利用反倾销保护,不断提升生产率。其具体实施的技术路线如图9-1所示。

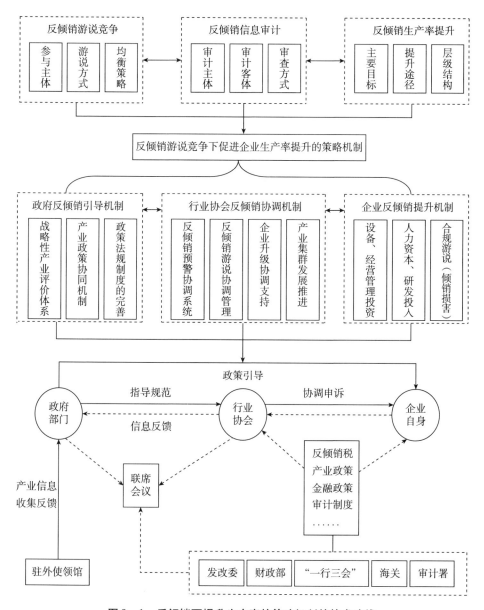

图 9 - 1　反倾销下提升生产率的策略机制的技术路线

注：图中"一行三会"指中国人民银行及金融监管机构。

　　如图 9 - 1 所示，设计反倾销游说竞争下促进企业生产率提升的策略机制，首先需对反倾销游说竞争的参与主体、游说方式和均衡策略展开研究，掌握反倾销游说竞争的原理和规律，然后明确反倾销生产率提升机制的主要目标、提升途径和层级结构，构建政府引导，行业协会协调和企业提升这三个层面的子机制，最后分析设计以下保障体系：①反倾销主管当局的激励约束制度；②反倾销信息审查机制；③政策制定当局、涉案企业等相关利益主体的协调联系制度。

9.2　反倾销下促进生产率提升的子机制研究

9.2.1　政府层面的反倾销生产率引导机制构建

（1）具备禀赋结构比较优势的产业评价甄别体系

反倾销下要达到促进企业生产率提升的目标，首先需要所保护的产业本身是符合中国要素禀赋结构的比较优势，这样，企业在依靠反倾销提供的市场空间和时间，发挥"后来者优势"，对发达国家成熟的先进技术和管理经验进行"引进—吸收—创新"，从而提升生产率，将"潜在比较优势"转换为"真实的竞争优势"，在激烈的市场竞争取得生存与发展。

由于中国经济快速增长，人民收入水平不断提高，资本迅速积累，基础设施建设日新月异，金融、贸易等法律规范不断完善，所以中国的禀赋结构在不断提升。1998年，中国第一起反倾销是针对新闻纸，接着分别对冷轧钢板、化工产品、塑料及其制品、非色散位移单模光纤、橡胶及其制品、玻璃纸、电工钢、X射线安检设备、轿车和越野车、太阳能级多晶硅等发起反倾销。可以看出，随着时间的推移，中国反倾销对象逐渐从低技术含量，低附加值的产品向较高技术含量、较高附加值的产品转移，这正符合中国禀赋结构比较优势产业在不断变迁的客观事实。

反倾销只能提供外部的保护，企业能否形成自生能力，还在于其自身内在"潜在优势"能否转换为实际的"核心竞争力"。如果由于经济体自身禀赋结构变化，该产业已不具备比较优势，那么即使通过反倾销使企业能暂时生存，也终究会被其他具有比较优势的经济体中新兴企业所击败，而倒闭破产。反倾销最终的结果是损害消费者利益，企业亏损倒闭。所以对产业予以甄别，正确判断反倾销保护的是否为符合当期中国禀赋结构比较优势的产业，是反倾销下促进企业生产率提升的关键所在。

如何才能准确判断该产业具有"潜在比较优势",可以根据我国与发达国家的人均 GDP 差距,一般以比我国当前人均 GDP 高 1~2 倍的国家的逐渐失去比较优势的产业为目标产业。由于发达国家的人均收入上升,从事该产业不再具备比较优势,这些国家开始向具有更高附加值的产业转型,而对中国而言,正适合当前中国的禀赋结构,中国劳动力成本相对于这些发达国家,成本更低,而经过前期的发展,中国的资本积累、硬件基础设施建设,金融税收等法制环境规范等均达到发展该产业的条件,而且我国部分先行企业已经敏锐把握市场时机,开始在国内生产销售这一符合中国要素禀赋结构"比较优势"的产品,但因为不敌外国产品的低价倾销,所以申请反倾销。因此,此时中国政府通过反倾销阻止外国产品对国内市场的低价倾销,让国内企业能依托国内市场,生产销售,一方面通过"规模效应"降低成本;另一方面,通过"干中学"不断提高生产效率,降低制造成本,这样将"潜在优势"变为真实"竞争优势",不但能在国内市场与国外企业展开竞争,还能将产品出口国外。

基于新结构经济学视角,中国产业可分为追赶型、领先型、转进型、弯道超车型、战略型五种。追赶型是指对比高于我国人均 GDP 的主要发达国家,美国、德国、日本,相对他们那些具有高技术含量和高附加值的产业,我国这些产业处于追赶阶段,如汽车、高端装备业、高端材料即属于此类型。领先型产业指我国某些产业,其产品和技术已处于国际领先水平,如白色家电、高铁、造船等。转进型产业有两种类型,一类是丧失比较优势的产业;另一类是在我国还有比较优势,但是产能有富余的产业。劳动密集型的出口加工业是典型的第一类产业,而第二类产业包括钢筋、水泥、平板玻璃、电解铝等建材行业。"弯道超车型"产业是人力资本需求高、研发周期短,属于新兴产业,如信息、通信产业的如软件和手机等。战略型产业是指资本非常密集,研发周期长,投入巨大,我国尚不具备比较优势,但其发展关系到国防安全,如大飞机、航天、超级计算机。根据现有的反倾销案例,我国反倾销涉及的产业主要有追赶型和退出型两类,所以,我们应对追赶型产业予以反倾销保护,对于退出型产业,考虑到行业从业人员的就业,上下游产业链影响的问题,适当予以反倾销保护,但应控制保护的力度和时间长短,予以合理扶持即可。

(2)金融政策、产业政策与反倾销政策协同

企业融资渠道分为直接和间接两种:直接融资是通过发行股票和债券筹资;间接融资则是向银行借款筹资。我国目前企业主要的筹资渠道是向银行借款。

我国政府为支持企业发展，会直接要求银行通过各种方式向企业提供资金支持，作为回报，政府为银行提供政府信用担保，有政府信用背书，银行可以降低挤兑风险，提高营业收入，获取更高的利润。目前，我国银行支持企业方式主要有三种，一是针对需扶持的产业，给予定向贷款支持，如发放小微企业贷款、经营贷款、高精特新企业贷款等，针对具体类型企业，提供优惠利率和宽松条件的贷款。二是对于还贷困难的企业，政府牵头协调银行和企业，达成债务重组，如将企业债务转换为银行的股权，或者债务展期，减免利息等，最终拆除债务地雷，帮助企业度过困难期，避免引发系统性金融风险。尤其对于大型企业集团，关系到民生、就业及上下游产业链，更是政府防范化解债务风险的重点对象。三是在经济萧条时期，政府要求银行降低贷款利率，对企业让利，对不同期限的贷款统一降低利率，通过金融让利于民，来降低企业生存负担，帮助企业摆脱困境，促进经济增长。

目前中国政府推行注册制改革，让资本市场能发挥识别优质企业、淘汰劣质企业的功能，真正成为投资者能分享优质企业成长的市场，而不是一个"投机的赌场"。只有让证券市场回归本源，才能为众多企业创造直接融资的便利渠道。而且中国设立了新三板和北交所，并在各个省份都建立省级产权交易中心，让未上市企业也能通过不同的层次的资本市场进行股权交易，从而使企业能对自身价值通过市场予以定价，并可通过出售股权筹集资金，为企业研发、扩张等资本投入提供支持。

反倾销阻止外国产品在国内市场低价倾销，为国内企业扩大销量，形成规模效应奠定基础。企业通过反倾销减轻了外国低价产品的竞争压力，更重要的是，能及时获得资金支持，以开展研发创新，提升技术水平，提高生产效率。因此，国家应协调银行为反倾销涉案企业提供低息贷款，并为企业上市融资提供便利，适当放宽上市审核条件。在我国申请反倾销的企业大部分都属于追赶型产业和转进型产业，这些产业的转型发展需要投入大量资金，因此，在反倾销时以金融政策配套支持，同时针对具体的产业类型，采取适应的产业政策。为有效保护国内产业，应注意反倾销的贸易转移和投资跨越效应，采取相应措施，以应对外国企业通过投资跨越、转口贸易规避反倾销的行为。

（3）产业损害预警体系构建

我国负责产业损害调查与认定的机构是商务部产业损害调查局，其根据倾销进口产品的数量、价格，国外产品倾销对国内产业的相关经济指标（产业利润、市场份额、生产率等）的影响，以及出口国和原产国的生产能力、出口能力和被调查产品的库存情况等，确定是否存在实质损害。产业损害调查人员会收集相关资料，分析判断，并召开听证会，听取申报反倾销和应诉反倾销双方企业的意见和证据，做出最终认定，并且在调查结束，公告发布之前，产业损害调查局会召开针对个案的专项评审会，做出评价。最后还会发布公告，披露信息，接受社会公众的监督审查。

预防胜于治疗，事先预警并采取措施，其效果要好于损害发生后，再去补救。所以应构建产业损害预警体系，及时发现正在遭受损害的产业，依靠行业协会联合企业开展反倾销。构建的产业损害预警体系包括以下四个方面：一是依据价格需求弹性、替代弹性及供给弹性等因素，确定比较容易受到进口损害的产业和产品；二是利用时间序列趋势分析法，对这些产业和产品，按季实施进口数量与价格监测，寻找出数量异常增加与价格异常下跌的项目，并提出初步预警项目监测结果；三是在此基础上，对预警项目相对应的产业配合行业协会召开产业座谈会和企业座谈会，了解产业目前的状况，对于重要项目依据相关产业调查报告进一步分析，或进行实地问卷调查，以明了重要产业营运状况，以及进口异常可能对其造成的影响；四是将每季监测结果与产业界沟通后形成预警报告，具体指出进口异常可能对某些产业或产品造成影响，为产业界提供参考。

9.2.2　行业协会层面的反倾销生产率协调机制

（1）反倾销游说活动的协调统筹

在中国，企业游说政府采取对自己有利的反倾销政策，一般是通过本行业的人大代表、政协委员建言献策，或是企业向商务部提交举证材料，证明外国产品反倾销行为对本产业造成的损害。

中国经济发展存在较大的地区差距，在东部沿海地区逐渐失去优势的低附加值产业，如纺织、服装、农产品加工、电子产品组装等，而在中西部内陆地区，生产这些产品仍具有比较优势。内地人工成本只有沿海 2/3，甚至 1/2，而且土地成本低，在沿海发达城市已难以找到成片空地作为工业生产之用，内陆众多县城还可成片提供大量廉价的厂房用地。所以，从全国统筹考虑，利用中国地区间经济发展的阶梯形态，为中国企业提供反倾销保护，引导低附加值产业逐步从沿海向内地中心大城市转移，然后进一步向县城转移，有利于缩小地区差距，充分挖掘经济增长潜力，实现共同富裕。

而这一切，依赖于"有为的政府"能真正行使其产业甄别，因势利导的职责，为正确判断不同地区的产业处于何种发展阶段，以对符合禀赋结构比较优势的产业提供适当的反倾销保护。这一切的成功执行，有赖于政府能获得企业真实、准确的产品成本、价格、利润及企业生产率等信息。为此，行业协会应能协调企业的信息举证和游说活动，让其真实报告自身信息。

商务部进行反倾销裁决，考虑的是国家整体福利最大化，而企业申请反倾销，其所希望获得的裁决结果是能实现自身利润最大化，二者目标并不一致。这必然导致企业在报告信息时会加以掩饰调整，以得到对自己有利的裁决结果，行业协会居中协调，应通过行业内部交流会等形式，将政府的反倾销政策和理念向本行业企业传达和解释，让企业理解、认同政府反倾销的目标，即为具有禀赋结构比较优势的企业提供反倾销保护，其根本目的在于让企业利用其比较优势，依托国内市场，通过学习、吸收、创新，能生产成本更低，质量更优的产品，从而能扭转竞争中的不利态势，形成自生能力，进而向国外市场出口。

（2）引导产业集群发展，促进企业转型升级

企业为了更好地接近客户，往往会在同一个地区聚集，逐渐形成产业集群。进而使上下游产业链也在相同的地区聚集，以便能迅速根据市场需求，进行产品设计、研发、制造，从而提升市场反应速度，降低零部件采购成本，最终实现总的制造成本降低。

产业集群的形成不仅需要上下游产业链集聚，还需要行业协会、地方政府、研究机构和金融机构的有效支持。

行业协会在产业集群中主要起协调作用。对外反倾销时，行业中的企业会存在搭便车的行为，行业协会应联合行业内企业，共同参与反倾销活动，将成本按企业规模大小予以分摊，并与政府部门及时沟通，将行业内企业的诉求向政府反馈，以获得相应的支持。

在获得反倾销保护后，行业协会应将产业的最新科技进展等资讯信息，及时向行业内企业提供，并在政府支持下，引入先进的适应当前行业发展状态的技术，帮助企业吸收更先进的技术，实现产业转型升级。

9.2.3　企业层面的反倾销生产率优化机制

反倾销阻止了国外强大企业对国内市场的低价倾销，从而让国内企业获得国外企业退出后的市场份额，但应对其合理引导，防止国内企业由于缺乏国外强有力的竞争，而缺乏动力开展研发创新，提升生产率。为促使企业进行人力资本和技术、设备投资，开展产品研发和技术升级，不断提高生产率，需要保证国内市场仍具有充分竞争。为此，政府应通过颁布、实施反垄断法等手段，保证产业中仍存在至少 3 家的大型中国企业，让其能相互竞争，以利于培养其竞争能力。

前面以专利申请数作为代表创新的中介变量，分析创新在反倾销影响生产率的中介作用，结果显示，我国企业目前在原创性的研发创新上乏善可陈，大部分企业是直接引进国外先进技术后进行产品的生产制造，主要的创新活动是对产品外观设计加以改进，这种创新活动对企业的盈利能力和生产率提高，并无根本性助益，因此政府应通过制定相应的产业政策措施，培育和加强企业的研发创新能力，推动企业开展原创性的技术创新活动，切实提高企业生产率，形成核心竞争力，从而获得持续发展的能力。

9.3　反倾销下企业生产率提升机制的保障体系研究

9.3.1　反倾销主管当局的激励约束制度

（1）政治激励

商务部、发改委、财政部等是影响反倾销裁决与实施效果的政府机构，在反倾销政策、产业政策、会计准则、金融政策等政策的制定和执行上，应对这些政府部门设置系统、合理的考核指标体系，以确保这些机构能做到公正合理、切合实际，发挥有为政府的功能，切实救济反倾销申请企业，并能引导、帮助企业开展研发创新，促进其生产率提升，增强竞争力，最终形成自生能力。

判断一项反倾销裁决是否合理、有效，不应仅考虑裁定对国内企业的销量、价格、利润等的提升程度，还应综合分析其对上、下游产业、消费者福利，以及国内行业竞争情况的影响，更应考虑反倾销政策与产业政策、金融政策等政策的配合情况，观察其政策组合效应能否促进企业投入研发创新，切实提升生产效率。

一个完善、有效的指标的体系应纳入能实现以上目标的各项考核指标，从而激励政府官员努力分析、研究，采取合理的执政方案，进而达到促进企业生产率提升的效果。

（2）经济激励

建立制度化的薪酬福利体系，使政府工作人员的个人经济利益与部门执政效果相关联，减少政府官员的腐败冲动。

（3）制度约束

通过制定完善的制度法规，并严格执行，促使政府工作人员廉洁自律，奉公守法。

（4）文化约束

开展正面宣传，弘扬正能量，牢牢树立"人民公仆为人民"的理念。

9.3.2 反倾销信息审查机制

反倾销活动中各参与主体均是在不完全信息下决策，无论是涉案企业，还是政府机构，或是相关利益群体（涉案行业协会、进口国经销商、消费者、律师事务所等），均意识到提供不同的信息会对他人产生不同的影响，进而会发出相应的信息，使对方采取对自己有利的行动。为获得涉案企业真实的成本信息，做出能实现国家福利最大化的有效裁决，反倾销裁决当局需对反倾销申请企业与应诉企业提供的财务信息、业务信息等运用审计理念进行审查判断、辨明真伪、核清事实，并结合反倾销税、罚款等组合手段，诱使涉案企业真实报告自身信息。为有效裁决提供重要依据。

笔者尝试依据信息审计的理论，设计涵盖申诉企业、行业协会和反倾销主管机构的信息管理与信息审计措施，规范、完善各利益主体的信息生成、传递、收集、运用和反馈行为，实施高效、合理的反倾销，实现国家福利最大化。为此，需分析应选择何种信息审计对象、采取何种信息审计方法，以及如何配备信息审计人员才能实现有效的信息审计。

（1）信息审计的主体、客体和对象

信息审计的执行主体应是反倾销裁决当局，在我国主要包括商务部、地方商务局等相关政府机构，以及参与执行审计的会计师事务所等中介机构；信息审计的客体则应包括反倾销申请企业，反倾销应诉企业、其他利益相关者等。

根据反倾销实践，信息审计的对象应包括四类。一是网络化组织的"静态"信息，即组织的文件、档案、内部读物、电子数据库，以及外界对于组织的描述等。二是网络化组织的"动态"信息，即组织成员所掌握的尚未以任何形式存储于组织中的信息。与"静态"信息相比，"动态"信息需要下一番功夫挖掘，不但实用性强而且是信息审计的重点。三是反倾销网络组织的"外部"信息，如反倾销应诉企业提供的申辩、应诉和举证信息，世界贸易摩擦形势，以及 WTO 争端调解法规、措施等。四是反倾销信息生成方式的合理性、信息的传递途径的可靠性等，从源头审查控制信息的真实性和可信度。信息审计将根据信息需求率、使用率及使用频次，按优先顺序强调信息。无论信息来自内外部，通过深度挖掘的资源，比公开资源价值要高得多。

（2）信息审计的方法

目前比较成熟的信息审计方法有信息地图法、集成审计法、信息流法和亨茨尔（Henczel）七步骤模型法等多种。本书主要借鉴亨茨尔提出七步信息审计方法，设计的信息审计流程主要包括：计划制订、数据生成、数据评价、交流建议、执行建议和再审计。

①计划制订。明确信息审计的目的、范围和资源分配，选择适当的方法体系、建立有效的交流机制，并与管理层之间保持联络和互动。

②数据生成。第一，运用委托代理和信号博弈的分析方法，设计最优的反倾销审计政策，政府主管当局发布该政策，公布相应的审查策略以及惩罚措施，诱使涉案企业真实报告信息。反倾销申请企业根据反倾销政策，分析裁决当局的信息需求。第二，依据反倾销信息需求分析获得的应提供的会计信息种类、质量等目标要素，建立信息加工规则库、模型库、方法库、推理机等组成部分，并构建相互运作路径等方式，将所采集的相关原始数据进行加工处理，生成能获取有利裁决结果的举证信息。第三，开发反倾销信息资源数据库，对生成的信息按照反倾销调取的需要进行编码、格式化存储，建设资源数据库，这一过程需要企业、行业协会和政府合作。

③数据评价。作为评价裁决的核心主体，反倾销裁决当局应当制订适合被审计单位的审计计划，运用风险审计方法展开审查分析。这一阶段需要分析问题，评估缺口和漏洞，反倾销裁决当局应针对国内企业存在的问题提出改进要求，并对涉案企业的信息谎报行为予以惩罚。

④交流建议。交流的形式包括：报告、口述、研究小组、内联网/互联网、

个人反馈。

⑤执行建议。这一阶段需要提出执行规则，将变化并入正式计划中，制定标准执行战略和信息政策。

⑥再审计。首先，评估测算变化。然后，规划正式的信息审计周期，确保信息资源和服务得到不断改进，组织的信息政策和数据库也在不断更新，以便展开新一轮审计。

（3）信息审计的人员配备

需运用双重委托代理的分析方法，建模设计最优的人员安排和团队设置，且充分考虑人员来源结构对审计活动的影响。内部信息审计人员清楚组织的职能结构，他们能很快识别关键的部门和有价值的人。但由于涉及相关部门利益，访谈调查可能会带有主观性，易受阻碍、影响判断。外部专家具有相对独立性，不受组织的政治斗争、历史包袱和人际关系的影响，他们可以对那些敏感的问题给出一个新颖的、客观的看法。因此，在人员配备上，可考虑选择将内部信息审计人员和外部专家进行优化组合，形成高效团队。

为确保信息审计的有效实施，需要行业协会居中协调，并依靠政府部门、行业协会和企业参加的"联席会议"进行沟通配合，实现企业、行业协会和政府机构的通力合作，从而保证信息得以有效的生成、传递和反馈。

9.3.3 政策制定当局、涉案企业等相关利益主体的协调联系制度

反倾销作为战略性贸易保护工具，其目标最终是提升申诉企业的竞争力，而不是为低效企业提供生存温床，在保护伞下躲避竞争。因此，反倾销措施应对国家战略性产业予以保护扶持，但也需适可而止，确保企业有适度的竞争压力，从而激发其内生动力。另外，贸易政策的效果受国际汇率、利率等金融环境的影响，所以单纯就贸易产品的成本价格出发，考虑问题，是难以制定出切合实际，又能发挥切实作用的策略措施。需要主管产业政策制定的国家发改委，主管财政政策的财政部，以及主管金融政策的国务院金融稳定发展委员会这三方与贸易主管部门商务部开展协商会谈，笔者认为，应建立定期联系会议制度，让政策制定的负责人或相关工作人员，通过定期沟通，互通信息，交换看法，来推进贸易政策、产业政策、财政政策和金融政策的完善，以确保政策实施的合力。

10 结 论

第一，本书首先推导得出当信息为博弈参与者共有时，反倾销游说竞争的博弈均衡，在此均衡状态下，产品进口需求弹性越大，信息游说成本越高，则最终的反倾销税率越低；然后推导当信息为博弈参与者私有时的博弈均衡，得出：因在不了解政府偏好的情况下，有组织的群体游说投入意愿低，反倾销税率相比完全信息时更低。但企业可以通过粉饰自己的生产率信息，获得相比完全信息时更高的反倾销保护，而国外企业的信息游说活动，会降低最终的反倾销税率。

第二，本书使用2000～2015年中国对外反倾销案件数据，实证分析得出，中国对外反倾销中也存在政策游说，反倾销税率的形成机理符合"保护待售"模型的理论分析。企业通过信息游说向政府反映自己的利益诉求，国有资本比重高的行业所获得的反倾销终裁平均税率更高。

第三，采用1998～2013年工业企业数据库和反倾销数据库数据，运用双重差分法实证得出，反倾销对企业生产率有显著的促进作用，进一步分析得出反倾销促进生产率提升主要通过规模效应和生产效应，而不是创新效应。两次金融危机和中国加入世界贸易组织的这些重大事件，均未能改变对外反倾销促进企业生产率提升这一根本趋势；对外反倾销在某种程度上，对生产率低的企业更有利，相比高效率企业，低效率企业能更迅速地利用反倾销保护提升自身的竞争力，提高生产率；相比外资企业，对外反倾销更能促进内资企业生产率的增长，而在内资企业中，反倾销保护对私营企业生产率的促进作用高于国有企业。

第四，根据2010～2015年美国对华反倾销案件，收集涉案的上市公司数据，进行实证分析得出，在短期内，国外对华反倾销对技术进步指数和技术效率指数都产生正向影响；但在长期来看，持续性的反倾销措施会给我国出口企业带来负面影响，阻碍了企业生产率的提高，并且在长期被征收反倾销税的背景下，企业逐渐丧失改变环境的信心和希望，继续改善经营管理的动力不足，最终导致全要素生产率的下滑。

第五，本书以美国对华加征关税为研究背景，运用演化博弈分析异质性企业的创新决策，得出：研发创新能力强的企业相对于能力弱的企业更愿意从事研发创新，以应对关税加征。当关税低于企业的单位产品边际贡献与创新收益之和时，两类企业都会选择创新，而当关税大于企业实施创新后的单位产品边际贡献与创新收益之和时，两类企业都不选择创新。当两类企业选择创新时，研发能力强的企业，其创新的概率随着关税增加呈现先减少，在达到极小值后再上升的变化规律，其收益也会随着研发投入增加呈现先减少，再上升的变化趋势。企业选择研发创新的概率与自身的创新成本成反比，与竞争企业的创新成本成正比。当研发创新成本超过创新所带来的成本节约和能获得的竞争企业市场份额收益之和时，两类企业都不选择创新。

第六，本书分析美国对华反倾销如何影响 MT 公司的财务状况，然后从财务战略视角设计应对策略。接着分析美国对华光伏产品反倾销下，DX 公司的财务绩效的变化，并提出应对策略。根据反映企业生产率微观情况的财务指标分析，揭示反倾销对企业的作用机理，研究得出，反倾销仅是影响企业外部因素，真正对企业利润造成影响的，是企业内部的生产运营战略。

第七，为促进我国企业生产率高质量增长，需要切实发挥政府引导，行业协会协调和企业优化"三位一体"协同作用，促进企业加强研发创新，提高生产率增长质量。为此，本书从企业、行业协会和政府三个层面构建反倾销下促进企业生产率提升的政策优化机制，并从激励约束、信息审查、协调联系三个方面设计其保障体系。

附　录

附录 A　命题 6 - 1 的证明

根据假设 2 和假设 4，将企业 1 和企业 2 选择创新和不选择创新时的单位产品利润的公式代入公式（4），对关税求导，计算得到：

$$\frac{\partial S_{ABED}}{\partial T} = \frac{1}{2\theta} \left\{ \frac{(\alpha\beta\theta + \beta^2 - \alpha\beta)(c_2 - \bar{c}_2) + c_2^\Delta(\alpha - \beta)}{[(p - T - \bar{c}_2)\alpha - (p - T - c_2)\beta]^2} + \right.$$
$$\left. \frac{(\alpha\beta - \alpha^2 - \alpha\beta\theta)(c_1 - \bar{c}_1) + c_1^\Delta(\alpha - \beta)}{[(p - T - \bar{c}_1)\beta - (p - T - c_1)\alpha]^2} \right\} \quad (A-1)$$

公式（A-1）中等号右边第一个式子的分子可变换为

$$- \beta[(\beta + \alpha\theta)\bar{\pi}_2 - c_2^\Delta - \beta\pi_2] + \alpha[\beta\bar{\pi}_2 - \bar{c}_2 - \beta(1 - \theta)\pi_2] \quad (A-2)$$

根据前面对情形 4 的条件设定，有 $M_1 < 0$，$M_2 > 0$，$M_3 < 0$，$M_4 > 0$，所以公式（A-2）可变化为

$$- \beta M_2 + \alpha M_1 < 0 \quad (A-3)$$

同理，公式（A-1）中等号右边第二个式子的分子可变换为

$$- \alpha[(\alpha + \beta\theta)\bar{\pi}_1 - c_1^\Delta - \alpha\pi_1] + \beta[\alpha\bar{\pi}_1 - c_1^\Delta - \alpha(1 - \theta)\pi_1] \quad (A-4)$$

公式（A-4）可变化为

$$- \alpha M_4 + \beta M_3 < 0 \quad (A-5)$$

因此，无法确定 $\frac{\partial S_{ABED}}{\partial T}$ 是否大于零，进一步对其按 T 求二阶导数，计算得到：

$$\frac{\partial S_{ABED}}{\partial T^2} = -\frac{1}{\theta} \left\{ \frac{[(\beta^2 + \alpha\beta\theta - \alpha\beta)(c_2 - \bar{c}_2) + c_2^\Delta(\alpha - \beta)](\beta - \alpha)}{[(p - T - \bar{c}_2)\alpha - (p - T - c_2)\beta]^3} + \right.$$
$$\left. \frac{[(\alpha\beta - \alpha^2 - \alpha\beta\theta)(c_1 - \bar{c}_1) + c_1(\alpha - \beta)](\alpha - \beta)}{[(p - T - \bar{c}_1)\beta - (p - T - c_1)\alpha]^3} \right\} \quad (A-6)$$

从图 6-4 可以看出，$0 < y_E < 1$，即 $0 < \dfrac{\overline{\pi}_1(\alpha + \beta\theta) - c_1^{\Delta} - \pi_1\alpha}{\overline{\pi}_1\beta\theta - \pi_1\alpha\theta} < 1$。

根据情形 4 的条件设定，有 $M_4 > 0$，综合可得，

$$\overline{\pi}_1\beta - \pi_1\alpha > 0 \tag{A-7}$$

根据公式（A-7）、公式（A-6）等号右边第一个式子的分母大于零，根据公式（A-3），分子也小于零，所以第一个式子小于零。同理可得公式（A-6）等号右边第二个式子也小于零，可得

$$\frac{\partial S_{ABED}}{\partial T^2} > 0 \tag{A-8}$$

因此，企业 1 选择创新的概率有极小值，即随着关税增加，企业 1 选择创新的概率出现先降低，在达到极小值后，再上升的变化。之所以会出现此变化规律，是因为一方面企业 1 通过研发创新降低制造成本；另一方面，在企业 2 退出市场后，企业 1 获得企业 2 的市场份额，实现规模收益，进而会增强创新的动力，提升选择创新的概率。但因为我们分析的前提条件是 $0 < x_E < 1$，$0 < y_E < 1$，所以，在关税超过临界值后，企业也会放弃创新。证毕。

附录 B 命题 6 – 2 的证明

首先分析随着企业 1 的研发投入 c_1^Δ 的增加，企业 1 创新的概率变化，对 S_{ABED} 按 c_1^Δ 求导，得到，

$$\frac{\partial S_{ABED}}{\partial c_1^\Delta} = -\frac{1}{2\theta(\overline{\pi}_1\beta - \pi_1\alpha)} \qquad (B-1)$$

根据公式（A – 7），可得，

$$\frac{\partial S_{ABED}}{\partial c_1^\Delta} = -\frac{1}{2\theta(\overline{\pi}_1\beta - \pi_1\alpha)} < 0 \qquad (B-2)$$

对 S_{ABED} 按 c_2^Δ 求导，得到，

$$\frac{\partial S_{ABED}}{\partial c_2^\Delta} = \frac{1}{2\theta(\overline{\pi}_2\alpha - \pi_2\beta)} \qquad (B-3)$$

从图 6 – 4 可以看出，$0 < x_E < 1$，即 $0 < \dfrac{\overline{\pi}_2(\beta + \alpha\theta) - c_2^\Delta - \pi_2\beta}{\overline{\pi}_2\alpha\theta - \pi_2\beta\theta} < 1$。根据情形 4 的条件设定，有 $M_2 > 0$，综合可得，

$$\overline{\pi}_2\alpha\theta - \pi_2\beta\theta > 0 \qquad (B-4)$$

根据公式（B – 4），可得，

$$\frac{\partial S_{ABED}}{\partial c_2^\Delta} = \frac{1}{2\theta(\overline{\pi}_2\alpha - \pi_2\beta)} > 0 \qquad (B-5)$$

因为 $\dfrac{\partial S_{ABED}}{\partial c_1^\Delta} = -\dfrac{1}{2\theta(\overline{\pi}_1\beta - \pi_1\alpha)} < 0$，$\dfrac{\partial S_{ABED}}{\partial c_2^\Delta} = \dfrac{1}{2\theta(\overline{\pi}_2\alpha - \pi_2\beta)} > 0$，所以 S_{ABED} 是 c_1^Δ 的减函数，是 c_2^Δ 的增函数，即企业 1 选择创新的概率随着自身创新研发成本的降低而增加，而随着企业 2 创新研发成本的上升而提高。证毕。

附录 C 推论 6 - 1 的证明

我们以 R_1 代表企业 1 的收益，企业 1 选择创新的概率为 S_{ABED} ，以 S 表示，则企业 1 的收益为

$$R_1 = S[(\overline{\pi}_1\alpha - c_1^\Delta)(1 - S) + (\overline{\pi}_1(\alpha + \beta\theta) - c_1^\Delta)S] +$$
$$(1 - S)[\pi_1(1 - \theta)\alpha(1 - S) + \pi_1\alpha S] \qquad (C-1)$$

对企业 1 的收益按研发投入 c_1^Δ 求导，得到

$$\frac{\partial R_1}{\partial c_1^\Delta} = -S - SS'(\overline{\pi}_1\alpha + c_1^\Delta + 2\pi_1\theta\alpha) + S'(2\pi_1\theta\alpha - \pi_1\alpha) \qquad (C-2)$$

对公式（C-2）按研发投入再求导，得到

$$\frac{\partial R_1}{\partial(c_1^\Delta)^2} = -S'[1 + S - S'(\overline{\pi}_1\alpha + c_1^\Delta + 2\pi_1\theta\alpha)] > 0 \qquad (C-3)$$

根据公式（C-3），企业 1 的收益按研发投入求导的二阶导数大于零，说明企业 1 的收益随着研发投入的增加会呈现先减少，达到极小值后，再增加的变化趋势。证毕。

主要参考文献

［1］鲍晓华. 反倾销措施的贸易救济效果评估［J］. 经济研究, 2007 (02): 71 - 84.

［2］曹平, 肖生鹏, 林常青. 美国对华反倾销对中国企业创新效应再评估［J］. 国际经贸探索, 2021, 37 (01): 34 - 49.

［3］陈丽丽, 郭少宇. 反倾销调查对中国出口企业产品成本加成率的影响［J］. 国际经贸探索, 2020, 36 (09): 4 - 21.

［4］陈清萍, 鲍晓华. 对外反倾销是否救济了中国进口竞争性企业?［J］. 上海经济研究, 2017 (03): 40 - 48.

［5］陈勇兵, 陈小鸿, 曹亮, 等. 中国进口需求弹性的估算［J］. 世界经济, 2014, 37 (02): 28 - 49.

［6］顾振华, 沈瑶. 利益集团影响下的中国贸易保护政策: 基于产业分工的视角［J］. 南开经济研究, 2015 (02): 74 - 93.

［7］顾振华, 沈瑶. 中国进口需求弹性的再计算［J］. 国际贸易问题, 2016 (04): 50 - 61.

［8］韩先锋, 惠宁, 宋文飞. 贸易自由化影响了研发创新效率吗?［J］. 财经研究, 2015, 41 (02): 15 - 26.

［9］何欢浪, 张娟, 章韬. 中国对外反倾销与企业创新: 来自企业专利数据的经验研究［J］. 财经研究, 2020, 46 (02): 4 - 20.

［10］宏结, 何平. 中国对美实施"双反"措施的产业救济效应研究: 基于取向电工钢"双反"案的 COMPAS 模型分析［J］. 南方经济, 2014 (12): 47 - 65.

［11］简泽, 谭利萍, 吕大国, 等. 市场竞争的创造性、破坏性与技术升级［J］. 中国工业经济, 2017 (05): 16 - 34.

［12］李春顶, 石晓军, 费太安. 主动反倾销的生产率促进效应: 中国证据

及其解释 [J]. 财贸经济, 2013 (07): 68 - 78.

[13] 李坤望, 王孝松. 待售的美国对华反倾销税: 基于"保护待售"模型的经验分析 [J]. 经济科学, 2008 (02): 78 - 91.

[14] 李兰冰, 刘秉镰. 中国区域经济增长绩效、源泉与演化: 基于要素分解视角 [J]. 经济研究, 2015, 50 (08): 58 - 72.

[15] 李平, 田朔, 刘廷华. 贸易壁垒对中国技术创新的影响: 兼论政府的作用发挥 [J]. 国际贸易问题, 2014 (02): 105 - 114.

[16] 李淑贞. 中国反倾销的贸易保护效应: 基于产品进口倾向性的比较研究 [J]. 国际贸易问题, 2013 (06): 106 - 114.

[17] 李双杰, 李众宜, 张鹏杨. 对华反倾销如何影响中国企业创新? [J]. 世界经济研究, 2020 (02): 106 - 120.

[18] 李小平, 卢现祥, 朱钟棣. 国际贸易、技术进步和中国工业行业的生产率增长 [J]. 经济学 (季刊), 2008 (02): 549 - 564.

[19] 李玉红, 王皓, 郑玉歆. 企业演化: 中国工业生产率增长的重要途径 [J]. 经济研究, 2008 (06): 12 - 24.

[20] 林薛栋, 魏浩, 李飚. 进口贸易自由化与中国的企业创新: 来自中国制造业企业的证据 [J]. 国际贸易问题, 2017 (02): 97 - 106.

[21] 刘爱东, 谭圆奕, 李小霞. 我国反倾销对企业全要素生产率的影响分析: 以 2012 年化工行业对外反倾销为例 [J]. 国际贸易问题, 2016 (10): 165 - 176.

[22] 刘锦芳. 不完全信息下的反倾销游说竞争分析 [J]. 中央财经大学学报, 2016 (05): 80 - 89.

[23] 刘锦芳, 陈林荣. 企业间游说竞争如何影响反倾销裁决 [J]. 财贸研究, 2018, 29 (05): 64 - 73.

[24] 刘蕾, 何海燕, 常明. 进口反倾销措施对中国经济的影响分析 [J]. 北京理工大学学报: 社会科学版, 2008, 10 (4): 4.

[25] 刘玲, 刘剑芸. 我国对外反倾销的贸易救济效果研究: 基于贸易竞争力指数的视角 [J]. 经济与管理研究, 2009 (10): 67 - 73.

[26] 罗胜强, 鲍晓华. 反倾销影响了在位企业还是新企业: 以美国对华反倾销为例 [J]. 世界经济, 2019, 42 (03): 118 - 142.

[27] 毛其淋, 盛斌. 中国制造业企业的进入退出与生产率动态演化 [J].

经济研究，2013，48（04）：16－29.

［28］毛其淋，许家云．政府补贴对企业新产品创新的影响：基于补贴强度"适度区间"的视角［J］．中国工业经济，2015（06）：94－107.

［29］孟建波，罗林．企业最佳资本结构的定量研究［J］．南方金融，1998（01）：4－5.

［30］孟宁，周彦宁，马野青．反倾销、多产品企业与出口生存风险［J］．产业经济研究，2020（05）：30－44.

［31］聂辉华，江艇，杨汝岱．中国工业企业数据库的使用现状和潜在问题［J］．世界经济，2012，35（05）：142－158.

［32］商淑秀，张再生．虚拟企业知识共享演化博弈分析［J］．中国软科学，2015（03）：150－157.

［33］苏振东，刘芳．中国对外反倾销措施的产业救济效应评估：基于动态面板数据模型的微观计量分析［J］．财贸经济，2009（10）：77－84.

［34］苏振东，刘芳，严敏．中国反倾销措施产业救济效应的作用机制和实际效果［J］．财贸经济，2010（11）：88－94.

［35］苏振东，邵莹．对外反倾销能否提升中国企业生存率：以化工产品"双酚A"案件为例［J］．财贸经济，2014（09）：82－93.

［36］唐宜红，张鹏杨．反倾销对我国出口的动态影响研究：基于双重差分法的实证检验［J］．世界经济研究，2016（11）：33－46.

［37］唐宇．反倾销保护引发的四种经济效应分析［J］．财贸经济，2004（11）：65－69.

［38］陶洪亮，申宇．企业生产率演化与行业生产率变动：基于纺织业企业数据的实证研究［J］．南方经济，2012（08）：17－28.

［39］田志龙，高勇强，卫武．中国企业政治策略与行为研究［J］．管理世界，2003（12）：98－106.

［40］王分棉，王建秀，王玉燕．中国对外反倾销存在跨国公司合谋效应吗?：基于邻苯二酚/呋喃酚/香兰素产业链3次对外反倾销的研究［J］．中国软科学，2013（10）：35－47.

［41］王孝松，李坤望，谢申祥．贸易政策是如何制定的：包含政治捐资、竞选支持与权力委派的内生保护模型［J］．世界经济，2011，34（10）：107－126.

［42］王孝松，林发勤，李玏．企业生产率与贸易壁垒：来自中国企业遭遇反倾销的微观证据［J］．管理世界，2020，36（09）：54－67．

［43］王孝松，谢申祥．发展中大国间贸易摩擦的微观形成机制：以印度对华反倾销为例［J］．中国社会科学，2013（09）：86－107．

［44］魏浩，连慧君，巫俊．中美贸易摩擦、美国进口冲击与中国企业创新［J］．统计研究，2019，36（08）：46－59．

［45］吴利学，叶素云，傅晓霞．中国制造业生产率提升的来源：企业成长还是市场更替？［J］．管理世界，2016（06）：22－39．

［46］奚俊芳，陈波．国外对华反倾销对中国出口企业生产率的影响：以美国对华反倾销为例［J］．世界经济研究，2014（03）：59－65．

［47］谢申祥，王孝松．反倾销政策与研发竞争［J］．世界经济研究，2013（01）：22－28．

［48］谢申祥，张铭心，黄保亮．反倾销壁垒对我国出口企业生产率的影响［J］．数量经济技术经济研究，2017，34（02）：105－120．

［49］徐保昌，邱涤非，杨喆．进口关税、企业创新投入与创新绩效：来自中国制造业的证据［J］．世界经济与政治论坛，2018（05）：119－137．

［50］许民利，李圣兰，郑杰．"互联网＋回收"情境下基于演化博弈的电子废弃物回收合作机理研究［J］．运筹与管理，2018，27（09）：87－98．

［51］姚明月，胡麦秀．外生性的技术性贸易壁垒条件下出口企业技术创新的行为选择［J］．研究与发展管理，2016，28（02）：33－39．

［52］殷辉．基于演化博弈理论的产学研合作形成机制的研究［D］．杭州：浙江大学，2014．

［53］张杰，郑文平．全球价值链下中国本土企业的创新效应［J］．经济研究，2017，52（03）：151－165．

［54］Acharyya R, Banerjee S. On tariff and quality innovation in a market with discrete preferences［J］. Economic Modelling, 2012, 29（3）: 917－925.

［55］Aggarwal, Aradhna. Trade Effects of Anti－dumping in India: Who Benefits? ［J］. International Trade Journal, 2010, 25（1）: 112－158.

［56］Ainsworth, Scott. Regulating lobbyists and interest group influence ［J］. Journal of Politics, 1993, 55（1）: 41.

［57］Allen R H, Sriram R D. The role of standards in innovation ［J］. Technological Forecasting and Social Change, 2000, 64 (2 – 3): 171 – 181.

[58] Arkolakis C, Ramondo N, Rodríguez – Clare A, et al. Innovation and production in the global economy [J]. American Economic Review, 2018, 108 (8): 2128 – 2173.

[59] Baldwin R E, Robert – Nicoud F. Trade and growth with heterogeneous firms [J]. Journal of International Economics, 2008, 74 (1): 21 – 34.

[60] Bennedsen M, Feldmann S E. Informational lobbying and political contributions [J]. Journal of Public Economics, 2006, 90 (4 – 5): 631 – 656.

[61] Blonigen B A, Prusa T J. Dumping and antidumping duties [M] //Handbook of commercial policy. Elsevier, 2016: 107 – 159.

[62] Bown C P, Mcculloch R. Antidumping and Market Competition: Implications for Emerging Economies [J]. Working Papers, 2012.

[63] Brandt L, Van Biesebroeck J, Zhang Y. Creative accounting or creative destruction? Firm – level productivity growth in Chinese manufacturing [J]. Journal of Development Economics, 2012, 97 (2): 339 – 351.

[64] Buryi P, Lahiri S. Research and development and trade policies for product innovation in the presence of foreign competition [J]. Economic Modelling, 2019, 80: 429 – 440.

[65] Chang P L. Protection for sale under monopolistic competition [J]. Journal of International Economics, 2005, 66 (2): 509 – 526.

[66] Chandra P, Long C. Anti – dumping duties and their impact on exporters: Firm level evidence from China [J]. World development, 2013, 51: 169 – 186.

[67] Cohen – Meidan M. The Heterogeneous Effects of Trade Protection: A Study of US Antidumping Duties on Portland Cement [J]. Review of Industrial Organization, 2013, 42 (4): 369 – 394.

[68] Cornett M M, Erhemjamts O, Tehranian H. Competitive environment and innovation intensity [J]. Global Finance Journal, 2019, 41: 44 – 59.

[69] Davies R B, Liebman B H. Self - protection? Antidumping Duties, Collusion, and FDI [J]. Review of International Economics, 2006, 14 (5): 741 – 757.

[70] Ederington J, McCalman P. Endogenous firm heterogeneity and the dynamics of trade liberalization [J]. Journal of International Economics, 2008, 74 (2):

422 – 440.

[71] Egger P, Nelson D. How Bad is Antidumping? Evidence from Panel Data [J]. The Review of Economics and Statistics, 2011, 93 (4): 1374 – 1390.

[72] Ehrlich P R, Raven P H. Butterflies and plants: a study in coevolution [J]. Evolution, 1964: 586 – 608.

[73] Evans C L, Sherlund S M. Are Antidumping Duties for Sale? Case – Level Evidence on the Grossman – Helpman Protection for Sale Model [J]. Southern Economic Journal, 2011, 78 (2): 330 – 357.

[74] Facchini G, Olarreaga M, Silva P, et al. Substitutability and Protectionism: Latin America's Trade Policy and Imports from China and India [J]. The World Bank Economic Review, 2010, 24 (3): 446 – 473.

[75] Gawande K, Bandyopadhyay U. Is protection for sale? Evidence on the grossman – helpman theory of endogenous protection [J]. The Review of Economics and Statistics, 2000, 82 (1): 139 – 152.

[76] Gawande K, Krishna P, Olarreaga M. Lobbying competition over US trade policy [J]. International Economic Review, 2012, 53 (1): 115 – 132.

[77] Geng D, Kali R. Trade and innovation: Unraveling a complex nexus [J]. International Journal of Innovation Studies, 2021, 5 (1): 23 – 34.

[78] Grossman G M, Helpman E. Protection for sale [J]. American Economic Review, 1994, 84 (4): 833 – 850.

[79] Haaland J I, Wooton I. Antidumping jumping: Reciprocal antidumping and industrial location [J]. Review of World Economics, 1998, 134 (2): 340 – 362.

[80] Im H J, Park Y J, Shon J. Product market competition and the value of innovation: Evidence from US patent data [J]. Economics Letters, 2015, 137: 78 – 82.

[81] Imai S, Katayama H, Krishna K. Protection for sale or surge protection? [J]. European Economic Review, 2009, 53 (6): 675 – 688.

[82] Imai S, Katayama H, Krishna K. A quantile – based test of protection for sale model [J]. Journal of International Economics, 2013, 91 (1): 40 – 52.

[83] Kee H L, Nicita A, Olarreaga M. Import Demand Elasticities and Trade Distortions [J]. Review of Economics and Statistics, 2008.

[84] Kishore G, Christopher M. Free Riding and Protection for Sale [J]. In-

ternational Studies Quarterly, 2012 (4): 735 - 747.

[85] Kohler, Philippe, Moore, et al. Injury - Based Protection with Auditing under Imperfect Information. [J]. Southern Economic Journal, 2001.

[86] Konings J, Vandenbussche H. Heterogeneous responses of firms to trade protection [J]. Journal of International Economics, 2008, 76 (2): 371 - 383.

[87] Le Breton M, Salanie F. Lobbying under political uncertainty [J]. Journal of Public Economics, 2003, 87 (12): 2589 - 2610.

[88] Leidy M P, Hoekman B M. 'Cleaning Up'while Cleaning Up? Pollution Abatement, Interest Groups and Contingent Trade Policies [J]. Public choice, 1994: 241 - 258.

[89] Liu Q, Qiu L D. Intermediate input imports and innovations: Evidence from Chinese firms' patent filings [J]. Journal of International Economics, 2016, 103: 166 - 183.

[90] Liu X, Pan Q, He M, et al. Promotion of cooperation in evolutionary game dynamics under asymmetric information [J]. Physica A: Statistical Mechanics and its Applications, 2019, 521: 258 - 266.

[91] Maggi G, Goldberg P K. Protection for Sale: An Empirical Investigation [J]. American Economic Review, 1999, 89 (5): 1135 - 1155.

[92] Manova K. Credit constraints, equity market liberalizations and international trade [J]. Journal of International Economics, 2008, 76 (1): 33 - 47.

[93] Martimort D, Semenov A. Ideological uncertainty and lobbying competition [J]. Journal of Public Economics, 2008, 92 (3): 456 - 481.

[94] Matschke X, Sherlund S M. Do Labor Issues Matter in the Determination of U. S. Trade Policy? An Empirical Reevaluation [J]. American Economic Review, 2006, 96.

[95] Matschke X, SchÖttner A. Antidumping as strategic trade policy under asymmetric information [J]. Southern economic journal, 2013, 80 (1): 81 - 105.

[96] Mccalman P. Protection for Sale and Trade Liberalization: an Empirical Investigation [J]. Review of International Economics, 2004, 12 (1): 81 - 94.

[97] Miyagiwa X G K. Antidumping protection and R&D competition [J]. Canadian Journal of Economics, 2005, 38 (1): 211 - 227.

[98] Mollisi V, Rovigatti G. Theory and Practice of TFP Estimation: the Control Function Approach Using Stata [J]. Social Science Electronic Publishing, 2017.

[99] Norgaard R B. The case for methodological pluralism [J]. Ecological economics, 1989, 1 (1): 37 –57.

[100] Park S. The trade depressing and trade diversion effects of antidumping actions: The case of China [J]. China Economic Review, 2009, 20 (3): 542 –548.

[101] Pierce J R. Plant – level responses to antidumping duties: Evidence from U. S. manufacturers [J]. Journal of International Economics, 2011, 85 (2): 222 –233.

[102] Prusa T J. Why are so many antidumping petitions withdrawn? [J]. Journal of International Economics, 1992, 33 (1): 1 –20.

[103] R. , Belderbos, And, et al. Antidumping duties, undertakings, and foreign direct investment in the EU [J]. European Economic Review, 2004.

[104] Song J E, Lee K O. Bureaucratic politics, policy learning, and changes of antidumping policy and rules in Japan [J]. Journal of International Trade Law and Policy, 2013, 12 (1): 4 –22.

[105] Staiger R W, Wolak F A. Strategic use of antidumping law to enforce tacit international collusion [Z]. National Bureau of Economic Research Cambridge, Mass. , USA, 1989.

[106] Staiger R W, Wolak F A. The effect of domestic antidumping law in the presence of foreign monopoly [J]. Journal of International Economics, 1992, 32 (3): 265 –287.

[107] Taylor C T. The economic effects of withdrawn antidumping investigations: is there evidence of collusive settlements? [J]. Journal of International Economics, 2004, 62 (2): 295 –312.

[108] Tovar P. Lobbying costs and trade policy [J]. Journal of International Economics, 2011, 83 (2): 126 –136.

[109] Trefler D. The long and short of the Canada-US free trade agreement [J]. American Economic Review, 2004, 94 (4): 870 –895.

[110] Vandenbussche H, Zanardi M. The chilling trade effects of antidumping proliferation [J]. European Economic Review, 2010, 54.

[111] Veugelers R, Vandenbussche H. European anti-dumping policy and the

profitability of national and international collusion [J]. European Economic Review, 1999, 43 (1): 1 –28.

[112] Zhang H. Political connections and antidumping investigations: Evidence from China [J]. China Economic Review, 2018, 50: 34 –41.

[113] Žigić K. Intellectual property rights violations and spillovers in North-South trade [J]. European Economic Review, 1998, 42 (9): 1779 –1799.

[114] Žigić K. Strategic trade policy, intellectual property rights protection, and North-South trade [J]. Journal of Development Economics, 2000, 61 (1): 27 –60.